The Origins of Totalitarianism

極權主義的起源

第三部 極權主義

HANNAH ARENDT
漢娜・鄂蘭——著
李雨鍾——譯

目次

目次

極權主義的起源

第二部　帝國主義

目次

極權主義的起源

第三部　極權主義

第三部

極權主義

Totalitarianism

正常人不了解一切皆有可能。

——大衛・盧塞（David Rousset）

前言

一

《極權主義的起源》的最初手稿完成於一九四九年秋，此時距離希特勒德國戰敗已過了四年，而距離史達林之死則還有不到四年（譯按：史達林死於一九五三年）。本書的第一版出版於一九五一年。如今回溯起來，我投身於本書寫作的歲月（始於一九四五年），看起來就像是數十年的騷動、混亂與赤裸裸恐怖之後的第一個相對平靜的階段。而在此之前，人們所經歷的首先是一戰後的各種革命、極權運動的興起以及議會政府的衰落，接著則是各種新的暴政、法西斯或半法西斯的一黨軍事獨裁，最後則是立基於大眾支持且似乎頗為穩固的極權政府的建立：[1]這在俄羅斯是一九二九年（該年如今通常被稱作「第二次革命」），在德國則是一九三三年。

隨著納粹德國的失敗，故事的一部分已經終結。這似乎是以歷史學家的回溯目光與政治科學家的分析熱忱，來審視當代事件的第一個恰當時刻，也似乎是嘗試去講述、理解曾經發生的過往的第一個機會，雖然還未能不帶激情與憤怒，仍是滿懷悔恨、悲痛以及哀嘆的衝動，但已不再處

於有口難言的憤怒與無能為力的脆弱之下。（我在目前這個版本中也保留了最初的前言，以表明那些年頭的心境）無論如何，這是第一次出現這樣的時刻，可以去述說、闡明那些耗盡了我這一代大半成年生活的問題：**到底發生了什麼事情？它為何會發生？它怎麼會發生？**德國的戰敗為我們留下一個廢墟中的國家、一個覺得自身已抵達歷史「零點」的民族，而關於希特勒「千年帝國」所努力維持的那十二年間的各個方面，都出現了堆積如山、幾乎完好無損的文件記錄，還有異常豐富的檔案資料。這些多到令人難以抉擇的材料至今尚未被充分出版與研究，而從中選出的首部內容豐富的十二卷本選集《納粹的陰謀與侵略》（*Nazi Conspiracy and Aggression*），[2]則隨著一九四六年針對主要戰犯的紐倫堡審判而問世。

當本書第二版（平裝本）於一九五八年問世之際，已有更多關於納粹體制的檔案與材料可以在圖書館與檔案館找到。我後來了解到的內容都不乏有趣之處，但無論是在分析還是論點方面，這些材料都不至於使我需要對原先版本進行實質性修改。註釋來源方面則做了許多合理的添加與替換，正文也有了可觀的擴充。但這些改變都是資料上的。在一九四九年，紐倫堡檔案只有被翻譯成英文的一部分為世人所知，而出版於一九三三年與一九四五年間的德國的大量書籍、手冊與雜誌，都還無法取得。在新增添的多處內容中，我也將史達林過世後的一些重要事件納入考量（比如第二十屆黨代表大會上的繼任者危機與赫魯雪夫的演講），同時也從晚近出版品中獲得了有關史達林體制的新資料。由此我修訂了第三部以及第二部的最後一章，而反猶主義的第一部以

及帝國主義的頭四章，則都原封未動。此外，有些新的具有嚴格意義上的理論性質的洞見，它們與我對全面支配（total domination）元素的分析密切相關，而當我以更具總結性質的〈結語〉（Concluding Remarks）來結束初版書稿時，還沒有產生這些想法。因此這個版本中我以最後一章〈意識形態與恐怖〉取代了原本的〈結語〉，而後者中似乎仍然有效的內容，則被轉移到其他章節當中。我也為這個第二版添加了一篇後記，主要討論俄羅斯制度被引入其衛星國的現象，以及匈牙利革命。撰寫這一探討文章的時間相對晚的多，由於它處理當代事件，因此在調性上有所不同，而且其中許多細節已經過時。如今我把它刪掉了，這就是第二版（平裝本）到現在這個版本唯一的實質改動。❶

很顯然，戰爭的結束並沒有帶來俄羅斯極權政府的終結。相反地，隨後就發生了東歐的布爾什維克化，亦即極權政府的傳播擴散，而和平提供給我們的只是一個有意義的轉折點，讓我們可以由此分析兩種極權體制在方法與制度上的異同之處。具有決定性意義的不是戰爭的結束，而是

---

❶ 譯註：如鄂蘭所說，本書第二版（一九五八年，Meridan版）刪掉了第一版（一九五一年）中的〈結語〉，這個〈結語〉其實對本書的內容進行了一定的概述，仍具有參考性；如今這個〈結語〉可以在Schocken版（二〇〇四年）的附錄中找到：Hannah Arendt, *The Origins of Totalitarianism*, New York: Schocken Books, 2004, pp. 618-632. 至於當前版本所刪去的第二版後記，則題為〈匈牙利革命與極權帝國主義〉（The Hungarian Revolution and Totalitarian Imperialism），寫於發生匈牙利革命（一九五六年）的兩年後，這篇文章如今收錄在鄂蘭過世後整理出版的文集中（TWB: 105-158）。綜上，前言所說的這個版本（一九六八年版）已用最後一章（本書第十三章）替代了初版的〈結語〉，同時也刪除了第二版新增的後記。

八年後史達林的死亡。從事後看來，伴隨這一死亡發生的，似乎不僅僅是確立新領導人之前的繼任危機與暫時「解凍」，也是一個確實存在但從未明朗的去極權化（detotalitarization）過程。因此就這些事件來看，現在還並無理由要將我講述的這一部分予以更新；而我們對這一階段的理解也並未出現大幅轉變，乃至需要擴充修訂與填補內容。在德國，希特勒刻意地利用戰爭來發展、完善極權政府，而俄羅斯的情況則恰恰相反，其戰爭階段反而是暫時懸置全面支配的時期。對我的寫作目標來說，從一九二九年到一九四一年，以及從一九四五年到一九五三年，這兩個時間段具有核心意義，而我們所擁有的關於這些歷史階段的資源，仍跟一九五八乃至一九四九年時一樣稀缺，且本質也沒有改變。目前還沒有發生什麼事情，或者說未來也不大可能發生什麼事情，能夠像納粹德國這樣，為我們帶來如此明確的故事結尾，或是帶有同樣令人毛骨悚然的清晰與無可辯駁的證據。

在我們對此階段的理解上，唯一重要的增補就是斯摩棱斯克檔案（由梅爾．費恩索德〔Merle Fainsod〕於一九五八年出版），它向我們展示了，若缺乏大部分基本文件材料與統計材料，便會對該階段俄國歷史的所有研究造成決定性的障礙。因為即便這份檔案（由德國情報人員在斯摩棱斯克黨部發現，接著為進駐德國的美國佔領軍所獲）包含大約二十萬頁的文件，而且原封未動地涵蓋了從一九一七年到一九三八年這個階段，可是它未能提供給我們的資訊量實在多得驚人。即使其中包含從一九二九年到一九三七年「有關各種清洗的多到幾乎無法處理的材料」，

卻未包含受害者的人數，或任何關鍵的統計數據。即便檔案中提供了一些數據，它們也令人絕望地相互矛盾，各個組織都提供了不同的數據，而我們唯一能確信的，就是許多數據（如果它們的確存在的話）因政府命令而在來源處被扣下。[3]此外，這份檔案也沒能涵括不同權力機構之間的關係資訊，像是「黨、軍方與內務人民委員部」之間的關係，或是黨與政府之間的關係，它們幾乎完全沒有提及溝通與命令的管道。簡言之，關於俄羅斯政體的組織結構方面我們一無所獲，而我們對納粹德國的這一方面就相當了解。[4]換言之，雖然我們通常都知道蘇聯的官方出版品是宣傳工具，因此完全不可靠，但如今看來，可靠的資源與統計材料很可能根本就不存在。

還有一個更為嚴重的問題：對於極權主義的研究，是否有辦法忽視中國曾經發生、以及現在仍在發生中的事情。我們在這方面的了解甚至比對俄羅斯的三〇年代還要缺乏，這部分是因為中國在革命成功之後，就成功地徹底將自己與國外人士隔絕，另一部分則是因為中共高層的叛變者尚未向我們投誠（自然，這件事本身就頗具意義）。十七年來，我們獲得的少量資訊無疑指出了一項極重大的差異：首先，最初階段經歷了大規模的流血事件，在獨裁統治的頭幾年，受害者的人數合理估計達一千五百萬，佔了一九四九年人口總數的百分之三；就百分比來說，這比史達林的「第二次革命」導致的人口損失少了許多。❶而在有組織的反對勢力消失之後，並沒有出現更

❶ 譯註：中共在一九四九年之後的頭幾年，進行了一系列的「鎮壓反革命」、「三反」、「五反」、「土改」運動，而史達林的「第二次革命」則是指他掌權之後發動的眾多整肅清洗。

多的恐怖，也沒有發生對無辜人民的屠殺，沒有對「客觀敵人」進行分類，也沒有展示性的公審（雖然有大量的公開坦白與「自我批評」），也沒有極端的罪行。毛澤東在一九五七年發表的著名講話〈關於正確處理人民內部矛盾的問題〉，通常被安上了一個誤導性的標題「百花齊放」；這當然不是要提倡自由，但它的確承認在各階級間存在非對抗性的矛盾，更重要的是，甚至在共產專政之下，也存在人民與政府之間的矛盾。處理反對派的方式是「思想整頓」，這是一種對心靈進行持續塑造與改造的精細程序，似乎所有人都或多或少受到它的支配。我們從未充分了解這如何在日常生活中運作，有誰豁免於此（亦即誰執行「改造」），而且我們也未獲得有關這種「洗腦」之結果的任何蛛絲馬跡，不知道它是否仍在持續，是否實際造成了人格轉變。假使人們能夠相信當前中國領導人的宣稱，那麼它所製造的不外乎是一種範圍巨大的偽善（hypocrisy），一個「滋生反革命的溫床」。❶如果這是恐怖的話（它很有可能就是恐怖），那麼這就是一種不同類型的恐怖，而無論其後果為何，它都沒有讓眾多人口死亡（譯按：鄂蘭顯然還不知大躍進期間有大量人口喪生）。它明確承認民族利益，允許國家和平發展，允許國家利用前統治階級後代的才能，並支持維護學術與專業標準。簡言之，毛澤東「思想」很明顯並沒有沿著史達林（或希特勒）制

---

❶ 譯註：鄂蘭在此提到的「偽善」與反革命，很有可能是取自法國大革命中的羅伯斯比（Maximilien Robespierre）政府，鄂蘭後來在《論革命》（OR: 88-101）中詳細分析了羅伯斯比對偽善發起的戰爭，如何使偽善成為罪惡中的罪惡，如何導向一種極端的恐怖統治。

訂的路線來走，他並不是一個天生的劊子手，而且在前殖民地國家的所有革命動亂中都極為突出的民族主義情感，也強大到足以限制全面支配。❷這一切似乎都與本書表達的某些擔憂相矛盾（參照原書 p. 311）。

另一方面，中國共產黨取得勝利之後，立即就致力於「國際性的組織、無所不包的意識形態，以及全球性的政治抱負」（參照原書 p. 389），也就是說，它的極權特徵從一開始就展露無遺。隨著中蘇衝突的發展，這些特徵變得更為顯著，即使衝突本身或許更多是由國家問題而非意識形態問題引發。中國人堅持要為史達林恢復名譽，而且譴責俄羅斯的去極權化嘗試為「修正主義」式偏離，這些跡象已經讓人覺得夠凶險了，而讓情況變得更糟的是，它們還同時伴隨著一種即使迄今尚不成功、但已展現出徹頭徹尾的冷酷態度的國際政策，旨在讓中國代理人滲透到所有革命運動之中，並在北京的領導下復興第三國際。在當前時刻，這一切發展態勢都還很難予以評斷，部分是因為我們了解得還不夠多，部分則是因為一切仍處在變動之中。這些不確定性構成了情況的本質，而在此之外我們偏偏又添上了自己製造的阻礙。我們承襲自冷戰階段的官方「反制意識形態」（counter-ideology），亦即反共產主義，同樣帶有全球性的政治抱負，也誘使我們構

❷ 譯註：在鄂蘭的詮釋框架中，極權體制無限擴張的傾向，與體現典型民族主義的民族國家體制嚴重衝突，後者趨向於政治結構與國族領土的穩定化，從而會抑制極權擴張。

建了自身的虛構敘事，從而我們在原則上拒絕將實際面對的各種共產主義一黨專政，與那種或許已在中國發展出來的（儘管是以不同形式）真實極權政府區別。當然，關鍵不在於共產中國有別於共產俄國，或是史達林的俄羅斯有別於希特勒的德意志。對俄國二〇、三〇年代的描述中充斥著酗酒與無能，至今仍廣泛流傳，但是這些因素完全不曾出現在納粹德國的故事中；而德國集中滅絕營那無法言說的無端殘忍，似乎也往往不見於俄羅斯集中營，後者的囚徒更多死於照顧不良而非酷刑。腐敗這個從一開始就糾纏著俄國行政系統的詛咒，雖在納粹體制的最後歲月裡也有出現，卻明顯在革命後的中國完全缺席。這類差別還可以繼續列舉下去；它們意義重大，屬於各國民族歷史的一部分，但是它們與政體並無直接關聯。在西班牙、法國、英國或普魯士的君主專制，無疑不是同一回事；但它不管在哪都仍然是同樣的一種政體。在我們的討論脈絡中至關重要的是，極權政府有別於獨裁與暴政；如何有能力區分它們，絕對不是一個可以放心留給「理論家」來處理的學術問題，因為全面支配是唯一一種讓共同生存（coexistence）不再可能的政府形式。因此我們有充分理由要節制、慎重地使用「極權」這個詞彙。❶

❶ 譯註：在本書一九六八年版中，本句之後原本還有一大段文字，不見於目前的通行版本中（通行版雖然基本上就是一九六八版，但仍經過了一九七三年的一次改版）。刪除原因不詳，可能是鄂蘭後來覺得資料不足、無法妄下斷言。今日我們不難看出，鄂蘭在此提到的明顯是文革的最初跡象。筆者在此將該段文字重新譯出，供讀者參考：

在另一方面，我們很有理由感到擔憂。我們如今目睹中國首次出現全國範圍的政黨清洗，並伴隨著要進行集體屠殺的公開恐嚇。

在對於極權政府的事實性了解上，新的資源仍然匱乏且不甚可靠，相反地，晚近十五年間，對於各種新式獨裁統治（無論其是否極權）的研究則有了巨大進展。當然尤其是在納粹德國與蘇聯方面。如今確實有許多著作是進一步探究該主題，我也盡力相應增補原本的參考書目（第二版末附參考書目）。除了少數例外，我刻意遺漏的唯一一種文獻，就是前納粹將領與前納粹高層官員在戰後出版的眾多回憶錄（這種辯護之作缺乏誠實，這是可理解的，也不應為此將其排除在考慮之外。但是這些回憶錄展現出作者對實際發生的事情，以及自身在事態發展過程中扮演的角色，是如此缺乏理解，實在令人震驚，也使人們對它們只剩下某種心理學的興趣）。我也為附於第一部分與第二部分的閱讀書目列表，添加了相對較少的新條目。最後，基於方便，參考書目也如本書一樣，分割成三個獨立部分。

假設他們將這些恐嚇付諸實踐，就很可能會製造出跟我們熟知的史達林統治下的俄羅斯同樣的狀況。我們不知道是什麼導致了這突兀的發展，「據說這甚至使經驗老道的中國官員們也猝不及防」（馬克斯·弗蘭克〔Max Frankel〕一九六六年六月二十六日在《紐約時報》的報導），也不知道這是否來自一連串被小心隱藏起來的政治鬥爭，或是近來中國在對外關係上的災難。但是宣稱存在由黨內「修正主義份子」、「反黨」份子所資助、慫恿的「小資產階級反革命份子」（實則根本不存在），宣稱知識份子當中存在「牛鬼蛇神」、「毒草」，這些行為都很容易導致跟「第二次革命」（廢除列寧式獨裁、建立史達林極權統治）同樣的體制變動。然而這些觀察仍只是猜測，事實是我們對中國的了解仍然不如最糟階段的俄羅斯。要是它當前的政體尚未確立的話，那麼就算只是嘗試去進行分析，恐怕都過於冒失了。

二

就所涉論據來說，在構想、寫作本書的早期階段裡遭遇的阻礙，比合理預估的更少，而在納粹與布爾什維克這兩種極權主義的材料方面也是如此。當代人書寫極權主義「歷史」的早期文獻，根據各種學術規則來說，應該必然是缺乏資料和過度投入情感，然而古怪之處在於，它們竟很好地經受住了時間的考驗。康拉德・海登（Konrad Heiden）的希特勒傳記與鮑里斯・蘇瓦林（Boris Souvarine）的史達林傳記，都寫作、出版於三〇年代，比起由艾倫・布洛克（Alan Bullock）與艾薩克・多伊徹（Isaac Deutscher）撰寫的權威傳記，它們在某些方面更為精確，而且幾乎在所有方面都更具現實意義。原因或許有很多，但其中之一無疑是基於下面的簡單事實：這兩個案例中的檔案資料，往往是以重要叛變者或其他親眼見證的記事，來確認與添加人們一向知道的內容。

說得更極端一點，我們不需要赫魯雪夫的祕密報告，就可以知道史達林犯了罪，也知道這個據說「多疑成疾」的人曾決定要信任希特勒（譯按：指二戰前雙方曾簽訂德蘇互不侵犯條約）。❶有關後一點，事實上再沒有什麼比這種信任更能證明史達林沒有發瘋；對於所有他想消滅或打算消

❶ 譯註：一九五六年，在史達林死後的第一次黨代表大會，赫魯雪夫發表了檢討、揭露史達林的長篇講話，既引發了極大動盪，也由此奠定了他的掌權基礎。

滅的人，他不無道理地抱持猜疑態度，這些人實際上涵括了每一個黨政高層；他自然會信任希特勒，因為他並不希望希特勒出事。至於前一點，赫魯雪夫的驚人自白所掩蓋的東西遠比揭露的更多（很明顯，因為聽眾及他本人都牽涉其中），因此不幸的結果就是，在許多人眼中（當然也在對官方材料充滿職業熱情的學者眼中）這些自白最小化了史達林體制的巨大罪行，但史達林體制可不只是誣陷與謀害了成百上千名傑出的政治、文學人物（這些人或許都能在身後「恢復名譽」），還滅絕了實實在在的數不盡的受害者，沒有人、甚至連史達林都不會懷疑這些人從事過「反革命」活動。赫魯雪夫正是通過勉強承認某些罪行，來掩蓋整個體制的罪過，俄羅斯年輕一代的知識份子之所以現在都處在幾乎公然反叛的狀態，正是為了對抗這種掩飾，為了對抗當前俄羅斯統治者們的偽善，而這些統治者全都是在史達林治下受到訓練、得到提拔的。因為這些年輕知識份子知道有關「大規模清洗、驅逐並滅絕整個民族」的一切。[5]此外，赫魯雪夫用史達林的瘋狂猜忌，去解釋他勉強承認的那些罪行，這也就遮蔽了極權恐怖最典型的特徵，而一旦有組織的反對派全都被消滅，且極權統治者知道他已無須懼怕，這種特徵就又會被釋放出來。俄國的發展事態尤其如此。史達林開始大規模清洗，不是在他承認「我們有內部敵人」且實際上仍有理由懼怕的一九二八年（他知道布哈林將他比作成吉思汗，且相信史達林的政策「正在將國家引向飢荒、毀滅與警察體制」，實情也的確如此），[6]而是在一九三四年，當時所有的前敵對勢力都「承認了他們的錯誤」，而史達林自己則在被他稱作「勝利者大會」的第十七屆黨代表大會上宣

稱：「在這次大會上……不需要再證明什麼東西，看來也不需要再鬥爭什麼人」。[7] 對蘇俄與共產運動來說，第二十屆黨代表大會具有激動人心的特色及其決定性的政治意義，這大體上並無可疑。但真正重要的仍在於政治層面；後史達林時代官方材料對先前發生之事的揭露，不應被誤為是在揭露真相。

只要是涉及我們對史達林時代的認知，則我前面提過的費恩索德出版的斯摩棱斯克檔案，就仍是迄今最重要的出版物，遺憾的是，在這個任意選取的版本之後，沒有再出版一個內容更豐富的版本。從費恩索德的書來判斷，我們對於三〇年代中期史達林為權力而鬥爭的那個階段，還有許多需要了解的事情：我們如今知道該黨的地位曾經多麼脆弱，[8] 這不僅僅是因為公開反對的情緒在全國廣泛流行，而且還因為它充斥著腐敗與酗酒；幾乎所有的解放要求都伴隨著明顯的反猶主義；[9] 自一九二八年以降，實現集體化與進行反富農（kulaks）運動的趨勢實際上擾亂了（列寧的）新經濟政策（NEP），❶也打亂了由於這種政策而開始出現的人民與政府之間的和解；[10] 整個農民階級一度團結起來，強烈抵制這些措施，他們的結論是「與其加入集體農莊，還不如不要出生」，[11] 他們還拒絕為反富農而被區分為富農、中農與貧農：[12]「有一些人比這些富農

❶ 譯註：列寧在一九二二年面對國內出現的各種經濟、政治危機，決定放寬政府控制，引入某些資本主義因素，很快取得了良好效果，是為所謂「新經濟政策」；而史達林在一九二八後則開始重新推動農村的集體化運動。

更壞，他們只想著要怎麼對人民窮追猛打」；[13]城市的情況也沒有好多少，工人拒絕與黨所掌控的工會合作，還將管理部門稱為「飽食終日的魔鬼」、「偽善的斜眼鬼」等等。[14]

費恩索德正確地指出，這些文件不僅清楚顯示出「大眾的普遍不滿」，也顯示出當時缺乏任何「充分組織起來的」反對整體體制的勢力。他未能看出、而在我看來同樣為這一證據所支持的情況是，在史達林篡奪權力並從一黨獨裁轉變為全面支配的進程之外，明顯還存在另一種選項，這就是貫徹已由列寧開啟的新經濟政策。[15]此外，當史達林差不多已完全掌控了黨的時候，他在一九二八年通過第一個五年計畫而採取的措施，業已證明將階級轉變為大眾，並隨之消滅所有集體團結，確實構成了全面支配必不可少的條件。

有關史達林自一九二九年以降那段無可爭議的統治階段，斯摩棱斯克檔案證實了那些我們先前憑藉不那麼可靠的來源而了解的事情。甚至它某些奇怪的缺漏也是如此，尤其是相關的統計數據。因為這一闕如就像其他方面一樣，僅僅證明了史達林體制無情的一致性：所有不贊同、或可能不贊同官方出品（那些關於糧食產量、犯罪率、「反革命」活動實際發生率的數據，有別於後來捏造的陰謀論）的事實，都會被視為非事實。這確實非常符合極權體制對事實與現實的蔑視態度：這類數據並不是從國內各處收集並匯總到莫斯科，而是首先由《真理報》、《消息報》或其他在莫斯科的官方喉舌公告給各地機關；從而蘇聯各地區、各行政區接受官方編造的統計數據的方式，大致就像它們接受五年計畫分配下來的同樣虛假的定額指標一樣。[16]

我再簡要列舉出一些更明顯的關鍵點，它們之前只能被猜測，如今則有了文件證據支持。我們向來懷疑而如今已然了解的是，體制從來都不是「鐵板一塊」，而是「有意識地由相互重疊、重複、平行的機構構築而成」，也知道這個不定形得可笑的結構，乃是由我們同樣在納粹德國發現的元首原則（所謂的「人格崇拜」）來維繫；[17]這個特殊政府的執行部門不是黨，而是警察，後者的「運作並非通過黨的管道來進行調控」；[18]體制所清除掉的上百萬完全無辜的人，用布爾什維克的語言來說的「客觀敵人」，則知道自己是「沒有罪行的罪犯」；[19]做出「完全被動」行為（與我們所熟知的納粹恐怖受害者的行為模式相同）的人，[20]正是那些有別於體制早先真正敵人（刺殺政府官員的兇手、縱火犯、土匪）的新類型的人。❶從未有人懷疑，大清洗期間「相互揭發的洪流」對這個國家的經濟、社會安定所造成的災難，正相當於它在強化極權統治方面的效果，但我們只有到了今日才知道，史達林在啟動這個「相互揭發的不祥連鎖反應」時，[21]是多麼小心謹慎；他在一九三六年七月二十九日做出如下官方聲明：「**在當前處境下，每個布爾什維克黨人都不可剝奪的品質就是，無論黨的敵人偽裝得多麼好，都有能力將他辨認出來。**」[22]因為正如同希特勒的「最終解決方案」是有意要將「汝應殺人」的誡命與納粹菁英相捆綁，史達林的公

❶ 譯註：以上是鄂蘭在用新的材料來印證她在本書第十二章各節提出的觀點。上述前兩則對應的是第十二章第一節提出的極權政府具有多重疊加的不定形特徵，且這種特徵在蘇聯主要體現在警察機構當中；後兩則對應第二節所分析的全然無辜的「客觀敵人」，以及進一步的類別更新現象。

告則指出「汝應作偽證」，乃是所有布爾什維克黨員的行為指導準則（譯按：這兩句話分別是對十誡中的「不應殺人」與「不應作偽證」的反用）。有一種流行的說法認為，二〇年代後期與三〇年代的恐怖，乃是因強推工業化與經濟進步而付出的痛苦的高昂代價，人們或許仍會懷疑這種說法到底包含多少真相，但最終只消一瞥在某個特定區域內實際發生的事態與進程，這些懷疑就會消散無蹤。[23]恐怖根本毫無產出。相關文件充分證明，去富農化、集體化以及大清洗的結果，既非進步，亦非迅速工業化，而是飢荒、食物生產混亂與人口減少。後續影響則是農業的持久危機、人口增長的停滯，以及發展、開拓西伯利亞腹地計畫的失敗。此外，斯摩棱斯克檔案詳細顯示出，史達林的統治方法成功摧毀了這個國家自十月革命以來所達成的實際成就與技術水準。所有這些加起來，確實構成了難以置信的「高昂代價」，而且不僅僅是造成苦難而已，這種代價是為了給一部分連「政治文盲」都算不上的人，打開在黨與政府官僚系統中的職涯升遷機會。[24]事情的真相是，極權統治的代價如此高昂，無論是德國還是俄國都尚未完全清償。

三

我先前曾提到在史達林死後發生的去極權化過程。在一九五八年，我尚不確定這一「解凍」是否僅是暫時的放鬆，是否僅為基於繼任危機而採取的一種應急措施，是否不過類似於極權控制在二戰期間的大規模鬆綁。即便到了今天，我們也還無法知道這一過程是否終極且不可逆，但是

它無疑不再能被稱作暫時的或臨時的。因為無論人們如何解讀自一九五三年以來蘇聯政策那通常讓人困惑不已的曲折路線，下述事實都不容置疑：龐大的警察帝國已告終結，大部分集中營已被撤除，沒有再進行新的針對「客觀敵人」的清洗，而新一代「集體領導層」成員之間的衝突，如今也是用從莫斯科貶謫、放逐到外地的方式來解決，不再使用公開審訊、坦白以及暗殺。史達林死後的新一代統治者，無疑仍密切依循著史達林在列寧死後所開啟的模式：首先是再次出現了被稱作「集體領導」（史達林在一九二五年創造的詞彙）的三巨頭，而經過長達四年的陰謀與權力競爭，則再次上演了史達林在一九二九發動的政變，亦即赫魯雪夫在一九五七年的篡權。確切來說，赫魯雪夫的政變非常密切地依照他那已過世且備受譴責的前主子的方法來進行。他要在黨高層贏得權力，就同樣需要一股外在勢力，而他利用朱可夫（Marshal Zhukov）與軍隊的方式，完全相當於史達林在三十年前的一系列鬥爭中利用與祕密警察的關係的方式。[25]正如在史達林的案例中，政變後最高權力仍繼續掌握在黨手中，而非警察手中，赫魯雪夫的案例同樣如此，「在一九五七年年末，蘇聯共產黨已在蘇聯社會生活的各個方面都取得了無可爭議的最高地位」；[26]正如史達林在清洗警察幹部與長官方面向來毫不手軟，赫魯雪夫也遵循了這樣的黨內部署：他從他在政變後選出的黨常務委員會與中央委員會中移除了朱可夫，同時也解除了朱可夫作為軍方最高統帥的職務。

當赫魯雪夫向朱可夫尋求支持的時候，軍方凌駕於警方的優勢地位無疑在蘇聯已是既成事

實。這是因警察帝國瓦解而自動產生的結果，而這一帝國曾統治的大部分蘇聯工業以及實際資產，則都被管理層集團所繼承，該集團忽然發現自己終於得以擺脫他們最大的經濟競爭者。軍隊自發獲得的優勢地位甚至更具決定意義；如今它明確壟斷了暴力工具，從而得以決定黨內衝突的走向。它稱讚赫魯雪夫的機敏，認為在領悟與其合作所能達成的成果方面，他遠比其同僚要迅速得多。但是無論他的動機究竟為何，這種在權力遊戲中將重心從警察轉向軍隊的轉變都具有重大影響。祕密警察凌駕於軍方機構的現象是不少暴政的標誌特徵，並不限於極權；然而就極權政府而言，警察的優勢地位不僅是為了滿足鎮壓國內民眾的需求，也是為了實現全球統治的意識形態主張。很顯然，那些將整個地球視作其未來領土的人，都會重視國內暴力機關，而且將會以警察而非軍隊的方式與班底，來統治他們征服的領土。因此，納粹將本質為警力的親衛隊用於統治，甚至用來征服異國領土，其終極目標是在親衛隊的領導下將軍隊與警察合而為一。

此外，這種權力平衡之轉變的重要意義，早在因匈牙利革命力量而引發鎮壓的情境中就已展露無遺。對革命的血腥鎮壓可怕而有效，這是由正規軍事單位而非警察部隊來完成的，其結果是它絕沒有代表典型的史達林式解決方法。雖然使用軍隊，馬上造成了處決領袖、囚禁千萬人的結果，但是並沒有發生大規模的驅逐出境；事實上，並沒有出現減少國家人口的嘗試。而且由於這是一項軍事舉措，而非警察行動，因此蘇聯人能夠為戰敗國提供足夠的援助，以阻止大饑荒的發生，並避免革命後發生經濟的崩潰。在同樣的形勢下，史達林是絕不會這麼做的。

在嚴格意義上，蘇聯不再能夠被稱作極權的最明顯徵兆，當然是近十年來文藝界發生的驚人轉變與可喜復甦。誠然，當局一再要求為史達林恢復名譽，一再試圖抑制在學生、作家與藝術家中間日益增長的言論、思想自由之要求，但是都不太成功，或是不太可能在沒有全面重建恐怖與警察統治的前提下取得成功。無疑，蘇聯人民被否定了所有形式的政治自由，不僅僅是結社自由，還有思想、發表意見、公開表達的自由。看起來彷彿沒發生什麼改變，但事實上一切都改變了。史達林過世時，作家與藝術家的抽屜空無一物；今日已經有了一整個由抄本形式流傳的文學，在畫家工作室裡則嘗試著各種現代繪畫形式，它們甚至在還沒展覽前就聞名於世了。這不是要簡化暴政審查與藝術自由之間的差距，而只是要強調在地下文學與沒有文學之間的差別，就等同於一與零的差別。

除此之外，知識份子反對派已能夠被審判（即便還不是公開的），能夠讓自己在法庭得到聆聽，並訴諸法庭外的支持，而且他不是去坦白任何事情，而是去為自己進行無罪辯護；這些事實表明我們在此處理的已不再是全面支配。以立憲政府的各種正義標準來看，發生在西尼亞夫斯基與丹尼爾（Sinyavsky and Daniel）身上的事情，當然讓人無法容忍：這兩位作家在一九六六年因在海外出版了不能在蘇聯出版的作品而被審判，各自判處七年與五年的苦役。但是他們不得不說出的話已被全世界聽到，而且不太可能會被遺忘。他們並沒有消失在極權統治者為其反對者準備的遺忘黑洞之中。鮮為人知、但或許甚至更加可信的是，赫魯雪夫自己曾試圖扭轉去極權化進程

的嘗試也徹底失敗了。在一九五七年，他頒布了「反對社會寄生蟲的新法案」，這一法案將讓體制得以重新推動大規模驅逐，重建大規模的奴隸勞動，而對全面支配最重要的則是，它可以引發新一波的大揭發浪潮；因為「寄生蟲」是要讓人民自己在大型集會中選出來的。然而該「法案」遭到蘇聯法學家們的反對，甚至在尚未試用前就被放棄了。[27] 換言之，蘇聯人民已脫離極權統治的夢魘，轉而經受著一黨獨裁下的各種艱困、危險與不義；雖然我們可以完全正確地說，這種現代暴政形式並未提供任何憲政保障，「即便接受了共產主義意識形態的前提，蘇聯所有的權力最終也是不正當的」，[28] 因此某一天，無須經歷重大動盪，這個國家便會重新墮入極權主義，但是同樣正確的是，所有新政體中最恐怖的一種，也就是我準備要分析其元素與歷史起源的那一種，確實隨著史達林的死亡而在俄羅斯終結了；正如隨著希特勒的死亡，極權主義也在德國宣告終結。

本書處理的是極權主義，處理它的各種起源與元素，至於它在德國或俄國的餘波，則僅僅在有可能對過往發生之事有所啟示的情況下，才與本研究相關。因此在我們的脈絡中，具有相關性的不是史達林死後的階段，而是其統治的戰後階段。而從一九四五到一九五三這八年，則向我們確認了它們既沒有與自三〇年代中期業已顯明的狀況相矛盾，也沒有為之增添新的元素。勝利後發生的各種事件，在戰時蘇聯的暫時鬆綁之後為重新鞏固全面支配而採取的措施，以及藉以將極權統治引入衛星國的措施，這些全都與我們早已知道的遊戲規則一致。衛星國的布爾什維克化開

始於人民陣線戰術與冒牌的議會制度，並迅速轉為公然建立的一黨獨裁，在其中先前曾被容忍的政黨領袖與政黨成員們都被一掃而空；而接下來就抵達了最後階段，這時莫斯科不分青紅皂白地懷疑的本地共產黨領袖，會在作秀公審中被粗暴地誣陷、羞辱，並在黨內最腐敗、最卑劣的份子的統治下被刑求、殺害，而這些壞份子本非共產黨人而是莫斯科派來的間諜。彷佛莫斯科急匆匆地要重複從十月革命到建立極權獨裁的所有階段。因此這個故事固然具有難以言說的恐怖，但卻沒有多少讓人感興趣的地方，也沒有太多變化；發生在一個衛星國的事情，也幾乎同時發生在從波羅的海到亞得里亞海的所有衛星國中。在衛星國系統以外的區域，情況則有所不同。波羅的海國家被直接整併進蘇聯，其境況要比衛星國糟糕許多：超過五十萬人從這三個小國被驅逐出境，同時一股「龐大的俄羅斯移民浪潮」則開始威脅到那些以少數族裔身份居住在本國的當地居民。[29]在另一方面，東德直到最近豎立起柏林牆之後，才被緩慢整合進衛星國系統，先前它更多地是被當作一個由傀儡政府統治的佔領區來對待。

在我們的討論脈絡中，蘇聯的發展態勢，尤其是在一九四八年之後，亦即發生日丹諾夫（Andrei Zhdanov）的神祕死亡與「列寧格勒事件」的那一年之後的態勢，具有更大的重要性。❶在大清洗之後，這是史達林首次處決大量高層乃至最高層官員，而我們也明確知道這被策劃為另

❶ 譯註：日丹諾夫是蘇聯黨高層的重要成員，長年掌控國內意識形態，有成為史達林接班人的機會，而「列寧格勒事件」所涉及的則主要是在黨內新舊勢力鬥爭下被犧牲的日丹諾夫派。

一場全國範圍大清洗的開端。若不是受阻於史達林之死，則「醫生陰謀事件」（Doctors' plot）本會觸發這種大清洗。一群大部分為猶太人的醫生被指控策劃了「掃除蘇聯領導幹部」的陰謀。[30]當「醫生陰謀」被揭發，一九四八年到一九五三年一月之間在俄羅斯所發生的一切，都與三〇年代為大清洗所做的準備有著引人注目且不祥的相似之處：日丹諾夫之死與列寧格勒清洗，正對應一九三四年基洛夫（Sergei Kirov）同樣神祕的死亡，❷其後直接發生的就是對「殘留在黨內的所有前反對派」的預備式清洗。[31]此外，針對醫生的荒唐指控，亦即他們將要殺害全國的領導幹部，必定會讓所有熟知史達林如何以他自己會犯下的罪行來指控虛構敵人的人，看到許多令人恐懼的預兆（最著名的例子，莫過於史達林在考慮與納粹結盟之時，指控圖哈切夫斯基〔Mikhail Tukhachevski〕與德國人串通）。很顯然，在一九五二年，史達林身邊的人在領會其言辭的真正意思方面，要比三〇年代的人高明許多，於是這些指控之辭必定在體制內的所有高層官員間引發了普遍的恐慌。恐怕就是這種恐慌最能合理解釋史達林的死亡、圍繞其死亡的神祕局勢，以及在繼任危機的頭幾個月中，黨高層的迅速封鎖，以及臭名昭著的鬥爭與陰謀。❸儘管我們對其內幕細節所知甚少，都已足夠支持我先前的確信，亦即類似「大清洗這樣的破壞性操作」並非孤立的

---

❷ 譯註：與日丹諾夫相對應的是，基洛夫同樣一度在黨內身居要職，在他神祕死亡後，史達林以此為藉口開展了一連串的大清洗。

❸ 譯註：從史達林死前的忽然發病到最終死亡之間，黨高層人員的處理方式似乎頗多疑雲，被猜測是有故意延緩就醫的嫌疑；鄂蘭顯然推測，史達林晚年的作為引發了體制高層的恐慌，從而暗中希望他早點死去。

插曲，並非體制因非常形勢而做出的極端行為，而是一種恐怖建制，它會規律地定期發生——當然，除非體制自身的本質有所改變。

在這場史達林在其生命的最後日子裡規劃的、最近的大清洗中，最具戲劇性的新元素，是在意識形態方面的決定性轉變，亦即引入猶太世界陰謀論。多年來，在衛星國的大量審判（比如匈牙利的拉斯洛案、羅馬尼亞的安娜·波克爾案、一九五二年在捷克斯洛伐克的斯蘭斯基案）中，這種轉變的基礎就已經被小心翼翼地打好。在這些準備措施中，黨高層官員們因其「猶太布爾喬亞」血統而被挑出來，並控以錫安主義；這種指控逐漸轉而涉及臭名昭著的非錫安主義機構（尤其是美國猶太聯合分配委員會），以便表明所有猶太人都是錫安主義者，而所有錫安主義團體都「受僱於美國帝國主義」。[32] 所謂的錫安主義的「罪行」當然了無新意，但是隨著運動推行並開始針對蘇聯猶太人，另一個重大轉變發生了：猶太人現在被指控為「世界主義」而非錫安主義，而從這一口號中發展出來的模式，甚至更密切地依循納粹以錫安長老會紀要來操作的猶太世界陰謀模式。如今事情已再清楚不過，納粹意識形態的支柱顯然給史達林留下了深刻的印象（自希特勒—史達林同盟以來，就出現證明此事的最初跡象了），這當然部分是因為它在俄羅斯以及所有衛星國都具有明顯的宣傳價值，在這些地方，反猶情緒廣泛傳播，反猶宣傳總是會贏得巨大民意支持，但部分也是因為這種類型的虛構世界陰謀，比華爾街、資本主義、帝國主義，都更能夠為極權主義統治世界的主張提供意識形態上的合適地基。公然、無恥的採納這種舉世皆知的最明顯的

納粹標誌，這是史達林在全面支配中對他的晚期同僚兼對手的最後致敬，史達林大概很遺憾自己未能與之締結持久協議。

史達林就像希特勒一樣，死於未完成的恐怖事業的中途。而此事發生之後，本書所不得不講述的故事，它所試圖理解、處理的各種事件，也就至少暫時宣告終結了。

漢娜．鄂蘭

一九六六年六月

第 10 章

無階級社會

A Classless Society

一、大眾

在一般極權運動中，尤其在其領袖的名聲上，最典型的一項特徵就是他們令人訝異地容易被遺忘，而且要取代掉他們也驚人地容易。[305]史達林多年來進行了艱苦的派系鬥爭，以及對前任至少在名義上的巨大讓步（亦即將自己正當化為列寧的政治繼承人），但史達林的後繼者們卻試圖不再做出如此讓步；即便史達林擁有三十年的時間，而且操縱著列寧時代尚無人知曉的宣傳機器來使自己名聲不朽，也無濟於事。希特勒的情況同樣如此，他生前散發著據說無人能抵擋的魅力，[1]但如今他失敗、死亡之後，就如此徹底地被遺忘，以至於他甚至在戰後德國的新法西斯份子與新納粹團體中也不再有任何作用。[306]這種不持久的特性，無疑與大眾那種世人皆知的善變以及依靠大眾維持的名聲有關；它也更有可能被追溯到極權運動那永久運轉的狂熱，極權運動唯有保持運動狀態，並使周遭一切都運動起來，才能夠維持權力。因此在某種意義上，只要那些死去的極權領袖們曾成功用尤屬極權的病毒毒害其追隨者，則這種不持久性就恰恰是一份對他們格外捧場的鑑定證明；如果真的存在某種類似極權人格或極權心智的東西，那麼這種非凡適應力以及缺乏延續性，無疑是其突出特質。由此，我們若假設大眾的無常與健忘代表他們已戒除了極權幻想，而這幻想不過剛好是希特勒崇拜或史達林崇拜而已，則恐怕會是個錯誤；相反的情況要正確得多。

我們若是由於這種非持久性，而忘記只要極權體制掌權且其領袖健在，就始終會「掌握且奠

基於大眾支持」，[2]則會是更嚴重的錯誤。希特勒的掌權在多數統治（majority rule）方面是合法的，[3]而如果不是對這些大眾有信心的話，那麼無論是希特勒還是史達林，都不可能維持對廣大人口的領導，不可能度過諸多內外危機，也不可能敢冒那數不清的黨內鬥爭的風險。如果這些大眾並沒有支持史達林與希特勒，那麼無論是莫斯科審判還是清除羅姆集團（譯按：兩者皆是各自高層內部的清洗與鬥爭），就都不可能達成。有一些廣泛流傳的說法，像是希特勒不過是實業家們的代理人，或是史達林完全是通過某種險惡陰謀而得以在列寧死後的一系列鬥爭中獲勝，這些都是可以被眾多事實所反駁的傳言，而其中最能反駁它們的就是這些領袖所擁有的無可爭辯的民意支持。[4]他們所擁有的支持，也不能歸因於他們對無知愚昧者嫻熟的謊言宣傳。因為先於極權體制並始終與之相伴的極權運動宣傳，總是既毫不掩飾又謊話連篇，而自命為極權統治者的人在其事業之初，也總是會吹噓他過往的罪行，並認真勾勒出未來的罪行。納粹份子「相信在我們這個時代，邪惡勾當擁有一種病態的吸引力」，[5]布爾什維克則在俄羅斯國內外都擔保他們不會承認普通道德標準，此舉業已成為共產主義宣傳的支柱；雖然純粹的自我利益被認為是政治中最強大的心理因素，但經驗已多次證明，邪惡事業的宣傳價值以及對道德標準的普遍蔑視，都獨立於這種自我利益之外。

邪惡與罪行對暴民的頭腦具有吸引力，這不是什麼新鮮事。暴民確實總會「讚賞暴力行徑：這或許卑鄙，但聰明極了」[6]。在極權主義的成功中，更讓人困擾的因素毋寧是追隨者的無私特

質（selflessness）：一個納粹份子或布爾什維克黨人不會因為要對非運動成員、乃至運動的敵人犯罪，而動搖信念，這或許還可以理解；但令人訝異的是，當巨獸開始吞噬自己的孩子時，他也不會動搖，甚至當他自己也成為被迫害者的時候，當他被誣陷、被判罪的時候，當他被黨開除並被送入強制勞動營或集中營的時候，他竟也未曾動搖。相反地，讓整個文明世界都倍感驚奇的是，只要他屬於運動一份子的地位不受影響，他甚至願意為針對自己的指控提供幫助，為自己的死刑判決提供偽證。[7] 這種經受了所有實際考驗且消除了所有直接自我利益的頑固信念，若只將其簡單視作一種熱烈的理想主義，恐怕過於天真。無論是愚蠢還是英勇，理想主義通常都源自某種個體決定與信念，並且服從經驗與論證。[8] 極權運動的狂熱則與所有形式的理想主義相反，它在崩解時會將其狂熱信徒棄之不顧，將任何他們身上在運動崩潰後還可能留存下來的信念抹煞。[9] 但是只要運動繼續維持，那麼在運動的組織框架內，就沒有任何經驗或論證能夠影響那些狂熱成員；對運動的認同以及全面奉從主義，似乎已摧毀了他們經驗的能力，哪怕是酷刑或恐懼死亡這般極端的的經驗。

極權運動致力於組織、並成功予以組織的是大眾，而非歐陸民族國家的舊式利益黨派所組織的各個階級；亦非盎格魯—撒克遜國家的政黨所組織的，那種對處理公共事務抱持意見、抱有興趣的公民。所有政治團體都建立在與之相稱的力量（strength）之上，而極權運動卻高度仰賴由

人數所產生的純粹強力（force），以至於在人口相對較少的國家，就算具備同樣有利的形勢，也不可能出現極權體制。[10]一戰後，一股深深反民主、親獨裁的半極權與極權運動浪潮席捲歐洲；法西斯運動從義大利傳播到幾乎所有中東歐國家（捷克斯洛伐克的捷克部分就是一個明顯的例子）；但甚至連如此青睞「極權國家」一詞的墨索里尼，都沒有嘗試建立完整形態的極權體制，[11]而是滿足於獨裁與一黨專政。在戰前的羅馬尼亞、波蘭、波羅的海國家、匈牙利、葡萄牙以及佛朗哥的西班牙，類似的非極權獨裁紛紛湧現。納粹份子對於辨識箇中差異擁有不敗的本能，他們慣於輕蔑地評論其法西斯盟友的短處，而他們對俄羅斯布爾什維克體制（以及德國共產黨）卻是真心讚賞，其程度只有與他們對東歐種族的蔑視相對照，才得以彰顯。[12]希特勒唯一對之抱持「無條件尊敬」的人物就是「史達林這個天才」，[13]而在史達林與俄國體制這方面，我們雖然沒有（大概永遠不會有）像德國那樣唾手可得的豐富檔案材料，但是根據赫魯雪夫在第二十屆黨代表大會上發表的演說，我們仍可得知，史達林信任的人只有一個，就是希特勒。[14]

關鍵在於，這些較小的歐洲國家都曾在建立非極權獨裁之前出現過極權運動，因此極權主義看起來是過於野心勃勃的目標，即便它在組織大眾直至運動掌權的過程中成效卓著，國家的絕對尺寸仍會迫使自命為極權式大眾統治者的人，轉型為我們更熟悉的階級或政黨獨裁。實情是這些國家根本無法掌握足夠的人類材料，以承受全面支配及其必然導致的大量人口損失。[15]由於征服繁衍大量人口之領土的希望渺茫，這些小國的暴君們不得不轉向某種舊式的溫和派作風，以免損

失任何他們不得不統治的民眾。這也是為什麼納粹直到戰爭爆發、並在歐洲大幅擴張之前，都在一貫性與殘忍程度上，遠遠落後於俄國版極權的原因所在；甚至連德意志民族的數量都不足以讓這種最新政體充分發展。也許只有打贏二戰，德國才可能會領略到充分發展的極權統治，而根據希特勒所遺留的計畫來推測、評估，屆時要淘汰的人將不僅囊括「低級種族」，還會包括德國人自己。[16]無論如何，只有在戰爭期間，在征服了提供大量人口並使滅絕集中營得以可能的東方之後，德國人才有辦法建立真正的極權統治（相反地，在印度與中國這樣的傳統東方專制地域，極權統治擁有令人恐懼的大好機會，這裡擁有幾乎無窮無盡的原料來供養全面支配的權力累積、人口毀滅機器；此外，這裡的人民具有大眾人典型的多餘感，這種多餘感在歐洲是一種全新的現象，是伴隨著近一百五十年來的大規模失業與人口增長而產生的，然而在東方，卻已基於對人類生命價值的蔑視而盛行了千百年）。❶溫和的統治模式或更少殺戮性的做法，不應歸功於政府對人民反叛的恐懼；本國人口減少是一個嚴重得多的威脅。只有在擁有大量的多餘大眾，或是可以捨棄大量民眾而不會因為人口減少導致災難性後果的地方，有別於極權運動的極權統治才得以完全實現。

❶ 譯註：鄂蘭在此順帶提到了東方專制國家所具有的極權條件，這方面可與「極權主義」部分前言對中國狀況的揣測相對照。但鄂蘭對亞洲國家的了解似乎比較有限，此處所謂「對人類生命價值的蔑視」這一說法有些意義不明。

只要哪裡有大眾因某種原因而產生了建立政治組織的慾望，哪裡就有可能出現極權運動。大眾並非因某種共同利益的意識而團結在一起，而且他們也缺乏具體階級訴求，無法說出明確、特定且可達成的目標。大眾（masses）這一詞彙僅適用於這樣一些人：他們由於純粹的數量因素或冷漠態度、或兩者皆備的原因，而無法被整合進任何立基於共同利益的組織，無法被整合進政黨、市政管理、職業組織或工會。❷他們潛在於每個國家之中，並構成了中立人口的大多數，他們是從未參加政黨也很少參與投票的政治冷感者。

一九三〇年後在德國興起的納粹運動，以及在歐洲興起的共產運動，都具有如下特徵：[17]它們都從顯然冷漠的大眾人中招募成員，而其他所有政黨都放棄了這些人，因為他們太麻木或太愚蠢，不值得關注。結果就是，大多數運動成員都是從未在政治舞台出現過的人。這就允許將全新的方式引入政治宣傳，並對政治對手的主張漠不關心；這些運動不僅置身於政黨制度之外，並與之對抗，還發現了從未被發掘、從未被政黨制度「敗壞」的成員來源。因此它們並不需要反駁敵對主張，而且一貫偏好追求消滅而非說服的方法，這帶來的不是信服而是恐怖。它們所代表的異議，總是出自深層的自然、社會或心理淵源，超出了個體的掌控，從而也超出了理性力量的控

❷ 譯註：針對 masses 一詞，通常有「大眾」與「群眾」這兩種譯法，前者偏重於社會義，後者偏重於政治義，雖然 masses 構成了極權政治的關鍵要素，但鄂蘭對 masses 的分析首先主要是從其社會起源入手，且「群眾」一詞在中文脈絡中有比較明顯的左派色彩，故本書選擇譯作「大眾」。

制。只有在它們真心誠意地與其他政黨相競爭時，這種異議的特質才會成為它們的短板；一旦它們確信自己所要爭取的是同樣有理由去敵視所有政黨的人，這就不成問題。

極權運動在大眾中間的成功，意味著在一般民主制國家、尤其是歐洲民族國家及其政黨系統中，有兩個幻覺已然終結。第一個幻覺是，大多數人民已積極參與了政府管理，而且每個個體都同意支持自己的或其他人的政黨。與此相反，運動顯示出在政治上持中立冷漠態度的大眾能夠輕易成為民主國家的多數，因而也顯示出民主制度可以根據僅為少數人所積極認可的規則來運作。第二個被極權運動擊碎的民主幻覺是，這些政治冷感的大眾根本無關緊要，他們是真正中立的，而且只構成國家政治生活背後不會表達意見的底座而已。如今極權運動已揭示出其他公眾輿論喉舌從未能夠展示的東西，亦即民主政府之仰賴冷漠、不表態民眾的無聲認可與容忍，實不亞於它仰賴清楚表態且看得見的國家機構與組織。因此當極權運動帶著對議會政府的蔑視入侵議會，就顯得前後不一：實際上，它們已成功讓大多數人相信議會中的多數是虛假的，並不必然反映出國家的現實情況，從而也就破壞了政府的自尊與信心，後者同樣更相信多數統治，而非自己的憲法。

常常有人指出，極權運動利用且濫用了民主制的自由權利，以便廢除這些權利。這不僅僅關乎領袖的魔鬼狡黠或大眾的幼稚愚蠢。民主制的自由權利是建立在所有公民在法律面前的平等之上；而且它們只有在公民屬於且被各團體所代表，或是組成某種社會與政治等級制度的情況下，

才能獲得意義並有組織地運作。作為歐洲民族國家唯一的社會與政治等級系統，階級系統的崩解當然是「晚近德國歷史上最戲劇性的事件之一」，[18]而且它對納粹主義興起的有利程度，不亞於俄羅斯廣大農村人口的社會層級體系的匱乏（這「巨大而鬆弛的軀體缺乏政治教育，幾乎產生不了能夠提升其行動的觀念」[19]），之有利於布爾什維克推翻民主的克倫斯基（Alexander Kerensky）政府（譯按：克倫斯基是推翻沙皇後建立的臨時政府的首腦，該政府同年被十月革命推翻）。前希特勒德國的狀況已預示出隱含在西方世界發展進程中的危險，隨著第二次世界大戰結束，同樣戲劇性的階級系統崩解事件就幾乎再次發生在所有歐洲國家，而俄國發生的事件則清楚揭示出，在亞洲發生的不可避免的革命性改變的可能方向。在實際上，極權運動採納納粹還是布爾什維克，以種族還是階級的名義來組織大眾，乃至假裝要依循生命與自然的法則還是辯證法與經濟法則，都沒有太大的差別。

對公共事務漠不關心，在政治議題上持中立態度，這些因素本身並不構成極權運動興起的充分緣由。熱衷競爭、貪得無厭的布爾喬亞社會已然製造出對公共生活的冷漠乃至敵意，這種心態不僅僅發生在、甚至並非主要發生在，被剝削、被排擠出積極參與國家統治的社會階層，而是首先發生在布爾喬亞階級本身。在採取錯誤的節制態度的漫長階段裡，布爾喬亞滿足於成為社會中的統治階級，而無意於政治上的統治，並欣然將統治權留給了貴族；而在此後的帝國主義時期，布爾喬亞對既有國家機構的敵意日益高漲，開始行使政治權力、並自我組織起來。無論是早先的

冷漠態度，還是後來要求壟斷國家對外事務方向的態度，都根植於同一種生活方式與生活哲學，該哲學如此一貫而專門地以個體在殘酷競爭中的成敗為核心，以至於公民的義務與責任只能被看作對有限時間、精力的無謂浪費。這些布爾喬亞式態度對某些獨裁形式非常有用，在其中會有一位「強人」自己承擔起從事公共事務的煩人責任；但它們對於不是很能忍受布爾喬亞式個人主義的極權運動來說，則是一種明確的阻礙。無論布爾喬亞支配的社會中的冷漠群體多麼不願承擔公民責任，他們仍維持了人格的完整，因為如果連人格都失去，他們就很難在充滿競爭的生存鬥爭中倖存下來。

十九世紀的暴民組織與二十世紀的大眾運動，這兩者的決定性差異很難被人們察覺，因為現代極權領袖們在心理與心智上，與早先的暴民領袖並沒有多大差別，而後者的道德標準與政治手段都高度類似布爾喬亞。然而，只要個人主義同時構成布爾喬亞與暴民的生活態度，那麼極權運動就可以理直氣壯地宣稱自己是第一個真正的反布爾喬亞政黨；它們在十九世紀的先驅者們，無論是幫助路易拿破崙上台的十二月十日社團、還是德雷福事件中的屠夫部隊、還是執行猶太集體迫害的黑色百人團（the Black Hundreds）、還是泛運動，都從未使其成員陷入完全喪失個人主張與個人野心的地步，也從未使這樣一種組織成真：該組織會成功地永久消滅個體的身份認同，而不只是在英勇的集體行動時暫時隱藏而已。

布爾喬亞所支配的階級社會與大眾（產生於階級社會崩解之後）之間的關係，不同於布爾喬

亞與暴民（資本主義生產之副產品）之間的關係。大眾與暴民只有一個共通點，就是兩者都處於所有社會分支與常規政治代表之外。大眾並沒有像暴民那樣（儘管是以扭曲的形式）繼承統治階級的準則與態度，而是反映且多少扭曲了所有階級對待公共事務的態度。大眾人（the mass man）的準則不僅僅取決於他曾隸屬的具體階級，甚至並非主要由這種階級本身決定，而是更多地取決於所有社會階級所默然共享的那種無孔不入的影響力與信念。

階級成員資格雖然已經鬆動，而且不再像在封建社會的秩序與等級那樣，不可避免地被社會出身決定，但是它一般仍是從出生而來，只有非凡的天賦或好運才能夠改變它。社會地位在個體的政治參與中至關重要，人們從未直接面對公共事務，或覺得自己對公共事務負有直接責任，唯一的例外就是國家面臨危機的關頭，此時他僅僅作為一個國民而展開行動，階級或政黨成員資格都不再重要。一個階級在共同體中攀升至更重要位置的過程中，通常都會有一定數量的成員以政治為業，並接受教育與訓練，從而成為政府僱員（如果他們能夠負擔的話，也可以不支薪）與議會中的階級代表。對於大部分人仍然身處所有政黨或其他政治組織之外的事實，沒有任何人在乎，也沒有一個階級在乎。換言之，隸屬一個階級的成員資格，其限定團體義務以及看待政府的傳統態度，都阻礙了對國家統治具有個人責任感的公民意識的成長。只有在階級系統崩解，並連帶讓聯繫人民與政治體的可見與不可見的網絡完全消失的時刻，民族國家民眾的這種政治冷感特質才會昭然於世。

階級系統的崩解自動帶來了政黨系統的崩解，這主要是因為這些政黨之作為利益黨派，不再能夠代表階級利益。對於那些對重獲舊有社會地位抱持一線希望的前階級成員，以及那些並非因為還有共同利益，而是因為希望恢復共同利益而抱成一團的人來說，政黨的延續仍具有某種重要作用。於是政黨在宣傳上就變得越來越注重心理學與意識形態，其政治取向也變得越來越充滿護教與鄉愁的味道。此外，他們還在未有自覺的狀況下，喪失了那些中立支持者，後者因為覺得沒有任何政黨會顧及他們的利益，而從未對政治產生興趣。因此歐陸政黨系統崩解的最初訊號，不是舊黨員的脫逃，而是招募年輕一代新成員的失敗，以及喪失了未被組織的大眾的沉默贊成與支持，後者忽然褪去他們的冷漠態度，奔向有機會發表他們全新反對意見的地方。

隨著原本保護階級的圍牆坍塌，沉睡在所有政黨背後的大多數人，就轉成無組織、無結構的一大群狂躁個體，他們唯一的共同之處，就是都籠統地領會到政黨成員的希望注定要落空，因為共同體中那些最受尊敬、能說會道的代表們不過是些蠢貨，所有當權者的邪惡加起來，也遠遠不及他們的愚蠢與詐欺。失業工人對現狀充滿仇恨，他們憎恨由社會民主黨組建的當局政府，憎恨組建溫和派或右翼政黨的那些被剝奪財產的小資產所有者，以及組建為傳統極右政黨的前中產與上層階級；但上述這些仇恨對於產生那種全新而駭人的消極性團結意識，並沒有造成什麼重大影響。這一大群普遍不滿且絕望之人在一戰後的德國與奧地利迅速增加，當時除了軍事挫敗的破壞性後果之外，還充滿了通貨膨脹與失業；他們在所有後繼國家都為數眾多，並且自二戰以來就積

極支持法國與義大利的極端運動。

在這種階級社會崩解的氛圍中，歐洲大眾人的心理學就發展了起來。雖然同樣的命運以單調而抽象的統一樣式發生在一大群個體身上，但這並沒有阻止他們以個人性失敗的說法來自我評斷、以特定的不公不義觀來評斷世界。然而這種自我中心的痛苦雖然反覆出現在個體的孤立狀態中，卻並未成為一種共同羈絆（即便它具有消滅個體差異的傾向），這是因為它沒有建立在任何共同利益之上，無論經濟、社會或政治都沒有。這種覺得自我無關緊要的無私，這種犧牲付出的感覺，不再是個人理想主義的表達，而是一種大眾現象。有句古老的諺語說，窮人與被壓迫者們除了身上的枷鎖外，就再沒有什麼東西可以失去，但這句話對大眾人不再適用，因為當他們連對自身福祉都失去興趣時，他們所失去的已遠多於苦難的枷鎖：所有使人類生活變得煩惱痛苦的擔慮操心之源都消失了。與他們的非物質主義相比，基督教僧侶看起來簡直像是深陷世俗事務的人。希姆萊（Heinrich Himmler）非常了解他組織起來的這群人的心理狀態，他曾說他們感興趣的不是「日常問題」，而是「在數十年、數百年裡具有重要意義的意識形態問題，因此一個人會……知道他是在為兩千年一遇的偉大任務而工作」，[20]他所描述的不僅僅是他的親衛隊隊員，而是他從中招募隊員的那個廣大群體。數量龐大的個體製造出一種心智狀態，它就如四十年前的

羅茲一樣：志存各大洲、思及數百年。❶

早在十九世紀初，傑出的歐洲學者與政治家們就已經預言了大眾人的興起以及大眾時代的到來。討論大眾行為與大眾心理的一切文獻，都展示、推廣了一種古人非常熟悉的智慧，亦即在民主與獨裁、暴民統治與暴政之間存在親緣關係。有關煽動家的出現，以及輕信、迷信、野蠻等現象，他們已經讓受過教育的西方群體在政治上對此有所意識、乃至過度有所意識。而且雖然這些預測都已經在某種意義上成真，但它們已不那麼重要，這是因為我們需要考慮到下述未曾預料、未曾預見的現象，它們包括自我利益的徹底喪失，[21]在死亡或其他個人災難面前表現出玩世不恭或厭煩的冷漠態度，熱烈追求最抽象的觀念來作為生活指導的傾向，以及甚至對最顯而易見的常識規則都普遍抱持的輕蔑態度。

與人們所預測的相反，大眾並非源自於條件平等的增加，也並非源自一般教育的普及，以及不可避免的教育標準降低與內容通俗化（美國這個條件平等與教育普及的典型國度，具備所有這些短處，卻比世界上任何國家都更少孕育出現代大眾的心理）。情況很快就變得顯而易見：具有高等教養的人尤其會受大眾運動吸引，而且普遍來說，高度分化的個人主義與世故態度，並沒有

❶ 譯註：希姆萊是在納粹統治後期舉足輕重的警察組織親衛隊的首腦，納粹早期的暴力組織衝鋒隊主要是由鄂蘭所說的暴民組成，取而代之的親衛隊則主要是由大眾人所組成。

阻止（有時還鼓勵）他們自暴自棄到大眾運動所提供的大眾當中。個體化與教養未能阻止大眾態度的形成，這一明顯事實是如此出人意料，以至於人們常常指責現代知識階層的病態或虛無主義，指責一種據說非常典型的知識份子的自我厭惡，責怪這種精神狀態「敵視生活」、與生命力相對立。然而，這些被嚴重詆毀的知識份子，不過是替一個更廣泛的現象，找到最常被援引、最容易辨認的代言人而已。在大眾運動之前，社會原子化與極端個體化的現象就已出現，因此這些運動吸引到完全未經組織的典型「非參與者」（他們基於個人理由，總是拒絕承認社會連結或社會義務），要遠比吸引到愛好社交、非個人主義的傳統政黨成員，要更容易也更快得多。

事情的真相是，大眾乃是從高度原子化社會的碎片中發展出來的，這個社會的競爭性結構以及相伴而生的個體寂寞，只能靠歸屬某個階級的身份感來加以抑制。大眾人的主要特徵並非粗暴與落後，而是孤立且缺乏正常社會關係。大眾出自民族國家那階級分化的社會，這個社會的各種裂縫只能靠民族主義情感來黏合，因此這些人因為在這種新經驗中產生的最初無助感，而很自然會走向一種尤為暴力的民族主義，而大眾領袖們也會純粹為了獲得煽動效果，而違背自身本能與意圖地對此種民族主義讓步。[22]

無論是部落民族主義還是叛逆的虛無主義，都沒有構成大眾的特質，或者說，它們與大眾在意識形態上的契合程度，比不上它們之於暴民。但是我們時代最有天賦的大眾領袖仍然是出自暴民，而非大眾。[23]在這方面，希特勒的傳記讀起來就像是教科書裡的範例，而史達林身上的關鍵

則在於，他出身於布爾什維克黨的陰謀機關，乃是流氓與革命家的特殊混合體。希特勒的早期政黨幾乎完全由邊緣人、失敗者及冒險家所組成，他們所代表的「武裝波希米亞人」，[24]正是布爾喬亞社會的反面，從而德國布爾喬亞本可以利用他們來達成自己的意圖。實際上，布爾喬亞之被納粹欺騙，其情形恰如國防軍中的羅姆—史萊歇（Röhm-Schleicher）集團，後者同樣認為他們當作密探來利用的希特勒，或是他們用作軍方宣傳與準軍事訓練的衝鋒隊，將會扮演他們的代理人角色，並協助建立軍事獨裁。[25]兩者都以他們自己的方式——也就是以暴民的政治哲學的方式[26]——來看待納粹運動，而且忽視了大眾對新暴民領袖的獨立自發的支持，以及暴民領袖在創造新組織形式方面不折不扣的天份。❶作為這些大眾人的領袖，暴民已不再是布爾喬亞或任何人的代理人，而只會是大眾的代理人。

極權運動更多依靠的是大眾所具備的原子化與個體化這種特定條件，而非大眾社會無組織結構的特質；藉由比較納粹與布爾什維克，我們可以更好地認清這一事實，因為這兩者在各自國家中誕生於迥然不同的環境。為了將列寧式的革命獨裁轉變成完全的極權統治，史達林首先不得不

❶ 譯註：羅姆是納粹早期暴力組織衝鋒隊的首腦，而史萊歇則是國防軍重要將領，兩者之間的密謀關係是否如鄂蘭所述，這在細節可能還存在一定爭議；基本事實是，衝鋒隊確實曾有併入國防軍的企圖，但希特勒出任總理不久後（一九三四年），就忽然血洗了衝鋒隊，並由親衛隊予以取代，後者後來是與警方而非軍方相結合，並且其主要成員是鄂蘭所說的大眾人，而非暴民。

人為地創造出原子化社會，而在德國，歷史環境早已替納粹準備好了這種社會。

十月革命那輕易得驚人的勝利，發生在這樣一個國家：專制且中央集權的官僚體系治理著毫無組織結構的大量人口，無論是鄉村封建秩序的殘餘，還是弱小、新生的城市資本主義階級，都沒能將這些人口組織起來。當列寧說世界上再沒有什麼地方這麼容易贏得政權，卻這麼難維持的時候，他意識到的不僅僅是俄國工人階級的弱點，也是一般無政府社會狀態那種愛好突兀改變的弱點。列寧缺乏大眾領袖的本能，他並非演說家，而且懷抱一種公開承認、分析自身錯誤的激情，哪怕是一個普通的煽動家都不會如此違背規則；因此列寧馬上採納了對民眾進行區分的所有可能方式，包括社會的、民族的、職業的，希望能為廣大民眾帶來某種結構，而且他似乎相信拯救革命的道路就蘊含在這樣的分層規劃中。他將農村群眾對地主進行的無政府式侵占合法化，從而第一次也是最後一次，在俄國建立被解放的農民階級，自法國大革命以來，這個階級就是西方民族國家最堅定的支持者。他試圖通過推動獨立工會來強化工人階級。他容忍了從內戰結束後的新經濟政策中戰戰兢兢出現的新興中產階級。此外他還引入一些獨特的政策：他組織起、有時是發明出盡可能多的少數民族，甚至在蘇聯最原始的部落中間，也致力於推動民族意識、推動對歷史文化差異的自覺。看起來很明顯的是，在這些純粹的實際政治問題中，列寧更多是依循了他偉大的政治家本能，而非其馬克思主義信念；無論如何，他推行的政策證明，比起新被解放的少數民族可能會出現的離心趨勢，甚至是比起從新建立的中產、農民階級中成長起來的新布爾喬亞，

他更害怕實為民眾缺乏社會結構或其他組織結構。當列寧原本規劃要集中在蘇維埃的最高權力，隨著內戰的爆發而明確落入黨的官僚體系手中時，他無疑就遭遇到了最大的失敗；但即便這一發展對於革命進程來說是悲劇性的，也並不必然會導向極權主義。對該國已高度發展的社會層級化而言，一黨獨裁不過是再添加了一個階級，亦即官僚階級而已，根據革命派社會主義者的評價，該階級「將國家像私人財產一樣佔有」（馬克思語）。[27]直到列寧死去的時刻，諸多道路仍然敞開著。工人、農民、中產階級的形成，並不必然會導向階級鬥爭，這種鬥爭乃是歐洲資本主義的特徵。農業仍可以在集體、合作或私有的基礎上發展，而國家經濟也仍可以自由地依循社會主義、國家資本主義或自由企業模式來發展。這些選項中沒有任何一個會自動摧毀國家的新組織結構。

當史達林開始為了讓國家朝向極權政府而做準備的時候，所有這些新興階級與少數民族都擋了他的路。為了製造出原子化且無組織結構的大眾，他首先不得不肅清蘇維埃的殘留勢力（譯按：蘇維埃本為〔工農〕委員會，並非一黨專政組織），蘇維埃作為國民代表的主要機構，仍然發揮著一定作用，並且阻礙了黨高層的絕對統治。因此他首先通過引入布爾什維克小組來削弱國家蘇維埃，讓中央委員會高層人員的委任完全由該小組來決定。[28]到了一九三〇年，原先自治機構的最後痕跡也已消失殆盡，取而代之的是高度中央集權的黨官僚體系，其俄羅斯化的傾向實與沙皇體制無甚差別，唯一的不同在於，這個新的官僚體系已不再害怕知識階層。

接著布爾什維克政府繼續來清算階級，而且基於意識形態與宣傳上的理由，要先拿國家中的

資產階級、城市新興中產階級以及農民來開刀。迄今為止，農民由於其數量與資產，一直潛在地是蘇聯最強大的階級；因而對他們的清算也比對其他群體更徹底、更殘忍，而且是在徵收富農（kulaks）與集體化的藉口之下，通過人為飢荒與驅逐來執行。對中產階級與農民階級的清算，在三〇年代初完成；數百萬人死去，數百萬奴工被驅逐，而不屬此列的那些人也就明白了「在這裡誰才是主人」，同時意識到他們以及他們親人的生命並非取決於公民同胞，而是取決於政府的一個念頭，而且他們是在完全寂寞（complete loneliness）的狀態中面對這個政府，❶未能得到來自所屬團體的任何幫助。集體化製造出由共同利益維繫在一起的新農民階級，而這一階級由於在國家經濟中具有數量上與經濟上的重要地位，因此隨時會再次成為極權統治的潛在危險，此新危險出現的時機，無法由統計學或檔案材料來斷定。但是對於那些知道如何閱讀極權「原始材料」的人來說，這一時刻乃是在史達林死前兩年到來，當時他提議取消集體農莊，並將其轉變成更大的單元。他未能活到這項計畫的達成之時；這個計畫的犧牲只會比最初清算農民階級時更大，對經濟造成的混亂影響也會更具災難性，但是我們沒有理由認為他不會成功；只要屠殺足夠數量的成員，則沒有哪個階級是不能被清除的。

❶ 譯註：我們在第十三章會進一步將 "loneliness" 譯作「孤棄」，而在第十三章之前則暫且譯作「寂寞」，原因請參第十三章的譯註。

下一個被集體清算的階級是工人階級。作為一個階級，他們比農民弱小許多，反抗也少了許多，因為他們不像農民那樣徵收了地主的財產，他們在革命期間自發對工廠主進行的徵收活動，馬上就因政府的干預而失敗了，因為政府以國家無論如何都屬於無產階級的名義，將工廠徵收為國家資產。三〇年代初所採用的斯達漢諾夫（Stakhanov，譯按：據說是完成了遠超定額的採量的採煤工人，成為蘇聯官方樹立的工人英雄典範）制度，打破了工人的所有團結與階級意識：首先是兇殘的競賽，接著是斯達漢諾夫式菁英工人的短暫團結，比起工人與經理的距離，這些菁英工人與普通工人的社會差距在感覺上自然更為尖銳。這一過程在一九三八年隨著勞工名冊的發布而終結，該名冊在官方上將整個俄羅斯工人階級轉變成一股巨大的強制勞動力。

緊接在這些措施之後的，則是清算曾幫忙執行先前清算措施的官僚階級。從一九三六年到一九三八年，史達林花了整整兩年，才擺脫了蘇維埃社會的整個行政、軍事菁英階層；幾乎所有的行政部門、工廠、經濟文化團體、政府、政黨、軍事局，都轉手於新人，當時「幾乎一半的行政人員，無論黨內、黨外，都被清除了」，而不止一半的黨員、「至少八百萬人」，都被清算了。[29] 內部護照制度的推行，要求所有從一個城市前往另一個城市的人，都必須被登記、認可，這一法令最終完成了摧毀黨官僚階級的任務。在法律地位上，官僚階級、黨部人員如今都跟工人處於同一等級；同樣成為了巨大的俄羅斯勞動力的一部分，它在蘇維埃社會中的特權階級地位已一去不復返。而且由於這種普遍清洗最終以清算警方高層（他們起初同樣是普遍清洗的組織者）告終，

因此甚至連執行恐怖的國家政治保衛局（GPU）幹部們，都無法自我欺騙說他們這個團體能夠代表什麼東西，更不用說代表權力了。

這些人類生命的莫大犧牲，沒有一個是由舊式意義上的國家理性來推動的。在被清算的社會階層中，沒有一個對體制懷有敵意，或是在可見的未來可能變得有敵意。到了一九三〇年，一切活躍的組織性反抗都不復存在，當時史達林在第十六屆黨代表大會的講話中，已剝奪了黨內右傾、左傾份子的法律地位，而甚至連這些弱小的反對派都沒辦法建立在任何既存階級之上。[30]只要獨裁恐怖僅僅恐嚇真正的對手，而不針對沒有政治意見的無害公民，它就有別於極權恐怖；但甚至早在列寧過世之前，獨裁恐怖就已經冷酷得足以窒息所有公開或地下的政治生活。到了一九三〇年，蘇聯政體已被認可為一個重要的政府，並與許多國家簽訂了貿易協議以及其他國際協議，自此之後，會與國內某一不滿群體聯盟的國外干涉就不再構成威脅了（若是只從人民本身來說，則史達林政府也沒能消除以下這種可能性：我們如今知道，如果希特勒僅僅是一個普通的征服者，而非堪與史達林匹敵的極權統治者，那麼他至少很有機會贏得烏克蘭人民的支持）。

如果說階級清算在政治上毫無意義，它對蘇維埃經濟則帶來了實質性的災難。數年來，人們都能在全國各地感受到一九三三年人為饑荒的影響；一九三五年所採用的斯達漢諾夫制度，則由於任意提升個人產出，並無視工業生產中團隊合作的必要性，從而造成了年輕工業體系的「混亂不平衡狀態」。[31]對官僚階級的清算，亦即對工廠管理人員與工程師的階級清算，則最終將工業

企業中僅存的新興俄國技術知識階層身上那一點點經驗與技巧都剝奪了。

自古以來，維持臣民彼此間的條件平等就被專制與暴政視為要務之一，然而這樣的平等化對極權統治來說並不足夠，因為它多少還在臣民中間保留了某種非政治的共同紐帶，比如家族紐帶、共同文化興趣之類。如果極權主義認真看待自己的主張，它就必定會達到「必須一勞永逸地結束中立棋局」的地步，亦即要終結任何自發性活動的存在。愛好「為下棋而下棋」的人，被清算他們的人恰當地比作「為藝術而藝術」的愛好者，[32]但他們還不是大眾社會中絕對原子化的成份，而大眾社會將全然異質者整合成統一體的特質（completely heterogeneous uniformity），則是極權主義的首要條件之一。對極權統治者而言，一個致力為下棋而下棋的社會，與一個為農作而農作的農民階級僅有程度上的差別，只是稍微不那麼危險而已。希姆萊十分恰當地將親衛隊成員界定為新型人類，他們在任何情況下都不會「為了一件事本身的緣故去做一件事」。[33]

蘇維埃社會的大眾原子化，乃是通過技巧嫻熟的重複清洗來達成的，這種清洗總是發生在實際的團體清算之前。為了摧毀所有的社會、家族紐帶，清洗活動要以這樣的方式來執行，亦即以會遭受同等命運來威脅被告及其所有普通關係人，從純粹的熟人到最親密的友人與親人，無一能夠倖免。這種簡單而巧妙的「連坐」手段造成的結果是，一旦一個人被指控，則他原先的朋友就會直接變成他最危險的敵人；為了救自己的性命，他們會自願提供訊息，爭先恐後進行揭發，並證實被告那根本不存在的罪證，因為這顯然是證明他們自己值得信任的唯一方式。他們會努力以

回溯的方式來證明，他們與被指控者的相識或友誼不過是一個藉口，[34]只是為了方便監視他，並將他揭露為一個破壞者、一個托洛斯基份子、一個外國間諜或是一個法西斯份子。由於你的價值是根據「告發親密同志的數量來評估」，因此很明顯就會產生一個最基本的警告，要求一個人盡可能避免所有親密關係；這不是為了防止一個人的祕密思想被發現，而是為了避免未來幾乎必定會發生的麻煩而提前清除所有可疑人士，他們不僅僅會為普通的廉價利益而告發你，而且會為了不可抗拒的需求要毀滅你，只因為他們自己的生命也岌岌可危。在最後的分析中，正是通過將這種手段發展至最遙遠、最瘋狂的極端，布爾什維克統治者成功創造出一個原子化、個體化的社會，其樣貌我們前所未見，光憑事件或災難幾乎不可能讓其產生。

極權運動是原子化的孤立個體（isolated individuals）所組成的大眾組織。與其他所有的政黨、運動相比，它最顯眼的外在特徵，就是要求個體成員保有全面、不受限、無條件且無可選擇的忠誠。甚至在極權運動領袖掌權之前，他們就已做出這一要求。這一要求通常在他們以實際統治將國家全面組織化之前出現，而且依照他們的意識形態主張，組織會在適當時機將此主張在整個人類物種當中貫徹。然而在極權運動尚未替極權統治做好準備的地方（這正是俄國的情況，並與納粹德國形成對照），就不得不在掌權之後開始組織運動，而促使運動成長的條件也不得不被人為地創造出來，以便讓全面忠誠（全面支配的心理基礎）得以可能。只有在完全孤立的人類存

有者身上才能夠期待這樣的忠誠，這樣的人類與家人、朋友、同事、甚至是單純的熟人之間都不存在任何社會紐帶，他們在世間有其位置的感覺，完全來自於他們從屬於一場運動，以及他們的黨員身份。

要讓全面忠誠得以可能，就只能把忠心的所有具體內容掏空，因為它們很容易讓人改變心意。極權運動會以各自的方式，盡最大努力來擺脫所繼承的非極權發展階段的政黨綱領，因為它們會指向具體的內容。無論這些綱領的描述有多麼激進，只要不是單純堅持統治世界的明確政治目標，只要是處理比「影響數百年的重要意識形態問題」更具體議題的政治規劃，都會對極權主義造成阻礙。希特勒將由身份低微的瘋子所組成的典型民族主義小黨，逐漸塑造為納粹運動，他在這一組織過程中最大的成就，就是讓運動擺脫該黨早期的綱領；他不是通過改變或正式廢除來達成這件事，而是僅僅拒絕提到它或論及其中要點，而這些較溫和的內容與措辭很快就顯得過時。[35]史達林在此方面的任務跟其他方面一樣比希特勒更艱鉅；布爾什維克黨的社會主義綱領是個麻煩許多的負擔，[36]遠比一位業餘經濟學家兼瘋子政治家所提出的二十五個要點更加難辨。[37]但是史達林在廢除了俄羅斯政黨中的派系後，最終通過共產黨路線的不斷轉彎、通過對馬克思主義的持續再詮釋與應用（他取消了這個學說的所有內容，因為它已不再能夠預測自身所引發的進程或行動），達成了同樣的結果。事實上，一個人就算接受過最完善的馬克思主義與列寧主義的教育，也不能對他的政治行為帶來任何指導作用，相反地，唯有每天早上重複史達林昨天晚上宣

布的事情，才能遵循黨的路線；這樣的情況自然會造成同樣的心智狀態，同樣專注的服從，毫不動念去理解所做之事的態度，這正符合希姆萊賜予親衛隊隊員的精妙警語：「我的榮譽就是我的忠誠。」[38]

僅僅是缺乏或忽視政黨綱領，還不必然會構成極權主義的徵兆。最早將綱領與政綱視作無須搭理的碎紙屑與尷尬承諾，且與運動的風格與動能毫不搭調的人，是墨索里尼秉持的法西斯主義哲學，這種哲學充滿了行動主義，也充滿歷史時機本身帶來的啟示。[39]純粹的權力慾，再加上對於「夸夸其談」的輕蔑，固然構成了所有暴民領袖的特質，但尚未達到極權主義的標準。法西斯主義的真正目標僅僅是掌握權力，並將法西斯「菁英」確立為國家無可爭議的統治者。極權主義從未滿足於通過外在手段，也就是通過國家與暴力機器來進行統治；多虧了它獨特的意識形態，以及它在這個國家強制力機器中所扮演的角色，極權主義才得以發明一種從內而外支配、恐嚇人類存有者的手段。在此意義上，它消除了統治者與被統治者的距離，並達成了這樣一種狀態，在其中我們所理解的權力與權力意志不扮演任何角色，或是最多扮演次要角色。極權領袖在實質上不過是服務於他所領導的大眾的職員（functionary）而已；他並不是一個飢渴於權力的個體，不會將暴虐、專斷的意志強加於臣民之上。作為一個單純的職員，他隨時可以被替換，而他對他所體現的大眾「意志」的仰賴，正與大眾對他的仰賴程度相當。少了他，大眾將會缺少外在表象，並只會處在無定形的游牧狀態；而沒有了大眾，領袖就根本不會存在。希特勒充分意識到了這種

相互仰賴性，他曾在一場演講中對衝鋒隊這樣表述：「你們所成就的一切，都是通過我而達成；而我所成就的一切，也只能通過你們」。[40]我們太容易低估這些說法，或是太容易將它們誤解為一種「發布—執行」命令的行為模式，也就是一種西方政治傳統與歷史當中的常見模式。[41]但是這種早已出現過的模式，總是預設存在一個進行思考、產生意志的發布命令者，進而將其思想與意志強加於一個喪失了思想與意志的群體，無論方式是說服、權威還是暴力，都無關宏旨。然而希特勒所秉持的觀點則是，甚至連「思考本身，也僅僅是為發布或執行命令而存在」，[42]從而甚至在理論上也消除了思考與行動的距離，同時消除了統治者與被統治者的距離。

無論是國家社會主義還是布爾什維克主義，都未曾宣布一種新的政府形式，也未曾聲稱在掌權並控制了國家機器之後，其宗旨就得以達成。他們的支配觀念是某種沒有任何國家或純粹的暴力機器能夠達成的東西，能夠達成它的唯有一場始終維持運作的運動：亦即，對每一個體生活的各個方面進行永久支配。[43]通過暴力手段來奪取權力，從來都不是目的本身，而僅僅是達成目的的手段，無論在哪個國家，奪取權力都只是討喜的暫時階段，從來都不是運動的目的。運動的實踐目標是在其框架內組織起盡可能多的人，並推動他們、將他們維持在運動狀態；構成運動目的的政治目標根本就不存在。

二、暴民與菁英的暫時聯盟

極權運動成員的無條件忠誠，以及極權體制所獲得的人民支持，已經夠讓人不安了，然而更讓我們心神不寧的，則是這些運動竟不僅吸引了社會中的暴民份子，而且還對菁英具有不可否認的吸引力。若只因為他們藝術家式的特異作風或是學者式的天真，就忽視這個列滿卓越人士的駭人名冊，無疑是魯莽之舉，極權主義可是把他們都算作自己的同情者、同路人乃至記名黨員之列的。

在理解極權運動（雖然不包括極權政體）一事上，極權運動對菁英產生的這種吸引力，是跟菁英與暴民之間極為明顯的連結，是同樣重要的線索。它揭示出極權主義發生的特殊氛圍與普遍風氣。我們不應忘記，極權運動領袖及其同情者們可以說是比他們所組織的大眾更早出現，因此從時序上來說，大眾不必無助地等待自己的領袖在日益腐朽的階級社會中崛起，這些領袖本身就是這個社會最突出的產物。那些在階級毀滅發生之前就自願離開社會的人，早已與作為布爾喬亞統治早期副產品的暴民一起，做好了歡迎他們的準備。當代的極權統治者與極權運動領袖仍然具有暴民的特徵，其心態與政治哲學均廣為人知；我們不知道如果真的由大眾人來掌權，會發生什麼事，但是我們仍可以合理猜想，他將會更近似於希姆萊那小心謹慎的步步修正，而非希特勒那歇斯底里的狂熱躁動，他將會更接近莫洛托夫（Vyacheslav Molotov）那種頑固的遲鈍，而非史

達林那種放縱的報復性殘忍。

在此方面，二戰後歐洲的狀況在本質上與一戰後並沒有什麼差別；正如在二〇年代，法西斯、布爾什維克以及納粹的意識形態開始形成，而運動則由所謂的前線世代（front generation）領導，也就是由那些成長在戰前且對戰前時光念念不忘的人來領導，同樣地，當今普遍瀰漫的戰後極權的政治與智識風氣，則正在被熟悉早先時代與生活的人決定。❶這在法國尤其千真萬確，階級系統的崩解在此發生在二戰後而非一戰後。就如同帝國主義時期的暴民與冒險家，極權運動領袖與其知識界同情者一樣，他們甚至早在歐洲體面社會的階級、國族系統崩解之前，就已身處於這個系統之外。

這種崩解發生在虛假體面的矯揉造作讓路給無秩序式絕望的時刻，對於菁英與暴民來說，它似乎是第一個重大機運。很明顯，新興大眾領袖的人生經歷再現了早先暴民領袖的特質：職業與社會生活中的挫敗，以及私人生活中的扭曲與不幸。他們在開始政治生涯之前的生活充滿了挫敗，這被舊式政黨那些更體面的領袖所詬病的事實，恰成為他們吸引大眾的最強因素。這似乎證明他們以個人之姿體現了時代的大眾命運，證明了他們渴望為運動犧牲一切，他們必定會為受災

❶ 譯註：本節所說的「戰前」與「戰後」大部分以一戰為分界線，但少數是以二戰為界；在鄂蘭的分析脈絡中，真正產生時代差異的是一戰而非二戰。

難打擊的人們奉獻，以及他們絕不會被誘騙回正常安定生活的決心，也證明了他們對體面的蔑視極為真誠，絕不只是源自一時的野心而已。

在另一方面，戰後菁英不過比被帝國主義利用、濫用的世代稍微年輕一點，上一世代被利用，是為了在體面社會之外展開輝煌事業，是去成為賭徒、間諜、冒險家，以及披著閃亮盔甲的騎士與屠龍者。他們與阿拉伯的勞倫斯同樣渴望「失去自我」，也同樣強烈厭惡一切既存規範、一切既有強權。如果他們仍記得「安定的黃金時代」的話，他們也會記得自己有多麼厭惡它，以及他們在一戰爆發時的激情是多麼真實。當戰爭動員在一九一四年橫掃歐洲之時，感激涕零地感謝上帝的人不只有希特勒和失敗者。[44]菁英們甚至不必責備自己輕易訴諸沙文主義宣傳，或用謊言來解釋戰爭那純粹的防衛性質。菁英們走向戰場，歡欣鼓舞地期待他們所熟悉的一切，包括整個文化、整個生活結構，都會在「鋼鐵風暴」（容格〔Ernst Jünger〕語）中沉沒。用托馬斯曼小心擇取的詞彙來說，戰爭就是「懲戒」與「淨化」；「激發詩人的不是勝利，而是戰爭本身」。或者用當時一名學生的話來說，「真正重要的向來是隨時做出犧牲的準備，而非為之犧牲的對象」；或是用一位年輕工人的話來說，「一個人多活幾年或少活幾年，這根本無關緊要。人最好要擁有某種能夠展現生命的東西」。[45]早在納粹的一位知識份子支持者宣稱「一聽到文化這個詞，我就掏出我的左輪手槍」之前，詩人就已經宣揚起他們對「垃圾文化」的厭惡，並充滿詩情地呼籲著「野蠻人呀，斯基泰人呀，黑人呀，印第安人呀，要把他們踩在腳下」。[46]

如果我們簡單地將對戰前時代以及其後出現的要恢復它的嘗試，所抱持的這種強烈不滿（從尼采、索黑到帕累托，從韓波、勞倫斯到容格、布萊希特、馬爾羅，從巴枯寧、涅恰耶夫到勃洛克），判定為虛無主義的爆發，就會忽視在一個被布爾喬亞的意識形態外表與道德標準全面滲透的社會中，這種厭惡是多麼合理正當。而同樣千真萬確的是，「前線世代」明顯對立於他們自己選擇的精神之父（譯按：亦即尼采等戰前世代）：他們完全沉浸在一種渴望中，希望看到這個充滿假安定、假文化與假生活的世界走向毀滅。這種渴望如此強烈，以至於它在影響與表達上都超過了以往一切「價值重估」的嘗試：無論是尼采的做法，或是索黑（Georges Sorel）在著作中揭示的政治生活重組，或是巴枯寧嘗試的恢復人類真誠性，或是韓波在其純粹的異域冒險中展示的對生命的激情之愛，都相形遜色。❶毫不手軟的破壞，以及諸如此類的混亂與毀滅，僭奪了最高價值的尊嚴。[47]

這些感受的真誠程度反映在如下事實當中：這一世代中，很少有人因為實際體驗了戰爭的恐怖，就戒除對戰爭的激情。戰壕下的倖存者並沒有成為和平主義者。他們認為，他們的這種經驗

❶譯註：鄂蘭後來在〈傳統與現代〉（"Tradition and the Modern Age", BPF: 17-40；中譯本，頁21-52）一文中分析了尼采、馬克思等思想家，認為他們作為西方傳統終結前的最後一代，雖然都翻轉了傳統價值，但並未真正與傳統斷裂的情形，只是「重估」、轉換而非這裡的破壞、毀滅；鄂蘭認為真正的斷裂是極權現象造成的，而本書此處對戰前時代與戰後時代（開始出現極權）的區分，則可視為理解該文的重要前提。

能夠讓自己徹底與討厭的體面環境區分開來。他們固守著四年戰壕生活的記憶，彷彿它們構成了建立新型菁英的客觀判準。他們也並沒有屈服於理想化這一過去的誘惑；相反地，戰爭崇拜者們是第一批這樣的人，他們承認機械時代的戰爭不可能孕育出諸如騎士精神、勇氣、榮譽感以及男子氣概等美德，[48]也承認戰爭對人們所施加的，不外乎赤裸裸的破壞經驗，以及只作為屠殺巨輪上一個小螺絲釘的屈辱。

在這一世代的記憶中，戰爭乃是階級崩解並轉化為大眾之過程的大型前奏。戰爭以其一向兇殘的粗暴，成為死亡這一「偉大的平等化機器」的象徵，[49]從而也成為了新世界秩序的真正生父。平等與正義的激情，渴望超越狹隘而無意義的階級界線，並廢除愚蠢的特權與偏見，這些似乎都在戰爭中找到了出路，藉以擺脫那種憐憫被壓迫者、被剝奪者的古老而謙卑的態度。在苦難與個人的無助日益增長的時代，一旦憐憫成長為一種吞噬一切的激情，人們似乎就很難抗拒它，正如人們很難不憎恨它的漫無邊際，它似乎會以一種比苦難本身更致命的確定性毀掉人類尊嚴。❷

在其事業的早期階段，也就是當歐洲現況的恢復重建仍對暴民野心構成最嚴重威脅的時候，

---

❷ 譯註：此處對憐憫（pity）的描述似乎有點突兀難解，鄂蘭後來在《論革命》（*On Revolution*, OR: 78-88）中對法國大革命者的憐憫問題進行了極為深入的分析，並認為憐憫具有比殘忍本身更強大的殘忍能力，其中一個重要因素正是憐憫會超出對具體對象的同情，蔓延成對無限廣大對象的情感（sentiment）。

[50]希特勒幾乎是特別對前線世代的這些情緒具有號召力。大眾人獨特的無私性，在此顯現為對匿名狀態、對僅僅成為一個數字、僅僅作為一個齒輪來發揮作用的渴望，簡言之，就是渴望任何轉變，只要它能掃除社會內與某些特定類型或預設功能相綑綁的虛假成分。戰爭被經驗為「最強有力的大眾行動」，它可以抹除個體差異，甚至連苦難這種傳統上認為會通過獨一無二且不可互換之命數來標記個體的因素，如今都可以被詮釋為「歷史進程的工具」。[51]戰後菁英希望投身其中的大眾，是民族差異所無法限制的。多少有些弔詭的是，一戰幾乎已掃除了歐洲真正的民族情感，而在兩次世界大戰之間，屬於戰壕世代（無論屬於哪一邊）才是更重要的事，遠比作為一個德國人或法國人重要。[52]納粹全部的宣傳都建立在這種模糊的同志情誼、這種「命運共同體」（community of fate）之上，並在所有歐洲國家中都贏得了大量老兵組織的支持，進而證明了甚至在所謂右翼陣營中，民族口號都已經變得毫無意義，這些右翼份子不過是利用這些口號來為暴力背書，而不是為了實現具體的民族目標。

在這種戰後歐洲知識界的普遍風氣中，並沒有什麼非常新穎的元素。巴枯寧早已坦言，「我不想要成為**我**，我想要成為**我們**」，[53]而涅恰耶夫宣揚「命定之人」的福音乃是「沒有個人利益，沒有任何事務，沒有情感、附屬物、財產，甚至連自己的名字都沒有」。[54]在前線世代的反人文、反自由、反文化、反個人主義的本能，以及他們對暴力、權力、殘忍所進行的才智橫溢的讚頌之前，早已出現過帝國主義菁英所提出的笨拙而浮誇的「科學證據」：他們試圖證明所有人

對抗所有人的鬥爭乃是宇宙法則，擴張在成為政治手段之前就已經在心理上變得必不可少，是人不得不據以行事的法則。[55]前線世代的書寫中真正新穎者，就是高超的文學水準與強大的激情深度。戰後作家們不再需要遺傳學的科學證明，就算還有人會使用戈比諾或張伯倫（Houston Chamberlain）的作品選集，也是寥寥無幾，後者已被歸類於市儈文化家族。他們讀的不是達爾文，而是薩德（Marquis de Sade）。[56]就算他們真的相信宇宙法則，也當然不必特別操心要如何予以遵行。對他們來說，暴力、權力和殘忍是眾人的最高能力，而人則早已明確喪失了他們在宇宙中的位置，而且在渴望權力理論這方面顯得太過驕傲了，這種理論只會安全無虞地將他們重整、送回到這個世界之中。他們以盲目的偏袒態度，滿足於體面社會禁止的任何事物，罔顧其理論或內容為何，他們還將殘忍提升為一種重要美德，因為它對立於社會的人道主義式、自由主義式偽善。

如果我們將這一世代與十九世紀的意識形態家們（前者似乎與後者的理論有許多相同之處）相比較，則前者的獨特之處，主要在於更強烈的真誠與激情。他們受苦難的觸動更深，他們更深陷於困境之中，也比所有懷抱良善意願與兄弟情誼的傳教士們，更致命地受到偽善的傷害。而且他們也不再能夠逃遁到異國土地，不再能夠在陌生而令人振奮的人民中間成為屠龍者。在每日的例行程序中充滿了悲苦、溫馴、挫敗與仇恨，妝點著優雅談話的虛假文化，這裡不存在逃離的機會；這些東西集合在一起，持續激起噁心感，人們卻不再可能通過轉投仙境異域的方式來獲得拯

救。

與過去形塑了帝國主義品格的條件大相徑庭，這種無法遁入寬闊世界的無能為力，這種一再被社會陷阱所捕獲的感受，都為原本那種尋求匿名與失去自我的激情，增添了持久的調性與對暴力的渴盼。由於不再可能進行角色與身份的徹底轉變，像是認同阿拉伯民族運動或印度鄉村禮俗，因此依循自身意志、投身破壞性超人力量之中，似乎就成為一種拯救，它可以將人從被自動識別為社會內建功能及其徹底庸俗的過程中拯救出來，同時摧毀這種功能運作本身。這些人被極權運動所宣揚的行動主義（activism）所吸引，而且後者奇特且看似矛盾地堅持，純粹行動具有優先性，而純粹必要性則具有壓倒性力量，這種主張也產生了很大的吸引力。這種混合體準確對應著「前線世代」的戰時經驗，對應著他們在壓倒一切的命數中持續行動的經驗。

此外，行動主義似乎也為「我是誰」這個古老而煩人的問題，提供了新的答案，這個問題在危機時代總是被不斷提出。如果社會主張「你就是你所顯現的樣子」，戰後行動主義的回答則是「你就是你自己所做之事」，例如第一個飛躍大西洋的人（就如布萊希特在《林白的飛行》〔*Der Flug der Lindberghs*〕所描繪的）；這個答案在二戰後被沙特以「你就是你自己的生活」（《無處可逃》〔*Huis Clos*〕）的說法重提了一遍，並稍加改動。這些回答是否恰當，不在於重新界定個人認同的效力，而在於它們大大有助於最終逃離社會認同、逃離由社會所強加的多重、可互換的角色功能。關鍵就是去做某件不能被其他任何人預測、決定的事情，無論是英雄行為還是犯罪行

為，都無關緊要。❶

極權運動所宣告的行動主義，以及他們偏好恐怖主義形式勝於其他所有政治活動的風格，之所以會吸引知識菁英與同類暴民，恰恰是因為這種恐怖主義的做法完全不同於以往的革命社團。這已不再是關乎謹慎的策略，這種策略僅僅將恐怖主義行為視作消滅某些特出人物的手段，這些人已因其政策或立場而成為壓迫的象徵。非常吸引人的就是，恐怖主義已成為一種藉以表達挫敗、怨恨、盲目憎惡的哲學，一種用爆炸來進行自我表達的政治表現主義，它欣喜地看著轟動事蹟的傳揚，並且完全願意為了成功迫使正常社會階層承認一個人的存在，而付出生命代價。這就是早在納粹德國最終失敗之前，就造就了戈培爾的同一種精神與遊戲，它使戈培爾帶著顯而易見的愉悅宣稱，納粹早已考慮過戰敗的可能，知道如何背水一戰，並確保在數百年間不被世人遺忘。

然而正是在這裡，我們可以找到區分菁英與前極權氛圍中的暴民的有效判準。暴民所想要

❶ 譯註：讀者可以在此隱約感覺到鄂蘭對戰後法國存在主義哲學略有微詞，她在稍早幾年（一九四六年）寫的一篇評述性文章〈法國存在主義〉（"French Existentialism", EU: 188-193）中，對沙特與卡繆的誠實頗多稱讚，但最後還是對於其中的虛無主義元素有所保留。簡言之，雖然存在主義推崇人自身的行動的主張看似與鄂蘭有相近之處，但鄂蘭對於「共通世界」的看重，卻是存在主義所拋棄的；鄂蘭似乎認為存在主義仍是延續了一戰後的思想潮流，從而對極權缺乏明顯的抵制性。鄂蘭與存在主義之間的分歧，是頗值得玩味的公案。

的、戈培爾以精確的方式表達的，乃是即便要以破壞為代價，也要接近歷史。戈培爾真誠地相信「今日一個當代人所能體驗的最大幸福」，就是成為一個天才，或為一個天才服務，[57]這是典型的暴民想法，而不是大眾或同情極權的菁英的想法。相反地，後兩者看待匿名狀態的認真程度，會讓他們否定天才的存在；二〇年代所有的藝術理論都竭盡所能，試圖證明傑出份子不過是技巧、工藝、邏輯的產物，是材料潛能的實現。[58]被「名聲的耀眼權力」（褚威格語）所捕獲，並熱烈接受晚期布爾喬亞世界的天才崇拜者，不是菁英，而是暴民。在此方面，二十世紀的暴民忠實因循了早先的新貴模式，後者同樣發現布爾喬亞社會更願意敞開大門接納的，乃是迷人的「非正常人」、天才、同性戀或猶太人，而非單純的優良品德。菁英對天才的蔑視，對匿名狀態的渴求，仍然見證了一種無論處在大眾或暴民的位置都無法理解的精神，用羅伯斯比的話來說，這種精神力求維護人的偉大崇高，以對抗大人物的猥瑣狹隘。

儘管菁英與暴民之間存在這樣的差別，但是只要地下世界能夠脅迫體面社會平等相待，菁英無疑會為之雀躍。為了見證這些曾被不公正地排除在外的人如何硬是開闢出道路的樂趣，菁英份子們完全不會反對付出破壞文明的代價。所有極權體制都會犯下的大量造假歷史的行為，以及極權宣傳中極為明顯的自我宣揚的行為，都不會冒犯他們。他們確信傳統的歷史編撰無論如何都是偽造的，因為它從人類的記憶中排除了被剝奪者與被壓迫者。那些被自己的時代所拒絕的人通常會被歷史遺忘，而自從會讓在後者成為在前者（譯按：馬太福音 20:16）的來世信仰消失之後，傷

害與侮辱就總是會讓所有敏感的良心感到不安。當人們不再指望正義的尺度最終會被調正時，過往與當前的不義就變得無法忍受。馬克思以階級鬥爭來重寫世界歷史的偉大嘗試，甚至迷住了那些不相信其學說正確的人，因為他原初的意圖就是找到一種手段，來強行讓那些被官方歷史排除在外者的命運為後世所記得。

菁英與暴民的暫時結盟，大大仰賴於前者目睹後者摧毀體面社會時感到的這種真誠的欣喜。當德國鋼鐵巨頭們被迫面對希特勒、被迫在社交場合接待這個油漆工兼自承前無業遊民時，菁英們感受到的就是這種欣喜；同樣地，只要極權運動能夠匯聚歐洲歷史中所有不受尊重的地下元素，使之構成一個連貫的畫卷，菁英們就會容忍極權運動在知識生活的所有領域中進行粗魯而庸俗的造假。就這種立場而言，當布爾什維克與納粹甚至要開始清除其意識形態中那些已贏得學術圈或其他官方圈子部分承認的來源時，就顯得格外讓人愉悅。激發出歷史改寫者靈感的，不是馬克思的辯證唯物論，而是三百人委員會陰謀論（the conspiracy of 300 families，譯按：世界由三百個猶太人祕密掌控的陰謀論傳聞），不是戈比諾與張伯倫浮誇的科學論證，而是「錫安長老會紀要」，不是天主教會有跡可循的勢力與反教士派在拉丁國家所扮演的角色，而是有關耶穌會與共濟會的祕密文學。它們最多樣也最易變的構築目標，通常就是將官方歷史揭露為一個笑料，是力圖證明存在一個充滿祕密勢力的領域，而可見、有跡可循、廣為人知的歷史現實，則明顯只是編造出來愚弄人民的表殼。

知識菁英嫌惡官方歷史，他們相信（怎樣都是贗品的）歷史不過是瘋人們的遊戲場，此外我們還必須注意到有一種可怕而去道德化的魅力，這種魅力存在下列可能性之中：巨大的謊言與巨量的謬誤，最終可以被樹立為無可爭議之事實，而人或許可以憑意願自由改變自身過往，以及真相與虛妄的差別不再是客觀的，而是僅僅取決於權力與聰明才智，取決於壓制與無限重複。使這種魅力得以發揮影響的關鍵，不是史達林與希特勒的說謊技巧，而是他們有辦法將大眾組織成一個集體單元，以便用令人印象深刻的宏大壯麗來支持其謊言。在學術標準上純屬偽造的事物，似乎也能獲得歷史本身的許可，只要整個前進的運動現實為其背書，並假裝從中獲得了行動的必要鼓舞。

只要極權運動尚未掌權，則它們對菁英的吸引力就會讓人困惑，因為在局外人或純粹的觀察者看來，比起瀰漫在前極權氛圍中的普遍情緒，極權主義的信條顯然更為粗俗、粗暴、積極。這些教條與廣為接受的智識、文化、道德標準如此衝突，以至於人們會歸結出，只有訴諸知識份子身上繼受的某種基本性格缺陷，某種「知識份子的背叛」（朱利安．本達語），或是扭曲的精神性自我厭惡，才能夠解釋菁英接受暴民「觀念」時的那種欣喜。人道主義與自由主義的代言人們常常感到嚴重的失望，並對時代的普遍經驗感到陌生，而他們通常忽視有一種讓所有傳統價值與傳統命題都在某種意義上蒸發殆盡的氛圍存在（在十九世紀的各種意識形態相互駁斥並耗盡生氣勃勃的吸引力之後）；正是這種氛圍使人們更容易接受明顯荒謬的命題，而不是接受那些已淪為

虔誠的陳詞濫調的古老真理，其原因只不過是不再有人會認真看待這些謬論。庸俗行徑玩世不恭地打發了受人尊敬的準則與廣為接受的學說，它坦率地承認最壞的事情，並且無視所有偽裝，這種行為很容易被誤當作勇氣與新的生活風範。在日益盛行的暴民態度與暴民信念（它們實際上就是去除掉偽善的布爾喬亞式態度與信念）中，那些在傳統上就厭惡布爾喬亞並自願離開體面社會的人，只看到偽善與體面的一掃而空，而非內容本身的匱乏。[59]

布爾喬亞宣稱要成為西方傳統的捍衛者，並且公開炫耀那些他們不僅在私人與商業生活中並不擁有，而且實則不屑一顧的美德，從而混淆了所有的道德問題；於是容許殘忍、無視人文價值以及普遍的道德敗壞，似乎就變成富有革命性的行為，因為這至少摧毀了既存社會似乎賴以生存的口是心非。在雙重道德標準的虛偽黃昏中標榜極端態度，在所有人都明顯只顧自己且喬裝文雅的環境中公然帶上殘忍的面具，在一個充滿了卑鄙而非邪惡的世界中誇耀邪惡，這些是多麼強大的誘惑啊！二〇年代的知識菁英對暴民與布爾喬亞早先的連結所知甚少，他們確信如果一個人開始用將社會自身行為諷刺誇張化的圖像來讓社會震驚，那麼驚嚇布爾喬亞（épater le bourgeois）的老遊戲就可以被玩得淋漓盡致。

在當時，沒有人預料到這種反諷的真正受害者會是菁英，而非布爾喬亞。前衛派並不知道，他們以頭撞擊的不是牆而是敞開的大門，不知道一場受到滿場歡迎的勝利，將會歪曲他們作為革命派少數群體的主張，而且還會證明，他們所要表達的不過是一種新的大眾精神，或者根本就是

這個時代的精神。在這方面，前希特勒德國的民眾對布萊希特的《三便士歌劇》（*Dreigroschenoper*）的普遍接受，尤其具有重要意義。這部劇將惡棍呈現為可敬的生意人，而可敬的生意人則被呈現為惡棍。當觀眾中的可敬生意人將這視為對世界運作方式的深刻洞見，當暴民將它歡呼為對惡棍行徑的藝術性認可，它原本的反諷意味差不多就喪失了。這部歌劇中所唱的一個主題「先來填飽肚子，再去談論道德」贏得了所有人的喝采，雖然原因各有不同。暴民之所以喝采，是因為他們從字面意思來理解這句話；而布爾喬亞之所以喝采，是因為他們已被自己的偽善愚弄得夠久，對於他們賴以生存的陳詞濫調中的神經緊張與深遠智慧已經感到厭倦；而菁英之所以喝采，是因為揭露偽善乃是極優越而絕妙的樂趣。這部作品所產生的效果，與布萊希特的預期恰恰相反。布爾喬亞已不再會被震撼；他們對揭露隱藏在自己背後的哲學表示歡迎，這種哲學獲得的民意證明了他們一直都是對的，從而布萊希特「革命」所帶來的唯一政治結果，就是鼓勵所有人厭棄令人不適的偽善面具，並公然接受暴民的準則。

　在大約十年後的法國，賽林的《屠殺之慾》（其中建議屠殺所有猶太人）所也引發了曖昧程度也頗為相似的反應。❶紀德之所以對發表在《新法語雜誌》（*Nouvelle Revue Française*）上的這

---

❶ 譯註：對賽林的描述可參見本書第二章第四節。另外值得注意的是，本段的觀點呼應了第三章末尾所描寫的上流社會的愛猶態度如何引起反感的現象。

些文字公開表示讚賞，當然不是因為他想殺死法國的猶太人，而是因為他欣喜於直率坦言這種慾望的行為，也為賽林的直率與體面圈子中對猶太問題展現的偽善禮貌態度之間充滿奇特矛盾，而感到雀躍。我們可以藉由下述事實評估這種揭露偽善的慾望，對菁英而言有多麼不可抗拒：甚至在希特勒對猶太人展開真實的迫害之後，這種愉悅態度也未被破壞，而早在賽林寫作該書的年代，此迫害計畫就已成型。而且實際上是這種反應方式本身，而非對猶太人的憎恨，更與對自由派的愛猶主義所抱持的嫌惡態度密切相關。一種類似的思想架構解釋了一個引人注目的事實，亦即希特勒與史達林對於藝術那廣為人知的立場，以及他們對現代藝術家的迫害，從來都沒能摧毀極權運動對前衛藝術家的吸引力；這顯示出菁英缺乏現實感，且具有扭曲的無私特質，這兩項特徵簡直太類似於大眾當中的虛構世界以及那缺乏自我利益的特性了。知識菁英與暴民的問題以基本且無從區辨的形式合而為一，並且預示了大眾的問題與心理狀態，這正是極權運動的巨大機運，也是兩者暫時結盟的原因。

暴民不帶偽善的特質以及大眾泯除自我利益的特質，對菁英產生了極大的吸引力，與這種吸引力密切關聯的，則是極權運動的虛假宣稱所帶來的同樣不可抗拒的號召力：極權運動宣稱它們已廢除了私人生活與公共生活的區隔，並在人的身上恢復了一種神祕而非理性的整全。自從巴爾扎克揭露了法國社會公眾人物的私人生活之後，自從易卜生（Henrik Ibsen）對「社會支柱」的戲劇化征服了歐陸劇院之後，雙重道德議題就成了悲劇、喜劇、小說的主要題材。布爾喬亞所踐

行的雙重道德，已成為總是浮誇、從未真誠的「嚴肅精神」（esprit de sérieux）的出色招牌。這種私人生活與公共生活的區分，實則與個人領域與公共領域的正當分離無關，而是更在心理上反映出布爾喬亞與公民在十九世紀的戰鬥，亦即用私人利益的尺度來評判、使用所有公共機構的人，與有責任感、同等關心公共事務與其他事務的公民之間的戰鬥。在此脈絡下，主張唯有所有個人利益的總和才等同於公共善的自由派政治哲學，看起來不過只是合理化了那種罔顧公共善而強推私人利益的魯莽行徑。

極權運動既反對歐陸政黨那種總是自認代表某種利益的階級精神，也反對它們從自視為僅是整體之一部分的觀念中產生的「機會主義」（譯按：參見第八章第三節）；而極權運動主張其「優越性」的方法，則是推行一種將人視作一個整體的世界觀。[60]在這種對於整體性（totality）的主張中，運動的暴民領袖再度構想出了布爾喬亞自身的政治哲學，只不過予以顛倒。布爾喬亞階級的發跡是通過施加社會壓力，通過每每施加於政治機構的經濟敲詐，他們總是相信公開而可見的權力部門都是由他們自身隱祕而不公開的利益與影響力所引導的。在此意義上，布爾喬亞的政治哲學總是「極權式」的；它總是預設政治、經濟與社會之間的等同，在此預設中，政治機構僅僅是為私人利益而服務的表殼。布爾喬亞的雙重標準，以及他們對公共生活與私人生活的區分，不過是對絕望地試圖繼續分開這兩個領域的民族國家的讓步。

對菁英產生吸引力的就是諸如此類的激進主義。馬克思滿懷希望地預言的國家將會消亡、無

階級社會將會出現的圖像，已變得不夠激進、不夠彌賽亞。如果別爾嘉耶夫有關「俄羅斯革命份子……通常都是極權主義者」的說法無誤，則蘇聯之所以會對納粹與知識界共產主義同路人產生同等的吸引力，就恰恰在於如下事實：在俄羅斯「革命是一種宗教、一種哲學，而不只是關乎生活中的社會、政治層面的鬥爭」。[61]真相是從階級到大眾的轉化過程，以及政治機構之聲望與權威的崩塌，給西歐國家帶來的境況，正類似於那種早已瀰漫在俄羅斯的境況，從而不讓人意外地，俄羅斯革命份子也開始呈現出典型的俄式革命狂熱，他們所憧憬的不是社會或政治境況的改變，而是徹底摧毀一切既存教條、價值及機構。暴民不過是利用了這種新的情緒，並帶來了革命份子與罪犯之間的短暫結盟，這種結盟也曾出現在帝俄時代的許多革命派別當中，卻在歐洲政治舞台上明顯缺席。

暴民與菁英之間讓人困擾的結盟，以及他們在願景上的奇特契合，都根源於如下事實，亦即這些群體都是最先從民族國家的結構與階級社會的框架中被清除出來的人。他們非常容易發現彼此，哪怕只是暫時的，因為他們同樣感受到自己代表著時代的命運，他們之後會出現無窮無盡的大眾，而且大部分歐洲人民遲早都會與他們站在一起：如他們所設想的，準備好要發動革命。

結果是他們都彼此誤會了。作為布爾喬亞階級的地下世界，暴民希望無助大眾會幫他們掌權，會在他們試圖推進其私人利益的時候予以支持，也希望他們能夠簡單替代掉布爾喬亞社會的

舊有階層，並將更具進取心的地下世界精神灌輸其中。然而掌權的極權主義很快就認識到，擁有進取精神的不僅止於暴民階層，而且無論如何，這樣的主動性都只會對全面支配造成威脅。在另一方面，肆無忌憚的也不僅僅是暴民，而且無論如何人們都可以很快就學會肆無忌憚。對於支配與滅絕的無情機器，被協調整合的市儈群眾提供了更好的材料，並且有能力犯下甚至比職業罪犯更重大的罪行，只要這些罪行被很好地組織起來，並披上日常工作的外衣。

因此，少數抗議納粹針對猶太人與東歐民族的大規模暴行的聲音，不是來自軍人或被協調整合的可敬市儈群眾，而是恰恰來自希特勒的那些早期夥伴，他們是暴民的典型代表。[62]提出抗議的同樣也不會是希姆萊這個一九三六年後德國最有權勢的人，他是那些「武裝波希米亞人」（海登語）中的一員，其特質惱人地與知識菁英相似。希姆萊本人比納粹運動的早期領袖們「更為正常」，亦即更是一個市儈。[63]他不是像戈培爾那樣的波希米亞人，不是史特萊徹（Julius Streicher）那樣的性罪犯，不是像羅森堡（Alfred Rosenberg）那樣的瘋子，不是像希特勒那樣的狂熱者，也不是戈林（Hermann Göring）那樣的冒險家。他證明了自己具有將大眾組織到全面支配當中的高超能力，其方式是設定大部分人既不是波希米亞人、狂熱者、冒險家、性罪犯、瘋子，也不是社會上的失敗者，而首先且主要是有工作的人（job holders）與居家好男人（good family men）。

市儈退居於私人生活，全心全意地投身於家庭事務與事業之中，這種行為是布爾喬亞信仰私

人利益優先性的最後產物，且已然退化。市儈乃是與自身階級相隔絕的布爾喬亞，是由布爾喬亞階級自身的崩解所製造出來的原子化個體。由希姆萊組織起來犯下史上最大罪行的大眾人，其特徵是市儈的，而非暴民的；他們是身處自己世界的廢墟之中的布爾喬亞，最擔憂的就是自己私人的安穩生活，而且已準備好要因最輕微的煽動言論而犧牲一切，包括信念、榮譽與尊嚴。事實證明，一個只惦記著保護自己私人生活的人，他的私人性與私人道德是最容易被摧毀的。經過數年的掌權與系統化的協調，納粹已能正確無誤地宣稱：「在德國，只有睡著的人還是擁有私人性的個體。」64

在另一方面，菁英中的某些人一再讓極權運動誘惑自己，有時甚至會由於他們的才智而被指控激發了極權主義；為了公正地看待這些人，我們必須指出，不管這些二十世紀的悲觀絕望者們做過或沒做過什麼事，都沒有對極權主義產生什麼影響，即便在納粹運動成功嘗試迫使外在世界認真看待其學說的早期階段，他們的確發揮了一定作用。一旦極權運動掌權，甚至在該體制著手犯下最大罪行之前，就會拋棄這整個同情者團體。對極權主義來說，知識、精神與藝術上的主動精神，就跟暴民那惡棍式的主動精神一樣危險，而且這兩者都比單純的政治反對更危險。❶新大

❶ 譯註：雖然鄂蘭在此並未點明，但所謂同情納粹的知識菁英中，無疑就有她曾經的老師海德格。鄂蘭在其他地方對海德格的哲學思想提出過批評，但在海德格與納粹的直接關係方面，她似乎還是持相對寬容的態度。

眾領袖對一切高等知識活動一貫加以迫害，主要是基於他們天生對自己無法理解之一切事物所抱持的仇恨。全面支配不允許任何生活領域中存在自由主動性，也不允許存在任何無法完全預測的活動。掌權的極權主義不會顧及這些同情者，它總是會用瘋子與笨蛋來取代第一流的天才，因為前者的缺乏才智、缺乏創造力，始終是忠誠的最佳保障。65

譯者識

作為「極權主義」部分的第一章，本章多少具有承前啟後的作用，其中最具有橋樑功能的無疑是「暴民」這一主題。本章內容基本就是圍繞大眾、暴民與菁英這三種群體展開，而暴民是在「帝國主義」部分出現過的重要主題，對於大眾、菁英的界定，實際上往往亦是通過分析它們與暴民的關聯來切入。值得注意的是，對大眾的分析實際上構成了後面進一步分析極權運動、極權政體的最重要基礎，而有關菁英的討論，則是一個相對特殊但頗具意義的主題，從中可以窺見鄂蘭後來重新檢視西方思想傳統的一些徵兆。

本章第一節討論大眾人，理解大眾的一個關鍵在於：雖然大眾與暴民同樣具有「多餘」特性，但暴民自帝國主義時代以來就具有鮮明的個體主義與賭徒氣質，而大眾則傾向於泯除個體性。實際成為大眾領袖的往往是暴民（比如希特勒），但構成極權基本條件的則是大眾人，尤其是大眾那種原子化的寂寞狀態。另外，在第一節中我們還可以看到鄂蘭試圖兼顧德國與俄國的大眾人分析，因此在論述結構上稍顯曲折，但一旦掌握大眾的核心意涵，則本節要旨也並不難理解。

本章第二節分析菁英之所以會與暴民短暫結盟的原因，這背後當然蘊含著鄂蘭對於她的老師海德格曾同情、支持納粹這一現象的反思。鄂蘭認為從一戰前的世代到一戰後的「前線世代」，知識菁英已從尼采式的價值重估轉向了薩德式的價值破壞、暴力崇拜，因此戰後菁英對於暴民（亦即納粹運動領袖）身上的破壞性力量、以及攻擊布爾喬亞社會的行為，都讚賞有加。但在最後的分析中，鄂蘭仍然認為菁英在極權運動掌權後會發現彼此並不同路，雖然這一觀察似乎比較寬容，但我們要注意到，鄂蘭所批評的知識菁英不僅包括海德格這種明確支持過納粹的德國菁英，還隱然指涉著沙特等法國知識菁英。

第 11 章

極權運動

The Totalitarian Movement

一、極權宣傳

只有暴民與菁英才會被極權主義本身的運動能量（momentum）吸引；要贏得大眾，則必須依靠宣傳。在憲政與言論自由的條件下，極權運動的權力鬥爭只能有限地使用恐怖，而且還要跟其他政黨一起爭奪追隨者、要在公眾面前表現得合乎情理，此時的公眾還沒有那麼嚴格地與其他所有消息來源隔絕。

[341]人們常常主張說，在極權國家中，宣傳與恐怖實為一體兩面，這是人們很早就看出的事情。[1]然而這只是部分真相。一旦極權主義獲得絕對掌控權，它就會用灌輸教化（indoctrination）來代替宣傳，而且它對暴力的使用，更多是用來實現其意識形態教條與謊言，而非恐嚇民眾（只有在政治反對派尚存的早期階段才會這麼做）。在面對矛盾事實的時候，極權主義不會只甘於主張沒有人失業；它會撤銷失業救濟金，以作為宣傳的一部分。[2]同樣重要的事實在於，拒絕承認失業的行為實現了（儘管是以出人意料的方式）那條古老的社會主義教條：不勞動者不得食。或是我們再舉另一個例子，當史達林決定重寫俄羅斯革命史時，其新版本的宣傳方式包括摧毀舊有書籍、檔案，以及其作者與讀者：官方新版共產黨史出版於一九三八年，宣告了使一整代蘇聯知識[342]份子死傷慘重的大清洗的結束。同樣地，納粹最初在其佔領的東部領土上，主要是利用反猶宣傳來贏得對居民的穩定掌控。他們不需要也沒有使用恐怖來支持這一宣傳。他們肅清一大部分的波

蘭知識份子，不是因為遭到反抗，而是因為根據他們的教義，波蘭人中根本沒有知識份子，他們計劃綁架金髮碧眼的兒童，也並不是要恐嚇當地居民，而是想要拯救「德意志血統」。[3]

由於極權運動所在的這個世界本身是非極權的，因此它們被迫要求助於我們通常視作宣傳的東西。但是這種宣傳總是要針對某個外在區域，無論它是本國民眾中的非極權群體，還是境外的非極權國家。極權宣傳所針對的這一外在區域可以差異甚大；甚至在掌權之後，極權宣傳也還會指向本國民眾中尚未依照充分的灌輸教化進行過調控的那部分群體。在這方面，希特勒在戰爭期間對其將軍們發表的演講，堪稱不折不扣的宣傳典範，其特徵主要是元首為了努力爭取這些人，而說了旨在取悅他們的大量謊言。[4]這個外在區域也可以是各種尚未準備好要接受運動真正宗旨的同情者團體；最終，甚至連黨員也會被元首身邊的內部圈子或菁英組織，視為這種外在區域的成員，就此而言，他們仍有接受宣傳的需要，因為他們尚未被牢靠地支配。為了不高估這種宣傳性謊言的重要性，我們應該援引數量遠遠更多的例子，在其中希特勒以完全真誠、出奇坦率的方式來界定運動的真正目標，但是尚未準備好接受這樣的一貫性的公眾，是不會接觸到這些言論的。[5]不過基本來說，極權支配努力只將宣傳方法使用在對外政策上，或是境外的運動分支上，以便為它們提供合適素材。一旦本國內部的極權教化，與針對境外的宣傳路線發生衝突（在戰爭期間的俄羅斯，這種情形不是發生在史達林終止與希特勒的結盟關係之時，而是發生在對抗希特勒的戰爭將他帶向民主國家陣營的時候），在本國內部，宣傳被解釋為一種「暫時的策略部

署」。[6]運動奪取政權之前，只要有可能，就會早早確立針對運動原始成員的意識形態教條，與針對外部世界的地道宣傳之間的區分。宣傳與灌輸的關係，通常一方面取決於運動的規模，一方面則取決於外在壓力的大小。運動規模越小，純粹花費在宣傳上的能量也就越多；外部世界對極權體制施加的壓力越大（這是一種就算身處鐵幕之後也無法完全無視的壓力），極權獨裁者也就會越是活躍地投身於宣傳。關鍵在於，宣傳的必要性總是由外部世界所主導，而運動本身實際上並不進行宣傳，而是進行灌輸。灌輸不可避免地會與恐怖相配套，而且與宣傳相反，灌輸會隨著運動力量的增強，或隨著極權統治隔絕外部干涉的程度，而不斷增長。

宣傳的確是「心理戰」的一部分；但恐怖更是如此。就算心理上的目標已經達成，極權政體也仍會繼續使用恐怖：它真正的恐怖在於，它支配的是已完全被馴服的整個人口。在恐怖統治臻於極致的地方，比如在集中營裡，宣傳就完全消失了；它甚至在納粹德國被明令禁止。[7]換言之，宣傳是極權主義應對非極權世界的一種工具，甚至可能是最重要的工具；相反地，恐怖則正構成其政體的本質。恐怖的存在並不取決於心理或其他主觀因素，正如憲政國家中，法律的存在也不取決於違法的人數（譯按：關於恐怖的分析，請參第十三章）。

作為宣傳的對應物，恐怖在納粹主義中扮演的角色比在共產主義中更為重要。納粹並不像德國早先的政治犯罪浪潮那樣攻擊傑出人物（像是謀殺拉特瑙與埃茨伯格）；他們反而試圖通過殺害社會黨籍小公務員，或是有影響力的反對黨成員，來向民眾證明帶來危險的僅僅是這些人的黨

員身份。這種仍以相對小的規模運作的大眾恐怖穩定增長著，因為無論是警察還是法庭，都沒有要認真起訴所謂的右派政治犯。它的價值正如一位納粹政論家準確形容的，乃是「權力宣傳」：[8]它在很大程度上讓民眾明白納粹的權力比當局更大，而成為納粹準軍事組織成員，會比作為一個忠誠的共和派要安全得多。這種印象因納粹利用政治犯罪的特殊方式而大大增強。納粹通常會公開承認這些罪行，且從來不會為「下層人員的過火行為」道歉（只有納粹的同情者們才會做這種道歉），因此他們給民眾留下的印象，與其他政黨那些「沒用的空談家」大不相同。

這種恐怖與赤裸裸的黑社會行徑存在明顯的相似之處，此已無須贅言。這並不意味著納粹就像我們有時說的那樣就是黑社會，實際情況是，雖然納粹沒有承認，但他們從美國黑幫組織那裡學到的東西，就跟他們所承認的從美國商業廣告學到的宣傳手法一樣多。

然而，在極權宣傳中，比針對個體的直接恐嚇與犯罪，更特別的是間接而隱蔽的威脅暗示，它針對所有不留意其教導的人，然後則是集中對「有罪者」與「無辜者」一視同仁地進行大屠殺。正如共產主義的宣傳會用錯過歷史列車、無望地落後於時代以及虛度人生的說法來恐嚇人民，納粹也會使用活在與永恆的自然法則、生命法則的對立中，以及無可挽回、神祕的血統衰退等說法。極權宣傳強調其主張「科學」本質的強烈程度，已被比作某些同樣針對大眾的廣告技術。報紙廣告欄的確都顯示出這種「科學性」：製造商通過事實、數據以及「研究」部門的幫助，來證明自己的產品是「世界上最好的肥皂」。[9]同樣真實的是，廣告人的誇大想像存在著某

種暴力元素，而且在諸如不使用該品牌香皂的女孩就會終生長滿粉刺、找不到丈夫等宣稱背後，還隱藏著更狂野的壟斷大夢，這就是有朝一日，「唯一能防治粉刺的香皂」製造商，將有權力剝奪所有不使用該香皂的女孩的丈夫。在商業廣告與極權宣傳這兩個案例中，科學顯然都只是權力的代理人。一旦掌權，極權運動就不再執著於「科學」證據了。納粹甚至會打發掉那些有意願為其服務的學者，布爾什維克則將科學家的聲望用於完全非科學的目的，並迫使他們扮演騙子的角色。

但也須注意的是，大眾廣告與大眾宣傳的相似程度往往被高估了。商人通常不會擺出先知的姿態，也不會不斷要證明其預測的正確性。極權宣傳的科學性特點則是，它幾乎獨斷地堅持科學預測有別於較為老式的求助於過往經驗的行為。無論是社會主義或種族主義，當其代言人謊稱他們已發現了隱藏力量，會在命運之鏈中為自己帶來好運，就最清楚地揭示出意識形態的起源。有一種絕對主義系統無疑對大眾很有吸引力：「它建立在由命運之鏈所連結起來的偉大第一因之上，再現了所有的歷史事件，而且是根據人類種族歷史來壓迫人們。」（托克維爾語）。但同樣不容懷疑的是，納粹領導層是真心相信如下教條，並不只是利用它來宣傳而已：「我們越是準確辨識、觀察到自然與生命的法則……也就是越是確認了全能者的意志。我們越是對全能者的意志有所洞察，我們將獲得的成功也就越大」。[10] 很明顯，只需要再做一點改動，就可以用如下兩個句子來表達史達林的信條：「我們越是準確辨識、觀察到歷史與階級鬥爭的法則，也就越是確認

了辯證唯物主義。我們越是對辯證唯物主義有所洞察，我們將獲得的成功也就越大」。對於史達林的「正確領導」[11]觀，再沒有比這更好的描述了。

極權宣傳將意識形態的科學性及其以預言形式發表聲明的技術，提升到一個在方法上有效、在內容上荒謬的地步，因為就蠱惑人心的效果而言，避免引起爭論的最佳方式，就是在掌控當前的條件下提出一種主張，同時聲稱這個主張的優點唯有在未來才會顯明。然而極權意識形態並沒有發明這種手法，而且也不是它的唯一使用者。現代政治廣泛使用大眾宣傳的科學性，從而使它被理解成一種更為普遍的堅持科學的信號，而這種堅持自十六世紀數學與物理學興起以來，就構成了西方世界的特徵；於是極權主義看起來只是某種進程的最後階段，在此進程中「科學已成為一種偶像，能夠魔術般地治癒生命中的不幸，並轉化人的本性」。[12]而且科學性與大眾的興起確實存在一種早期關聯。那些期待「歷史發展之自然法則」出現、並由此消除個體行動、行為之不可預測性的人，自然會對大眾的「集體主義」表示歡迎。[13]在此可舉的例子是安凡丹（B. P. Enfantin），他已「預見到這樣的時代即將到來，到時『感動大眾的藝術』將發展得完美無缺，以至於畫家、音樂家、詩人所擁有的愉悅、感動大眾的力量，將會具有同等於數學家解決幾何問題或化學家分析物質的確定性」，因而結論是：現代宣傳正是在那個時候、那個地點誕生的。[14]

況且，無論實證主義、實用主義、行為主義有什麼樣的缺點，無論它們在形塑十九世紀的常識方面有多大的影響力，也絕不會導致「人類生活中效益主義成分的無可救藥式增長」，[15]後者

乃是極權宣傳與科學性所迎合的大眾特徵。我們從孔德那裡得知，實證主義相信未來終究可以根據科學來預測，這個信念建立在將利益視為歷史中無孔不入的力量，也建立在客觀的權力法則終會被發現這一假設上。侯昂提出的政治理論「國王指揮人民，而利益指揮國王」，構成了現代效益主義、實證主義或社會主義的傳統核心，客觀利益是「絕對不會失敗」的規則，以及「無論怎麼理解，決定政府存亡的都是利益」。但是這些理論中沒有一個會像極權主義所嘗試的那樣，去假設我們可能「轉變人的本性」。相反地，它們全都或隱或顯地假設人類本性總是維持不變，而歷史就是由客觀環境的改變與人類做出的反應所構成的故事，而且正確的理解方式是，利益會改變環境，卻不會改變人類的反應。政治中的「科學主義」仍預設人類福祉是它的目標，而這種概念與極權主義則是完全格格不入的。[16]

正是由於各種意識形態中的效益主義核心都被視為理所當然，因此極權政府反效益主義的行為，以及對大眾利益的全然漠視，才會造成這麼大的震撼。這將一種聞所未聞的不可預測性引入了當代政治當中。極權宣傳雖然展現出常常轉移重心的形式，卻甚至早在奪權之前，就已揭示出大眾其實遠不僅僅會關心自身利益。由此可見，同盟國猜想希特勒在戰爭之初下達的瘋狂屠殺命令，是因為他想擺脫餵養多餘人口的需要，這種猜想完全經不起驗證。[17]希特勒並不是被戰爭所迫才拋卻倫理考量，而是將戰爭的大規模殺戮視為開啟屠殺程序的大好機會，而且這一點就跟他的其他規劃要點一樣，都是按照千年大計來進行籌劃的。[18]由於歐洲數百年歷史中的一切，都教

導人們要從受益者為誰去評斷政治行動、從特定的隱藏利益去評判政治事件，因此他們忽然要面對一種前所未有且不可預測的元素。早在奪權之前，極權宣傳就清楚揭示出大眾並未如此受到著名的自我保存本能驅使，只是由於極權宣傳具有的煽動特徵，而未被認真看待。然而極權宣傳的成功，與其說是仰賴煽動性，更毋寧說是取決於它對如下事實的掌握，這就是只有當穩定的社會體在個體與團體之間提供必要的傳輸紐帶時，人們才會覺得利益是一種集體力量；純然基於利益的宣傳無法在大眾間有效傳播，因為大眾的主要特徵就是不屬於任何社會團體或政治團體，從而不折不扣地代表著一種個體利益的混亂狀態。極權運動成員的狂熱，在性質上明顯不同於普通政黨成員的最高忠誠，這種狂熱的源頭在於大眾已充分準備好要自我犧牲，他們對自我利益並不在意。納粹已證明，一個人能夠用「否則我們就會沒落」的口號將一整個民族導向戰爭（這是一九一四的戰爭宣傳會小心避免的），而且這並不是發生在悲慘、失業或民族野心挫敗的時代。在明顯已經戰敗的最後幾個月中，也體現出同樣的精神，此時納粹的宣傳用這樣一種承諾來安慰驚恐的民眾：即使戰敗，元首「也早以其偉大智慧為德意志人民準備好毒氣室內的安詳死亡」。[19]

極權運動利用社會主義與種族主義的方式，就是把其中的效益主義內容以及階級或民族利益全都掏空。呈現這些概念一貫正確的預言形式，變得比內容更重要。[20]大眾領袖的首要資格就是永不停止的一貫正確；他絕不會承認錯誤。[21]更甚者，一貫正確的基礎不是建立在才智高超，而是立基於對歷史或自然中那些基本可靠之力量的正確詮釋，失敗或毀滅都不能證明這些力量的錯

誤，因為它們會堅稱：長遠來看，就能證明自己是正確的。[22]掌權的大眾領袖關切的是確保他們的預言成真，這比所有效益主義考量都更重要。在戰爭末期，納粹毫不猶豫地要用他們還算完整的集權組織力量，希望盡可能徹底摧毀德國，以便讓德意志人民一旦戰敗就會毀滅的預言成真。

一貫正確所造成的宣傳效力，以及假裝成純粹不可預測之力量的詮釋型代理人的顯著成功，都鼓勵極權獨裁者養成以預言形式來宣布政治意圖的習慣。最著名的例子就是一九三九年一月希特勒在德國國會發表的宣言：「我今天想要再次提出一個預言：一旦猶太金融家們……再一次成功讓各國人民投入世界大戰，結果將會是猶太種族在歐洲的滅絕。」[23]若翻譯成非極權主義的語言，意思就是：我要發動戰爭，我要殺掉歐洲的猶太人。同樣地，在一九三〇年的共產黨中央委員會上，由於史達林準備對黨內的右翼、左翼異端份子進行肉體消滅，因此他在發表談話中就將其形容為「垂死階級」的代表。[24]這種形容方式不僅賦予其特有的嚴酷性，也以極權主義的風格宣告要去處死那些已被預見其「垂死狀態」的人。這兩個案例都達成了同樣的目標：清算行為被安置在某種歷史過程當中，而根據無可改變的法則，人只能去做或承受那無論如何注定要發生的事情。一旦受害者被處決，這種「預言」就會變成一種回溯性的證詞：除了已經被預言的，沒有其他任何事情會發生。[25]「歷史法則」是否真的注定各階級及其代表的厄運，「自然法則」是否消除了無論如何都「不適合存活下去」的一切成分，包括民主制度、猶太人、東方次等人（Untermenschen）以及無法治癒的病人，這些都無關緊要。順帶一提，希特勒也曾提到應當「以

不太費事的方式消滅垂死階級」。[26]

這種方法就像其他極權宣傳一樣，只有在運動掌權後才會萬無一失。此時所有關於極權獨裁者所做預言是否正確的爭辯都會變得非常古怪，好比跟一位潛在的謀殺犯討論他未來的受害者是死是活，而這位謀殺犯可以馬上通過殺死這個被討論的對象，來證明他的陳述完全正確。在這樣的狀況下，唯一有效的論辯方式就是立即拯救那個被預言會死的人。在大眾領袖通過掌權來讓現實配合他們的謊言之前，他們的宣傳中就充滿了對事實的極端蔑視，[27]因為在他們看來，事實完全取決於編造者的權力。只有在布爾什維克無法摧毀其他所有地鐵的情況下，主張莫斯科地鐵是世界上唯一的地鐵這一斷言，才會是一個謊言。換言之，相較於其他極權宣傳，一貫正確的宣傳方式更能洩露出征服世界的終極目標，因為只有在一個全然在其掌控之中的世界，極權統治者的所有謊言才會實現，他所有的預言也才會成真。

預言式科學性的語言回應了大眾的需求，他們早已喪失了自己在這個世界上的家園，現在準備好要被重整進支配一切的永恆力量之中，這些力量會自行將人——這個在苦難之浪中漂流的游水者——載往安全的岸邊。納粹說「我們根據遺傳學的裁決來塑造我們民族的生活與我們的法律」，[28]正如布爾什維克向追隨者保證，經濟力量擁有裁決歷史的權力。由此他們許諾了一種勝利，它完全不會受具體事業的「暫時性」挫折所影響。大眾跟階級相反，他們想要以最抽象的形式取得這樣的勝利與成功；他們並不是因特定的集體利益而捆綁在一起，也不認為這些利益是群

體存活所不可或缺，不認為在壓倒性的勝算之下還要堅持它們。對他們而言，比可能會勝利的動機或可能會成功的個別事業更重要的是：無論基於何種動機都會勝利，無論進行何種事業都會成功。

極權宣傳雖然完善了大眾宣傳的技術，但它既不是這些技術的發明者，也沒有發想出宣傳的具體主題。替大眾宣傳技術打下基礎的，是五十年來帝國主義的興起與民族國家的解體，而暴民也在這段期間進入歐洲政治舞台。正如早期的暴民領袖，極權運動的代言人們都擁有一種本能，能夠萬無一失地發現普通政黨宣傳或公眾輿論不在意、或不敢觸及的東西。許多東西因為具有重大意義而被隱藏起來，或在沉默中被刻意忽略，全然無視其固有重要性。暴民真心相信：真相就是體面社會偽善地刻意忽略或用腐敗墮落來遮掩的東西。

這樣的神祕性就成為了選取宣傳題材的第一判準。神祕起源本身並不重要；它可以源自一種合理且在政治上可理解的追求隱匿的慾望，就如同英國情報機構或法國第二辦公室的情形；也可以源自革命團體的陰謀需求，就如同無政府主義或其他恐怖主義派別的情形；抑或是源自某些祕密社團的結構，這些社團的祕密內容早已為世人所知，只有其儀式還保留著先前的神祕感，這正是共濟會的情形；再或是圍繞某些團體而編造過不少傳說的古老迷信，像是耶穌會或猶太人的情形。納粹在為大眾宣傳選取這類題材方面，具有不容置疑的優勢；但是布爾什維克也逐漸學會了

這種技巧，即便他們更少仰賴在傳統上已被接受的神祕事物，而是更青睞他們自己的發明：自三〇年代中期以來，在布爾什維克的宣傳中，神祕的世界陰謀一個接一個出現，一開始是托洛斯基份子陰謀，緊接著是三百家族統治，之後則是英國或美國情報部門那險惡的帝國主義（亦即全球）詭計。[29]

這種宣傳效力證明了現代大眾的一個主要特徵。他們不相信任何可見事物，不相信他們自身經驗的真實性；他們不信任自己的眼睛與耳朵，只相信自己的想像，這種想像可以指向任何既普遍又具有一貫性的事物。大眾信服的不是事實，甚至也不是發明出來的事實，而只是系統的一貫性（consistency），而他們自己也被預設為這個系統的一部分。重複的重要性多少被高估了，因為大眾通常被認為不善於理解與記憶，事實上，重複之所以重要，是因為它能在時間上讓大眾相信這是始終一貫的。

大眾拒絕承認的，是充斥在現實中的偶發性。他們從一開始就傾向接受所有的意識形態，因為意識形態將事實解釋為不過是法則下的例子，而且還發明出一個無所不包的全能者來消除各種巧合，而一切偶然事件都被認為是源出於這一全能者。極權宣傳正是依靠這種從現實逃入虛構、從偶合性逃入一貫性的行為，而得以不斷壯大。

極權宣傳未能做到的事情，主要是它無法在不與常識（common sense）發生嚴重衝突的前提

下，滿足大眾對一個全然一貫、可理解、可預測之世界的渴望。❶比方說，如果蘇聯的政治反對派的所有供詞都說著同樣一套語言，而且承認同樣的動機，那麼渴求一貫性的大眾就會將這種虛構視為真實性的最高證據；然而常識告訴我們，脫離了這個世界的恰恰是它們的一貫性，並證明它們純屬編造。用一個比喻來說，大眾的需求就像是想要七十士譯本（Septuagint）的奇蹟不斷重現，根據古代傳說，七十位彼此隔離的翻譯者竟產出完全一致的希臘文版舊約。常識只會將這個故事當作一個傳說或一件奇蹟；再不然，就是引用這個故事來證明譯本中的每個詞都絕對忠實。

換言之，大眾的確執迷於逃離現實，因為在本質上無家可歸狀態中，他們不再能夠承受現實中任何偶然、不可理解的面向，然而同樣是事實的是，他們對虛構的渴望與某些人類心智能力有關，這些心智能力所具有的結構一貫性，無疑比單純的偶發性更為優越。大眾逃離現實的行為是一個對抗世界的決定：他們被迫生活在這個世界中，而且無法在其中生存下去，因為偶然性已成為世界的最高主宰，但人類需要的則是不斷將混亂、偶然的狀態，轉化到一種相對具有一貫性的人工模式當中。大眾對「現實主義」、常識以及「世界中的所有合理性」（伯克語）的反叛，乃

❶ 譯註：鄂蘭對「常識」（common sense）的使用較為特殊，它不同於中文脈絡下相對較為僵固的意涵，而是意味著人們在真實經驗的基礎上，對於現實的共同感知、掌握。在鄂蘭後來對該概念進行更深入的理論闡發時，更宜譯作「共通感」，但本書在這裡仍姑且譯作「常識」。

是原子化的結果，是喪失社會地位的結果，而連同其社會地位一併喪失的還有整個共同關係領域，唯有在此領域的框架內，常識才能發揮作用。他們在那精神上、社會上的無家可歸處境中，已不再能夠對任意與籌劃之間、偶然與必然之間的相互依賴關係有所洞察。只有在常識失效之處，極權宣傳才能粗暴地踐踏它。當大眾必須抉擇，是要面對胡亂滋生、完全任意的衰朽敗壞，還是屈從於意識形態那無比堅定、漫天虛構的一貫性，他們很可能總是會選擇後者，並準備為它做出個人犧牲；這不是因為他們的愚蠢或邪惡，而是因為在這普遍災難之中，只有這種逃避才能夠賦予他們最低程度的自尊。

從大眾對一貫性的渴望中受益，已成為納粹宣傳的特色，而布爾什維克的方式則實驗室操作般地證明了這種渴望對孤立大眾人的影響。蘇聯祕密警察熱衷於讓受害者相信他們的罪責，而且都是他們從未犯過、在許多案例中根本是無從犯下的罪行；他們完全隔絕、消除了所有現實因素，從而使包含在準備好的供詞中的那種邏輯、那種「故事」一貫性，變得勢不可擋。在虛構與現實的界線，被指控中的荒誕離奇與內在一貫弄得模糊不清的狀況下，則不僅僅要求人們具有抵抗持續恐嚇的骨氣，而還要求人們擁有強大的信心，相信自己的人類同胞（親屬、朋友或鄰居）絕不會相信「這個故事」，唯有如此，方能抵抗住誘惑，不屈服於那純屬空想的犯罪可能性。

這種極度喪心病狂的人為編造，當然只有在極權世界中才能達成。然而，即便對極權政體而言，招供在處罰犯人的過程中並非必不可少，但這種編造仍構成了極權體制的宣傳裝置的一部

分。「招供」構成了布爾什維克宣傳的一項特色，正如奇特地執著於通過回溯性、追溯性的立法來合法化罪行，也構成了納粹宣傳的特色。在這兩種情形中，目標都是要達成一貫性。

在奪取政權、並根據自身教義來創立世界之前，極權運動會先魔術般召喚出一個始終一貫的謊言世界，它不足以符合現實本身的要求，卻能滿足人類心靈的需要；在這個世界中，失根的大眾能夠藉由純粹的想像力而感到自在，並且擺脫真實生活與真實經驗總會為人類帶來的無休止衝擊。極權運動一旦擁有權力，就會降下鐵幕，以防止任何人以最微不足道的現實、以對純屬想像之世界的討厭沉默，來干擾它；而在此之前，極權宣傳的力量則在於它有能力切斷大眾與真實世界的聯繫。就未經重整的解體大眾而言，每一次新的厄運打擊都會使他們變得更容易受騙；而他們唯一能理解的來自真實世界的訊號，就是其中存在的裂隙，也就是這個世界不願意公開討論的問題，或是它不敢駁斥的謠言，因為這些謠言即便有所誇大、變形，卻畢竟觸碰到了某個傷疤。

極權宣傳的謊言從這些傷疤中，得出一些具有真實性與真實經驗的元素，來滿足他們架接現實與虛構的需要。只有恐怖能夠建立在完全的虛構上，甚至連由恐怖所維繫的極權體制的謊言虛構，都還未能全然肆無忌憚，即便它們通常更粗暴莽撞，比運動中的虛構更有原創性（在俄羅斯革命的修正版歷史中，並沒有一個叫托洛斯基的人曾擔任過紅軍最高統帥，這種修正版歷史得以流通，依靠的不是宣傳技巧，而是權力）。在另一方面，運動的謊言也更巧妙許多。它們讓自己依附於從公眾視線中隱藏的各種社會、政治生活。在官方機構中籠罩著隱祕氛圍的地帶，這種謊

言宣傳進行得最為成功。於是在大眾眼中，它們贏得了高級「現實主義」的聲望，因為它們觸碰到的被隱藏起來的真實狀況。披露上流社會的醜聞，揭露政客們的腐敗，所有這些屬於黃色新聞的東西，都在他們手中成為不只是聳人聽聞的重要武器。

納粹宣傳中最有效的虛構，就是猶太世界陰謀的故事。自十九世紀末以來，煽動家們就已普遍採用聚焦於反猶宣傳的手法，且該手法在二〇年代風行於德國與奧地利。所有政黨及公眾輿論媒介越是避免討論猶太人問題，暴民也就越確信猶太人是真正的權力代表者，確信猶太議題正象徵著這整個系統的偽善與不誠實。❶

一戰後反猶宣傳的實際內容並非納粹所獨有，其中也沒有特別新穎、原創之處。自德雷福事件以來，有關猶太世界陰謀的謊言就風行於世，並將立論基礎建立在全球猶太人既存的跨國互動關係與相互依賴結構上。至於猶太世界強權這種言過其實的觀念，則甚至更為古老；它們可以追溯到十八世紀末，當時猶太商業與民族國家的密切關聯剛開始為人所知。將猶太人視作邪惡化身的想法，通常被歸咎於中世紀流傳下來的殘餘與迷信記憶，但與這種想法更密切關聯的，實為自

❶ 譯註：鄂蘭下面對猶太問題的敘述，呼應了本書第一部「反猶主義」，特別是第二章的內容，不過第一部主要討論的是十九世紀的猶太人處境，這裡則延伸到了二十世紀的狀況，讀者可相互參看。

更晚近的解放時代以來，猶太人開始在歐洲社會中扮演的曖昧角色。有一件事毋庸置疑：在戰後階段，猶太人變得比以往更為突出。

猶太人自身的關鍵問題在於，他們變得突出且引人注目的程度，恰與他們實際擁有的影響力與權位成反比。民族國家的穩定性與力量每被削弱一次，就是對猶太人地位的一次直接打擊。隨著國族部分成功地征服了國家，政府機構已不再可能維持高於所有階級、政黨的位置，又因為猶太人向來被認為是身在社會各界之外且疏離於政黨政治的群體，於是政府機構與猶太陣線結盟的價值也就消失了。擁抱帝國主義思想的布爾喬亞開始日益關注對外政策，這也日益影響到國家機器，與此同時，大部分猶太富有階層都堅持拒絕涉入工業企業，也拒絕離開資本貿易傳統。所有這些因素加總在一起，就幾乎終結了猶太群體之於國家的經濟作用，也終結了社會區隔帶給他們的優勢。在一戰之後，中歐猶太人也像第三共和國早期的法國猶太人那樣，開始被同化與國民化。

當德國政府在一九一七年依循長久以來的傳統，試圖用猶太人來與協約國商定暫時和平協議的時候，就彰顯出相關國家已在多大程度上意識到情勢的改變。當時所求助不是既有的德國猶太領袖，而是小眾且不那麼具有影響力的錫安主義少數派，後者之所以仍被以舊有方式信任，恰恰是因為他們堅持猶太民族應獨立於公民身份而存在，從而人們可以期待他們會勝任那些要仰賴國際人脈與國際視野的任務（譯按：猶太人長期具有跨國族的世界主義色彩）。然而事實證明，德國政

府的這一步走錯了。錫安主義者做出了先前沒有任何猶太銀行家做過的事情；他們攤牌出自己的條件，並告訴政府說，只有在既不會被整併也不會被遣返的前提下，他們才會出面進行合約協商。[30]猶太人原本對待政治議題的冷漠態度已一去不復返；大部分猶太人不再可用，因為他們不再超然於國族，而錫安主義少數派則毫無用處，因為他們有了自己的政治理念。

在中歐，共和制政府取代君主制的過程，造成了中歐猶太人的解體，一如大約五十年前，第三共和國的建立也在法國造成同樣結果。由於此時猶太人早已喪失了大部分的影響力，因此剛建立的新政府既缺乏權力、也沒有興趣要保護猶太人。在凡爾賽和平協議期間，猶太人主要是被當作技術專家來徵用的，甚至連反猶份子也承認，戰後時期那些猶太詐騙者與傳聞中的猶太國際代表沒有什麼關聯；[31]這些猶太詐騙者大部分是新來者，他們的詐欺行為鮮明地將他們與本地的猶太人區別開來，而在其詐欺行為背後的態度，卻又詭異地類似猶太人對其環境狀況漠然處之的古老態度。

在眾多相互競爭的反猶團體之間，在充斥著反猶主義的氛圍之中，納粹宣傳發展出一種有別於其他所有對手、且更勝它們的處理方式。但納粹口號中仍沒有什麼新東西，甚至連希特勒精心描繪出來的畫面也是如此：剝削工人的猶太商人引發了階級鬥爭，而與此同時，他的猶太兄弟則在工廠的庭院上煽動工人們罷工（譯按：第三章第二節的迪斯雷利就有過類似想法）。[32]唯一新穎的兩個元素，一個是納粹黨在成員資格上要求提供非猶太後裔的證明，另一個則是，儘管費德爾綱

領早已有所說明，但一旦掌權，對猶太人究竟要採取什麼措施，仍然極為模糊。[33]納粹將猶太議題置於其宣傳的核心位置，這意味著反猶主義已不再僅僅涉及對那個有別於大多數的群體抱持何種看法，或是一種對民族政治的關切，[34]而是更是對每一個體之個人存在狀態的密切關注；只有「家譜」符合規定的人才能成為成員，而納粹官員的位階越高，其家譜也要追溯得越遠。[35]基於同樣原因，布爾什維克儘管沒有那麼維持一貫性，卻也仍然改變了有關無產階級不可阻擋之最終勝利的馬克思主義學說，其方式是將黨員組織成「天生的無產階級」，並讓其他階級出身者覺得羞恥、丟臉。[36]

納粹宣傳的技巧足以將反猶主義轉變成一種自我界定的原則，從此讓它擺脫單純意見階段的起伏不定。它僅僅將說服大眾的煽動行為當作一個準備步驟，而且從未高估其影響力的持久性，無論是演講還是出版品。[37]對於由原子化的、無法界定的、不穩定且微不足道的個體所組成的大眾，它提供了一種自我界定、認同的手段，不僅恢復了大眾曾經從自己的社會職能中獲得的某種自尊，而且還創造出一種虛假的穩定性，從而讓他們成為組織更好的候選成員。通過這種宣傳，運動得以成為大眾集會的人為延伸，並合理化它提供給原子化社會之孤立個體的東西，也就是在本質上實屬徒勞的自尊感與神經質的安全感。[38]

在納粹對待其他相關議題的態度上，可以明顯看出他們對先前已被發明過且嘗試過的口號，進行了同樣巧妙的應用。當公眾同樣關注民族主義與社會主義這兩邊時，當這兩者被認為無法相

容，且實際上構成了左右派的意識形態分水嶺時，「國家社會主義德國工人黨」（納粹）則提供了號稱能夠導向國家統一的綜合方式，它也是一種語義學解決方案，以「德國」與「工人」這雙重符號，將右翼的民族主義與左翼的國際主義連結了起來。納粹運動正是在名稱上竊取了其他政黨的政治內容，並公然詐稱已將它們予以整合。先前也有人曾成功結合這些被認為相互敵對的政治學說（國家—社會主義，基督教—社會主義）但是納粹實現結合的方式，使得議會中社會主義者與民族主義者之間、那些聲稱自己首先是工人的人與那些聲稱自己首先是德國人的人之間，所發生的整個爭鬥，看起來都像是一場有意設計出來以便隱藏最終險惡動機的假戲：一旦成為納粹運動的一份子，不就立刻兩者兼備了嗎？

有趣的是，甚至從一開始，納粹黨人就十分小心地避免使用諸如民主、共和、獨裁或君主制這些指明具體政體的口號。[39]彷彿在這方面，他們向來就知道自己將會是完全原創性的（譯按：極權政體的前所未有，正是第十三章的開篇主題）。每一次有關未來政府實際體制的討論，都會被當作是只關乎形式的空談而打發掉：根據希特勒的說法，國家只是保存種族的「手段」，而根據布爾什維克的宣傳，則國家只是階級鬥爭的工具。[40]

然而納粹以另一種奇特而迂迴的方式，為他們在未來會扮演什麼角色的問題，給出了宣傳上的答案，這個答案就存在於他們使用「錫安長老會紀要」為模型，為德國大眾的「世界帝國」勾勒出的未來組織形式當中。利用「錫安長老會紀要」的不止納粹；在戰後德國，有成百上千的紀

要副本在販售，甚至公然將它納入政治手冊，也不是什麼新鮮事。[41] 儘管如此，這一偽作的主要用途仍是聲討猶太人，並喚起暴民對猶太人危險支配的恐懼。[42] 就純粹的宣傳而言，納粹發現：比起對猶太人統治世界的恐懼，大眾對於猶太人要如何達成這件事還更感興趣；紀要之所以廣泛流傳，是出於讚賞以及從中學習的渴望，而非厭惡；因此盡可能貼近他們某些出色的慣用語，是聰明的做法，例如「對德國人民有利的，就是正確的」就是抄襲紀要書中的「一切有益於猶太人民的，就在道德上正確而神聖」。[43]

在許多方面，紀要書都是一份十分奇特且值得注意的文獻。撇開其中廉價的馬基維利主義不論，它基本的政治特性在於：它以異想天開的方式觸及了該時代每一個重要的政治議題。它在原則上是反國族的，並且將民族國家描繪為一個泥足巨人。它厭惡國族主權，相信一個建立在國族基礎上的世界帝國，一如希特勒曾提出的構想。[44] 它不會滿足於只在特定國家發動革命，而是以征服、統治世界為目標。它向人民承諾，就算在人數、領土與國家權力方面不具優勢，它仍然能夠只依靠組織就達成征服世界的目標。當然，其部分說服力來自非常古老的迷信因素。一個自古以來就追求同樣的革命目標的國際團體不曾中斷地存在著，這是一個十分古老的觀念，[45] 而且在法國大革命以來的政治地下文學中也佔有一席之地，即便任何人在十八世紀末都不會寫出「這個革命派別、這個所有文明化民族中的特殊民族」就是猶太人。[46]

紀要書中最吸引大眾的，就是全球性陰謀這一主題，因為它如此完美地回應了新的權力處境

（希特勒很早就承諾說，納粹運動將會「超越現代民族主義的狹隘限制」，[47]而在戰爭期間，親衛隊內部則嘗試在國家社會主義的詞彙表中完全抹除「國家／民族」一詞）。似乎唯有世界強權才有機會獨立存活下去，唯有推行全球政治才有機會取得長久成果。不難理解，這種情境會驚嚇到那些並非世界強權的弱小國家。紀要書則似乎展示了一條出路，它可以不依靠不可改變的客觀條件，只需要依靠組織力量就能辦到。

換言之，納粹宣傳在「因強烈的民族性而超乎國族的猶太人」身上，[48]發現主宰世界的德國人的先行者，並向大眾擔保「那最早看穿猶太人並最早與之戰鬥的眾民族，將會取代猶太人而支配世界」。[49]早已存在的所謂猶太人支配世界的謬論，構成了德國人會在未來支配世界的幻想基礎。這正是希姆萊指出「我們應將治理的藝術歸功於猶太人」時，所想的事情，換言之，應該歸功於「元首用心學習過的」紀要書。[50]於是紀要書呈現出征服世界在實踐上的可能性，並暗示人們這整件事僅僅關乎是否擁有創新的或聰明的技巧，也暗示說擋住德國人成功主宰全世界之道路的，僅僅是一個顯然十分弱小的民族，即猶太人；猶太人的統治並不掌控暴力工具，因此一旦其祕密被揭露、其方法被大量效法，他們就會是一個可以輕鬆戰勝的對手。

納粹宣傳將這些擁有無限前景的全新展望，全都集中在一個號稱「人民共同體」（Volksgemeinschaft）的概念上。當在前極權環境下的納粹運動中試探性地實現這種新共同體時，乃是建立在所有德國人的絕對平等之上，以及他們與其他所有人存在的絕對差異之上，這種平等並非

權利上的平等，而是自然本性上的平等。[51]在納粹掌權之後，這一概念就逐漸喪失了重要性，一方面讓位給對德國人民的普遍蔑視（納粹黨人向來抱持這種態度，只是先前沒有完全公開展現），[52]另一方面則讓位給提升「雅利安人」在其他民族中間的位階的強烈渴望；後一種觀念在掌權前的納粹宣傳中，僅僅扮演微不足道的角色。[53]人民共同體只是為「雅利安」種族社會在宣傳上所做的準備，後者最終會主宰所有民族，德國人也包括在內。

在某種程度上，人民共同體乃是納粹對應於無階級社會之共產主義承諾的一種嘗試。如果我們不考慮意識形態意涵的話，那麼其中一方的宣傳號召力明顯要優於另一方。雖然兩者都承諾要拉平所有社會差異與財產差異，但是無階級社會明顯意味著每個人都將被拉低到工廠工人的地位，而人民共同體則基於征服世界的陰謀，可以合理預期每個德國人最終都會成為工廠主。然而，人民共同體更強大的優勢在於，它的建立不必留待未來的某個時刻，也無須依賴客觀條件：它可以馬上在納粹運動的虛構世界中實現。

極權宣傳的真正目的不是說服，而是組織，亦即「不依靠掌控暴力手段就達成的權力累積」。[54]就這一意圖而言，在意識形態內容上具有原創性只會造成不必要的阻礙。我們時代的兩種極權運動，固然在統治方式上新穎駭人、在組織形式上極其巧妙，卻從未鼓吹一種新的學說，而也從未發明一種尚未普遍流行的意識形態。[55]為他們贏得大眾的並非蠱惑人心上的一時成功，而是一個「有生命力的組織」的有形現實與權力。[56]希特勒作為大眾演說家的傑出天賦，與其說為

他贏得了運動中的地位，不如說是讓對手誤將他低估為一個單純的煽動家，而史達林則有辦法擊敗俄國革命中比他更偉大的演說家。[57]將極權領袖與獨裁者區分開來的，尤其是那種一心一意的目的性，他們依照這種目的性從既存意識形態中選取元素，只因它們最適合構成另一個全然虛構之世界的基本成分。紀要書在虛構上的完備程度，就如同虛構的托洛斯基陰謀論，兩者都包含貌似合理的元素，亦即猶太人過往的非公開影響力，以及托洛斯基與史達林的權力鬥爭；甚至連極權主義的虛構世界也無法無中生有地安全捏造出這種元素。他們兩人的藝術包括利用現實元素與真實經驗元素，並同時超越這兩種元素，以及選取一套虛構敘事，並將它們擴展到當時已明確超出個人經驗掌控範圍的領域當中。藉由這種擴展操作，極權宣傳建立起一個足以與真實世界匹敵的世界，而真實世界的不利條件在於它沒有邏輯性、一貫性與組織性。虛構的一貫性與組織的嚴格性，使得這種擴展結果在較為具體的謊言破產後仍能夠存在：例如在猶太人被無助殺害後，猶太權力說仍舊存在；在肅清蘇聯托洛斯基分子並謀殺了托洛斯基之後，托洛斯基份子險惡的全球性陰謀也沒有消失。❶

極權獨裁者極為頑固地堅持原本的謊言，全然罔顧其荒謬性，這不僅僅是一種迷信，更是一

❶ 譯註：有關真實世界與虛構世界這一主題，鄂蘭後來在〈真相與政治〉（"Truth and Politics", BPF: 223-259；中譯本，頁311-364）一文中有更理論性的討論，不過本書的討論聚焦在與極權組織結構緊密關聯的虛構方式，而後來的文章則針對更普遍的、包括了極權與非極權的政治環境。

種騙術；至少在史達林的案例中，這無法用以下的說謊者心理學來解釋，即他的成功就在於會讓自己成為自己的最後一個受害者。❶一旦這些宣傳口號被整合到「活生生的組織」當中，若想穩妥地消滅它們，就只能破壞整個結構。猶太世界陰謀的假說，被極權宣傳從一個客觀且可爭辯的問題，轉變成納粹現實生活中的主要元素；關鍵在於，納粹表現得像是世界已被猶太人所支配，從而需要形塑出一個對應的陰謀來自我捍衛。對他們來說，種族主義不再是一種可爭辯且科學價值令人懷疑的理論，而是時時刻刻都實現在政治組織的運作體系當中，在這一體系中，對它有所懷疑只會是「非現實」的。同樣地，布爾什維克不再需要贏得諸如階級鬥爭、國際主義，以及無產階級的福祉無條件仰賴蘇聯的福祉等主張的爭辯；第三國際的運作組織本身就比任何主張、任何意識形態，都更有說服力。

極權宣傳能夠凌駕其他政黨、運動宣傳的基本理由，就在於其內容對於運動成員來說，無論如何都不再是人們可以有意見的客觀議題，而是在他們的生活中像算數規則般真實且不可動搖的元素。根據意識形態所架設的整個生活組織，只有在極權體制下才能夠充分實行。在納粹德國，當種族出身成為唯一重要的事情，當事業前途取決於「雅利安」面相學（希姆萊習慣用照片來挑

❶ 譯註：在〈真相與政治〉中，這種說謊者自己成為最後一個受害者的心理學，被歸結為「自我欺騙」，它構成了現代政治謊言的重要形態，因為在自我欺騙的前提下，謊言才是最可信、最徹底的，不過鄂蘭在此似乎認為極權謊言的形態與之有別。

選親衛隊申請者），而分配食物的多寡取決於一個人有幾位猶太祖父母，此時對種族主義與反猶主義的有效性提出疑問，就如同質疑世界是否存在。

若有一種宣傳持續在虛弱而不可靠的觀點中「注入組織的力量」，[58]進而不假思索地去實現它所說的任何事情，那麼它的優勢無疑就會不證自明。對於那些還建立在運動早已承諾要予以改變的現實之上的主張，對於那種會簡單的事實（亦即它屬於或捍衛著，一個走投無路的大眾不能也不願接受的世界）所取消的反宣傳，極權宣傳都穩操勝券，唯有通過另一種更強大或更好的現實，才有辦法反駁它。

要到了戰敗的時刻，極權宣傳的內在弱點才開始現形。一旦運動的力量不再存在，其成員立馬就不再相信那些他們昨天仍隨時願意為之犧牲生命的教條。在運動這個庇護他們的虛構世界被摧毀的那一刻，大眾就恢復了作為孤立個體的舊有狀態，或是在業已改變的世界中，欣然接受一種新的社會職能，或是沉淪回舊時那窮途末路的多餘狀態。極權運動的成員只有在運動尚存的時候才會陷入徹底狂熱，因此他們不會走上宗教狂熱者的道路，以烈士的方式死去（即便他們心甘情願以機器人的方式死去）。[59]他們只會悄悄像放棄一個糟糕的賭注一樣放棄這場運動，並四處尋找另一個充滿希望的虛構敘事，或是等待前一種虛構捲土重來、發動另一場大眾運動。

同盟國曾妄想在很可能有百分之九十都曾是納粹真誠同情者的德國人中間，鎖定一個自我招認且深信不疑的納粹份子，卻只是徒勞無功，我們不應簡單地將這種現象看作人性弱點或惡劣機

會主義的表現。作為一種意識形態，納粹主義已被如此充分地「實現」，以至於其內容本身已不再作為一系列獨立教義而存在，也就是說，它已不再存在於知性層面；因此一旦這種現實遭到破壞，就幾乎不會留下任何東西，尤其信徒們的狂熱更是蕩然無存。

二、極權組織

極權的組織形式有別於它的意識形態內容與宣傳口號，這些形式完全是新穎的。[60] 運動宣傳的謊言圍繞一個核心虛構來編織，這就是猶太人的、托洛斯基的或三百家族的陰謀；而組織形式的設置目的，則是將這些謊言轉變成正常運作的現實，而且即便是在非極權的環境下，也能夠建立起一個讓成員根據虛構世界法則來行動、做出反應的社團。那些看起來與之相似的政黨與運動，例如法西斯、社會主義、民族主義或共產主義，一旦抵達某個極端主義階段（這主要取決於其成員的絕望程度），就都會用恐怖主義來支援其宣傳；極權運動則與它們的方向相反，它對待宣傳的態度是真心誠意的，這種誠意更為駭人地體現在如何組織追隨者，而非體現在如何在肉體上消滅對手。組織與宣傳（而非恐怖與宣傳）誠為一體兩面。[61]

在奪權之前的階段，極權運動最顯著的新組織手法，就是創建各種外圍組織（front organization），並區分了黨員與同情支持者。與這項發明相比，其他典型的極權特徵，比如自上

而下任命政府人員，最終由一個人壟斷所有人事任命，就都沒有那麼重要了。所謂「領導原則」本身並非極權式的；它從威權主義與軍事獨裁那裡借用了某些特徵，這大大促使人們混淆、小看了本質上為極權主義的現象。如果自上而下的人事任命具備真正的權威與責任，那麼我們面對的就是一個根據法律來委任、管理權威與權力的層級制結構。根據這一模型所建立的軍隊與軍事獨裁組織，也大體如此；在其中，自上而下之命令的絕對權力，以及自下而上的絕對服從，都對應著戰鬥中的極端危險情境，而這正是它們為何並非極權的原因所在。一個以層級制組織起來的命令鏈條，意味著主導者的權力要仰賴於他在其中發揮作用的這整個層級系統。無論每個層級自身如何具有威權主義，無論每一條命令鏈在內容上多麼獨斷獨裁，它們畢竟全都傾向於穩定化，而且將會限制極權運動領袖取得全面權力。[62]在納粹的語言中，作為極權國家中「最高法律」的，乃是永不停息、充滿動能的「元首意志」，而非其命令，命令這種措辭會指向一種固定化的、受局限的權威。[63]領袖原則（leader principle）要發展出極權性格，唯有依靠極權運動為其領袖安設的位置（這多虧了它獨特的組織），也就是唯有借助他之於運動的功能性地位。這一點也為下述事實所證實：在希特勒與史達林的案例中，現實中的領袖原則都結晶地格外緩慢，並且還要與運動的漸進式「極權化」同步。[64]

這一新組織結構的開端階段，纏繞著匿名的氛圍，此事大大促成了整個現象的怪異之處。我們不知道是誰最先決定要將同路人（fellow-traveler）組織成外圍組織，是誰最先在那些模糊表達

了支持同情的大眾身上，不僅看到一個可以從中招募黨員的蓄水池，而且還看到它所具有的決定性力量；雖然所有政黨在選舉期間都習慣於依靠這些大眾，但同時仍認為他們太過搖擺不定，不適合納為成員。在共產主義的激發下產生的早期同情者組織，諸如蘇聯之友或是紅色信仰協會之流，後來都發展成了外圍組織，但是它們最初的性質正如其名稱所示：它們只是提供金融或其他（比如法律）支援的同情者聚集體。希特勒第一個提出，每一個運動都應該將通過宣傳贏得的大眾，劃分成同情支持者與成員兩個範疇。這件事本身已是耐人尋味；但甚至更有趣的是，他還將這種劃分建立在一種更普遍的哲學之上，根據這種哲學，大部分人在任何超出單純理論性見解層次的事情都太過懶惰怯懦，只有少數人會想要為信念而戰鬥。[65]結果在制定出一項既擴大同情者隊伍、又同時維持嚴格限定之黨員數量的自覺政策方面，希特勒也是第一人。[66]這種將作為多數的同情者環繞在作為少數的黨員周圍的觀念，已十分接近後來外圍組織的實際情況；外圍組織這一詞彙確實無比貼切地描述了他們最終的功能，並揭示出成員與同情者在運動內部的關係。要使運動得以運作，由同情者組成的外圍組織必不可少，其作用絲毫不遜於運動的實際成員。

外圍組織用一道保護牆環繞著運動成員，將他們與外部的正常世界分隔開來；與此同時，他們還構成了一座返歸正常狀態的橋樑，若沒有這座橋，則未掌權階段的運動成員們不免會太過尖銳地感受到，在他們的信念與正常人的信念之間、在他們自己的謊言虛構與正常世界的現實之間的差別。在極權運動為權力而鬥爭的過程中，這種手法的巧妙之處在於，外圍組織不僅將運動成

員隔離起來，還為他們提供了一幅外部正常狀態的樣子，這比單純的灌輸教化更能有效阻擋來自真正現實的影響。正是自身態度與同路人態度之間的差別，使一個納粹份子或布爾什維克黨人確信運動對世界的虛構性解釋，因為同路人畢竟也擁有相同的信念，只不過表現為更「正常」、亦即更不狂熱且更模糊的形態；因此在政黨成員眼中，任何還沒有被運動明確標識為敵人（猶太人、資本家等等）的人，就是站在他這邊的人，而且這個世界中多的是祕密的盟軍，他們只不過是至今尚未被喚起必要的心靈、品格力量，以便從自身的信念中推導出合乎邏輯的結論而已。[67]

處在另一邊的一般世界，對極權運動的第一印象通常是來自外圍組織。從各方面來看，運動同情者們仍屬於非極權社會的無害公民之列，很難說他們是偏執的狂熱份子；於是極權運動就藉由他們，來使異想天開的謊言更能廣為接受，並以更溫和、更受人尊敬的形式擴散其宣傳，直到整個社會氛圍都被極權元素所毒害；這些元素很難被辨識出來，它們看起來就像是正常的政治反應或政治觀點。同路人組織就這樣圍繞著極權運動，佈置出一片洋溢著正常與體面的迷霧，這迷霧既愚弄了運動成員，使他們錯認外部世界的真正性質，同時也愚弄了外部世界，使後者錯認運動的真正性質。外圍組織具有雙重功能：它既是極權運動面對非極權世界時的外殼，同時也是非極權世界面對極權運動內部層層結構時的外殼。

甚至比這種關係更驚人的是，它還在運動內部的不同層次上重複出現。正如政黨成員既連結又區隔於同路人，運動的菁英組織也同樣既連結又區隔於普通黨員。如果說同路人看起來仍然像

是外部世界的正常居民，他們接納極權信條的方式，就如同人們接受某個普通政黨的綱領，那麼納粹運動或布爾什維克運動的普通成員，則是在許多方面仍屬於周遭世界：他的職業人脈與社會關係尚未絕對地被其黨員身份所決定，雖然他仍與單純的同情者不同，因為他或許已意識到在政黨忠誠與私人生活發生衝突時，前者會是更具決定性的一方。另一方面，軍事團體的成員則完全認同於運動；他不具有運動之外的職業生活與私人生活。正如同情者們構築起一道環繞運動成員的保護牆，並向後者飾演外部世界，而環繞在軍事團體四周的普通成員，也同樣向前者飾演正常外部世界。

這一結構的明顯優勢在於，它減弱了極權主義一項基本信條所帶來的衝擊，該信條就是世界劃分為兩個巨大的敵對陣營，其中一方正是極權運動，而且極權運動能夠且必須與整個世界戰鬥；這種主張為極權政體掌權後不分青紅皂白的侵略行徑奠定了道路。極權運動小心翼翼地按照戰鬥性高低進行層級區分，亦即每一層級都以其更低的戰鬥性與全面組織程度，而構成上一層級的非極權世界圖像；在這樣的手法下，恐怖可怕的極權二分法所造成的衝擊就被破壞了，而且從未完全出現過；這種組織方式能避免讓成員直接面對外部世界，而外部世界的敵意對他們來說只是一個意識形態上的假設。他們被很好地保護起來，以免受到來自非極權世界之現實的影響，從而他們也總是會低估極權政治的巨大風險。

極權運動對現狀的攻擊，無疑比任何早期革命政黨都要激進。它們之所以有能耐採取這種明

顯不適合大眾組織的激進主義，是因為其組織形式為它們實際上要予以廢除的正常的非政治生活，提供了暫時的替代。由整個由非政治之社會關係網絡所組成的世界，是「職業革命份子」不得不與之切割的，要不然就不得不接受本來面貌，而它在極權運動中的存在形式，則是具有較低戰鬥性的群體；在以層級制組織起來的世界中，為了征服世界與發動世界革命而戰鬥的人，絕不會被暴露在那種因「革命」信念與正常世界之間的不一致而必然會產生的衝擊之中。在掌權前的革命階段，極權運動之所以能吸引到這麼多的普通市儈，原因就在於政黨成員生活在一個充滿愚人的正常樂園當中；同情者組成的正常世界環繞著政黨成員，而由普通黨員組成的正常世界則環繞著菁英組織。

極權模式的另一個優勢，在於它可以被無限重複，並將組織維持在流動狀態；這讓組織得以持續插入新的層級，也界定出新的戰鬥等級。我們可以用納粹運動內如何新設編制，來道盡納粹黨的整個歷史。衝鋒隊（創立於一九二二年）是納粹編制下的第一個菁英組織，被認為比黨本身更富戰鬥性；[68]在一九二六年，親衛隊作為衝鋒隊的菁英組織而成立；三年後，親衛隊從衝鋒隊分離，並由希姆萊掌管；而希姆萊只花了稍微多一點的時間，就在親衛隊內部重複了同樣的遊戲。於是一個接一個，每一個都比上一個更有戰鬥性：首先出現的是突擊隊（the Shock Troops），[69]接著則是敢死隊（the Death Head units，亦即集中營「衛隊」），它後來被整併成武裝親衛隊（Armed SS），最後則是安全局（the Security Service，黨的「意識形態」情報機構，兼

「負人口政策」的執行武器），以及種族與安置問題辦公室（the Office for Questions of Race and Resettlement），其任務屬「正面」型；所有這些組織都是從普通親衛隊中發展出來的，而親衛隊成員中除了高層元首衛隊外，全都維持著平民位階。親衛隊普通成員與上述所有新興組織之間的關係，就如同衝鋒隊隊員之於親衛隊隊員，或是政黨成員之於衝鋒隊隊員，再或是外圍組織成員之於政黨成員。[70]如今親衛隊普通隊員不僅要承擔「守衛國家社會主義理念之化身」的任務，還 [369] 要肩負起「保護所有親衛隊特殊骨幹，避免其脫離運動本身」的使命。[71]

這種流動的層級結構，還有它那不斷增添新階層、不斷轉移權威位置的模式，若從祕密監控團體，亦即祕密警察或諜報機構的角度來看，就並不那麼陌生，因為在這些機構中，總是需要新的控制手段來控制那些控制者。在運動掌權之前，全面諜報活動尚無法實現；但是就算不握有實際權力，那種類似於祕密機構的流動層級制，也使運動只須置入更激進的新階層，就得以讓任何搖擺不定或激進性有所減退的階層或團體降級，從而自動將舊有團體驅往外圍組織，並遠離運動核心。因此，納粹菁英組織主要是黨內組織：一旦黨看起來失去了激進性，衝鋒隊就會躍升到超政黨的位置，後來基於同樣的原因，這一角色又由親衛隊所接替。

極權菁英組織，尤其是衝鋒隊與親衛隊的軍事價值，經常被高估，而它們純粹在黨內的重要功能，則多少被忽視了。[72]沒有任何法西斯「衫組織」（Shirt-organization）是基於特定的防衛或 [370] 侵犯目標而創立的，即便它們常常援引保衛領袖或普通黨員的說法為藉口。[73]納粹與法西斯菁英

團體的準軍事形式，是源自於其創立宗旨，它們本就是作為「運動的意識形態鬥爭工具」，[74]用來對抗一戰後在歐洲廣泛傳播的綏靖主義。就極權主義的目的而言，建立一支冒牌軍隊來作為「進取態度的表現」，[75]並盡可能接近綏靖主義者的贗品軍隊（綏靖主義者由於未能理解軍隊在政治體中的憲法地位，而將所有軍事機構都譴責為蓄意謀殺團夥），這比擁有一支訓練有素的軍隊重要多了。衝鋒隊與親衛隊在專橫的暴力與謀殺方面，無疑是模範組織；他們不像黑色國防軍那樣訓練精良，也並沒有武裝到足以與常規部隊作戰。在一戰後的德國，軍國主義宣傳比軍事訓練更為流行，而制服雖然在清楚表示市民道德準則的廢除上具有一定作用，卻並沒有加強準軍事部隊的軍事價值；無論如何，這些制服大大安撫了謀殺犯們的良心，也使他們更能接受不容置疑的服從與毫無異議的權威。縱然有這些軍國主義的誘惑，納粹黨內部那些以民族主義與軍國主義為主要立場的派系，往往仍是最先被清理掉的一批；他們不僅將準軍事部隊視作政黨下的組織，而且還將它視作國防軍的非法擴充（這是被凡爾賽條約所限制的措施）。衝鋒隊首領羅姆確實在納粹掌權後，曾夢想過要將衝鋒隊整併入國防軍，並為此進行協商。他之所以被希特勒除掉，是因為他試圖將新的納粹政體轉變為軍事獨裁。[76]希特勒在數年前就清楚表示，這樣的發展方向並非納粹運動所願，當時他解除了羅姆衝鋒隊首領的職務，並選擇希姆萊來重組親衛隊；羅姆是個真正的士兵，由於戰爭期間以及在黑色國防軍組織中的經驗，他在嚴格的軍事訓練程序上實為不可或缺的人才，而希姆萊則是一個沒有任何軍事相關知識的人。

菁英組織在運動組織結構中具有重要作用，他們構成不斷變動的戰鬥核心；除此之外，他們的準軍事性格還必須從他們與其他專業黨組織的關聯來理解，像是那些為教師、律師、醫生、學生、大學教授、技術員以及工人提供的組織。所有這些組織首先都是既有的非極權的專業團體的複製品，其準專業程度正如衝鋒隊的準軍事性格。很典型的現象就是，歐洲共產黨越是明顯成為莫斯科主導的布爾什維克運動的分支，它們也就越是同樣會用自己的外圍組織來與既有的完全專業的團體相競爭。在這方面，納粹與布爾什維克的差別僅僅在於，納粹明顯想將這些準專業組織納入黨內菁英之列，而共產黨人則更想要在他們當中為外圍組織招募成員。這裡有一個對這些極權運動來說頗為重要的因素：甚至在它們奪取政權之前，它們就讓人們覺得社會中所有組成成分彷彿都已體現在運動行列當中（納粹宣傳的終極目標就是將整個德意志民族組織成同情支持者）。[77]納粹黨人在這個遊戲中又更進一步，他們創立了一系列以正規國家行政機構為模型的冒牌部門，比如他們自己的外交事務部門、教育部門、文化部門、體育部門等等。這些機構中沒有任何一個比衝鋒隊摹仿軍隊的行為更具專業價值，但是它們共同創造出一個完美的表象世界，在其中非極權世界的每一種現實都以哄騙的形式被一股腦複製出來。

這一複製技術在直接推翻政府一事上當然並無用處，但事實證明它在破壞現行機構與「讓現狀解體」的工作上[78]成效顯著，而在這項工作中，極權組織總是喜歡公開展現力量。如果極權運動的任務就是「像珊瑚蟲一樣鑽出得以進入各種權力位置的道路」，[79]那麼它們就必須為一切特

定的社會位置與政治位置做好準備。考慮到它們要進行全面支配的訴求，則非極權社會中的每一個組織團體都被認為是旨在摧毀運動的某種特定挑戰；就此而言，對於每一個團體，都需要一個特定的摧毀工具。當納粹最終奪取了權力，並且立馬準備要用另一個教師組織來摧毀既有教師組織，用納粹組建的律師俱樂部來摧毀既有的律師俱樂部的時候，冒牌組織的實用價值就開始顯現。它們之所以能夠一夜之間改變德國社會的整個結構（不僅僅是政治生活方面），就是因為它們早已在自身隊列中準備好了精確的副本。在這方面，一旦在戰爭的最後階段，正規軍事系統能夠在親衛隊將領的領導下被取代，那麼準軍事組織的任務也就結束了。這一「整合」技術別出心裁、無可抗拒，同時專業標準的墮落則迅速、徹底，即便比起其他領域，這些結果更明顯地展現在高度技術化與專業化的戰爭領域。

如果說準軍事組織之於極權運動的重要性，無法在其可疑的軍事價值中發現，也就是不完全存在於對正規軍隊的冒充模仿中。作為菁英組織，它們與外部世界的分離比任何其他團體都更鮮明。納粹很早就意識到，在全面的戰鬥性與全面遠離正常態這兩者之間，存在著密切關聯；衝鋒隊隊員從未被委派到其家鄉社群中執行任務，而無論是掌權前的衝鋒隊活躍骨幹，還是納粹體制下的親衛隊，都如此變動不居、如此頻繁調換，因此他們不可能習慣、扎根於常態世界的任何角落。[80]他們被按照犯罪集團的模型組織起來，並用於組織性謀殺。[81]納粹高層讓這些殺人犯公然遊行，並給予官方認可，從而公開的共犯行為使運動成員幾乎不可能退出運動，即便仍是在非極

權政府的統治之下，即便他們沒有被前戰友威脅（實際上有），情況也是如此。在此方面，菁英組織的功能恰恰與外圍組織相反：外圍組織為極權運動營造受尊敬的氛圍並為之激發信心，菁英組織則通過擴大共犯結構來使每個黨員都意識到，自己已經永久離開了被不法行為殘害的正常世界，而且菁英所犯下的所有罪行都會被算在自己頭上。[82]這一點甚至在掌權前的階段就已經達成，當時領導層總是有系統地聲稱為所有罪行負責，並毫不猶豫地主張這些犯罪是為了運動的終極之善。

納粹藉由人為製造的內戰狀態來訛詐出權力道路，這種狀態除了製造麻煩這一明顯好處外還有更多作用。對極權運動來說，在環繞其虛構世界的眾多保護牆中，有組織的暴力是最有效的一個；一旦比起害怕自己參與非法行動的下場，某個成員更害怕離開運動，而且覺得身為運動成員比身為反對者更安全，那麼這個虛構世界的「現實性」就得到了證明。這種安全感源自菁英組織藉以保護黨員免受外部世界影響的組織性暴力，它對於維持虛構世界的完整性的重要程度，就跟對其恐怖的懼怕相當。

在運動核心處像馬達一樣驅使其運作的是領導人（Leader）。他通過一個創始者內部的小圈子來與菁英組織相分隔，這個小圈子會圍繞著他營造一種充滿不可測的神祕光暈，以呼應他那「不可捉摸的優越地位」。[83]他在這個親密小圈子內的地位，取決於他在成員間操弄陰謀的能力，也取決於他持續操作人事更動的技巧。他之所以能躍升到領導人的位置，要歸功於他操控黨內權

力鬥爭的絕頂才能，而非在煽動人心或組織官僚系統方面的才幹。他有別於以往獨裁者的地方在於，他很少僅僅通過暴力來取勝。希特勒既不需要衝鋒隊也不需要親衛隊來保障他納粹運動領導人的位置；相反地，有辦法讓隊員對自己效忠的衝鋒隊首領羅姆，則是希特勒在黨內的敵人之一。敗在史達林手下的托洛斯基不僅有更強的大眾魅力，而且作為紅軍首腦，他在當時的蘇聯也已掌握了最大的潛在權力。[84]更有甚者，最偉大的組織天才、俄羅斯革命中最有能力的官僚，也不是史達林，而是托洛斯基。[85]在另一方面，希特勒與史達林都是各種細節的掌控者，而且在事業的早期階段幾乎都完全致力於經營人事，以至於若干年後，幾乎沒有哪一個重要人物的職位任命不是出自他們之手。[86]

然而，即使這樣的個人能力在接掌此等職位的最初階段絕對必要，甚至到了後期也仍有一定作用，但是一旦極權運動業已建立，而且樹立起「元首的意志就是黨的法律」的原則，一旦整個層級系統已為了某個單一目標（亦即迅速將元首的意志傳達給各級人員）而接受了有效的訓練，這樣的能力就不再具有關鍵作用了。到了這一步，領導人已成為不可取代者，因為若缺少了他的命令，整個運動的複雜結構就會喪失其存在理由。此時，縱然內部集團中永遠存在密謀，人事也總是無休止地更動，縱然由此累積了大量的仇恨、痛苦與個人怨恨，領導人的地位仍有辦法保持安定，不受混亂的宮廷革命影響；這不是因為他的超人秉賦，他身邊的人通常不會有這種幻覺，而是因為這些人懷抱一種真誠而感性的信念，這就是若沒有他，自己就會馬上喪失一切。

領導人的最高任務，就是將運動每一層級都具有的雙重功能予以人格化（impersonate）：他首先扮演魔法屏障的角色，來幫運動抵禦外部世界，與此同時，也成為運動與外部世界相連結的直接橋樑。領導人代表運動的方式，與任何普通政黨領袖都全然不同；他宣布自己會為所有成員或職員以公職身份所做的一切行動、業績或惡行負責。這種全面責任是所謂領導人原則中最重要的組織性面向，根據這一原則，所有人員不僅都由領導人任命，而且還是他移動的化身，而每一項命令都被認為是出自這個恆存不滅的源頭。這種將領導人與他任命的所有下級領袖徹底等同的做法，這種壟斷一切事務責任的行為，也最顯著地揭示出極權領袖與普通獨裁者或專制者之間的決定性差異。暴君永遠不會將自己與部下相等同，更不用說要等同於部下行為的方方面面；[87]他會把他們當作替罪羊，並欣然讓他們受到譴責，以便從人民的怒火中挽救自己，他總是會與所有的部下、臣民維持一種絕對距離。領導人則相反，他不能忍受對其部下的批評，因為他們向來是以他的名義行事；如果他想要修正自己的錯誤，他就必須將那些犯錯的人全部清除；如果他想要將自己的過失歸咎給其他人，他就必須將這些人殺掉。[88]因為在這一組織框架內，一個過錯只會是一場騙局：亦即有一個冒名頂替者假冒了領導人。

對運動所做的一切背負的這種全面責任，以及與一切功能性人員之間的這種全面等同，造成了非常實用的效果，亦即不再有人會必須為自己的行為負責、或解釋其中原因。由於領導人已然壟斷了解釋的權利與可能，因此對外部世界來說，他就成為唯一知道自己在做什麼的人，也就是

運動的唯一代表者；對於這個人，人們或許仍會用非極權的標準來談論他，而他一旦受到指控或反對，也就不能說：這事別問我，去問領導人。身處運動核心的領導人，可以表現得像是超乎運動之上。因此完全可以理解的（也完全徒勞的）是，當外部人士必須面對極權運動或極權政府時，他們總是寄望能夠跟領導人本人進行個人會談。極權領導人真正的神祕之處就存在於這樣一個組織當中，這個組織使他有可能既承擔起運動菁英組織所犯下一切罪行的全面責任，又同時要求自己最天真的運動同路人展現出誠實無辜的可敬氣質。[89]

極權運動已被人們稱作「在光天化日下建立的祕密結社」。[90]的確，由於我們對其社會學結構以及晚近的祕密結社歷史，都所知甚少，因此與其他政黨、派系相比顯得前所未有的極權運動結構，就只會讓人們想到祕密社團的突出特徵。[91]祕密社團同樣根據「入會」程度來形構層級系統，同樣會根據一個祕密而虛構的設定（這個設定使一切看起來彷彿實際上都是某些別的東西）來管制成員的生活，它同樣採用了傳播具有一貫性的謊言的策略，來欺騙未入會的外部大眾，同樣要求成員不容置疑的服從，並通過效忠一個通常無人知曉且神祕莫測的領袖而將他們凝聚起來；這位領袖本人通常會被（或在人們眼中被）一個創始元老組成的小團體所圍繞，而這個小團體本身則由構成了「緩衝地帶」的半入會者所圍繞，以對抗充滿敵意的污濁世界。[92]極權運動和祕密社團的另一個共通點，是將世界劃分為「血盟弟兄」與由死敵所組成的無差別的模糊群眾這種二元論區分。[93]這種區分的基礎是對周遭世界的絕對敵意，它與普通政黨將人們劃分為屬於或

不屬於的做法截然不同。一般的政黨與開放性社團，他們的敵人都只會是那些公然反對它們的人，而祕密結社的原則始終是「只要是沒有被明確納入的人就被排除在外。[94]這種祕教原則似乎完全不適合用於大規模組織；但納粹仍至少提供了跟祕密社團的入會儀式同樣的心理機制，這就是不僅僅將猶太人排除在成員資格之外，還在成員資格中要求非猶太後裔的證明，並設立一個錯綜複雜的機構來揭露約八千萬德國人的晦暗家世。當八千萬德國人開始尋找猶太祖父時，這毫無疑問是一齣喜劇，而且還是極為昂貴的一齣；每一個通過這場考試的人，都會覺得自己屬於一個合格者的群體，並對立於想像中的由不合格者組成的群眾。布爾什維克運動通過重複進行政黨清洗，鞏固了同樣的原則，這種清洗會在每一個未被排除的人身上，激起一種重新確認自己被納入的感覺。

祕密結社與極權運動之間最明顯的相似之處，或許在於儀式所扮演的角色。就此而言，環繞莫斯科紅場所進行的行軍儀式，就跟紐倫堡黨代表大會的盛大排場一樣典型。豎立在納粹儀式中心的是所謂「血（統）的旗幟」，而佇立在布爾什維克儀式中心的則是列寧的木乃伊遺體，這兩者都為儀式引入了強大的偶像崇拜元素。這樣的偶像崇拜並非像人們有時聲稱的那樣，證明了某種偽宗教或異端邪教的傾向。這些「偶像」不過是組織手法，從祕密社團儀式的角度來看並不陌生，後者同樣慣於通過駭人且令人敬畏的象徵，來將成員們驚嚇到躲進祕密狀態之中。顯然，對神祕儀式的共同經驗，比共享祕密更能牢靠地將人們團結在一起。就算極權運動的祕密被暴露於

光天化日之下，也不必然會對這種經驗有所影響。[95]

這些相似之處當然並非偶然；它們不能簡單地用希特勒與史達林在成為極權領袖前都曾是現代祕密社團成員來解釋：希特勒曾服務於國防軍情報機構，而史達林則曾隸屬於布爾什維克黨中的陰謀派系。它們在某種程度上乃是極權主義所虛構的陰謀論的自然產物，而極權組織被認為正是要建立來反制某些祕密社團，也就是猶太人祕密社團或托洛斯基陰謀集團。極權組織更引人注意的特點是，它們採用了那麼多的祕密社團組織手法，卻沒有試圖隱瞞自己的目標。無論是納粹想要征服世界、驅逐「異種族」人口、滅絕「低等生物遺傳」者的意圖，還是布爾什維克致力於世界革命的任務，它們從來都不是祕密；相反，這些目標向來構成其宣傳的一部分。換言之，極權運動摹仿了祕密社團所有的配備，卻從中掏空了唯一可以用來（或被認為可以用來）為其運作方式辯護的東西，亦即保守祕密的必要性。❶

在這一方面，就像在許多方面一樣，納粹主義與布爾什維克主義各自從差別巨大的歷史起點，在組織上抵達了相同的結果。納粹始於虛構的陰謀論，而且有意無意地是依照錫安長老祕密社團的範例來自我形塑，而布爾什維克則來自一個革命政黨，其目標乃是一黨專政，繼而它走過了黨「完全超離、凌駕一切」的階段，抵達黨的政治局「完全超離、凌駕一切」的階段；[96] 最

❶ 譯註：祕密社團的組織形式原本是為了保守祕密而設立，極權運動模仿了這種組織形式，卻同時拋棄了保守祕密這一宗旨。

終，史達林將陰謀部門的強硬極權統治強加於這個政黨結構之上，而他在這時候才發現，在大規模組織的條件下，還需要一個核心性的虛構來維持祕密社團的鋼鐵紀律。納粹的發展道路或許更合邏輯、也更具一貫性，但是布爾什維克黨的歷史中有更好地描繪極權主義本質上的虛構特性的方式，因為布爾什維克組織所對抗的、所藉以建立的那種虛構性全球陰謀論，尚未在意識形態方向上被固定下來。它們總是不斷變動，從托洛斯基份子轉變到三百家族統治，接著則是各種「帝國主義」，晚近又變成「無根的世界主義」，而且總是適應於當下的需求；在極為多變的各種形勢下，布爾什維克任何時候都不可能沒有諸如此類的虛構敘事。

史達林用來將俄國一黨獨裁轉變為極權政體、將全世界的共產主義革命黨都轉變成極權運動的手段，就是派系清算（liquidation of factions），以及廢除黨內民主，並將各國共產黨轉變成由莫斯科主導的共產國際分支。一般意義上的祕密社團，以及具體案例中革命黨的陰謀機構，向來都會清空派系、壓制異議以及將命令予以絕對集權化。所有這些措施都帶有明顯的效益主義目的，旨在保護成員免於迫害、保障社團不遭背叛；要求每位成員全面服從、讓首腦手握絕對權力，乃是在實際的必要條件下唯一不可避免的副產品。然而麻煩在於，我們不難理解陰謀家們會認為，在一般政治活動中最有效的就是陰謀社團的那些方法，而且一旦有人在光天化日之下應用它們，並以整個國家的暴力工具來支持，那麼權力累積的機會就絕對會無限增加。[97]一個革命黨只要是完整的，那麼其中陰謀機關的角色就好比一個完整政治體中的軍隊：也就是說，即使它自

身的行為準則與文職政治體截然不同，但是它仍服務於、繼續臣服於後者，並受其掌控。一旦軍方不再為政治體服務，而是想要支配它，就會出現軍事獨裁的危險，同樣地，一旦革命黨的陰謀部門脫離了黨的控制並渴望奪取領導權，就會有成為極權主義的危險。這正是史達林體制下共產黨的情況。史達林所使用的方法，總是典型地體現出他是一個出身於黨的陰謀機關的人：他全力經營細節，他強調政治中的個人面向，他無情地利用、清算同志與友人。在列寧死後的後續鬥爭中，支持他的主要就是祕密警察，[98]後者在當時已成為黨最重要、最有權力的部門之一。[99]很自然地，對契卡（譯按：蘇聯祕密警察）表示同情支持的人，就應當支持陰謀部門的代理人，也應該支持那些已然將陰謀部門視作一種祕密社團，並因此有可能維持並擴張其特權的人。

然而，共產黨被其陰謀部門篡權，還僅僅是它轉變成極權運動的第一步。就算俄國國內的祕密警察及其在境外共產組織的代理人，在運動中都發揮了如同納粹以準軍事部隊形式建立的菁英組織般的作用，也仍不足夠。如果要讓祕密警察的統治維持穩定，黨本身就必須轉化。其結果是，在俄國清算派系與黨內民主派的同時，也接收了大量缺乏政治素養且「中立冷漠」的大眾入黨，在人民戰線政策採納這一政策之後，境外共產組織也很快開始效法。

納粹極權始於一個大眾組織，只是逐漸被菁英組織所支配，而布爾什維克則始於菁英組織，並對應地組織起了大眾。這兩個案例的結果都是一樣的。此外，由於其軍事傳統與偏見，納粹起初是依照軍隊的模型來塑造其菁英組織，而布爾什維克則一開始就讓祕密警察得以行使最高權

力。在數年後，這一差別也消失了：親衛隊首領成為了祕密警察頭子，而親衛隊組織則逐漸整併、取代了蓋世太保的原班人馬，即便後者已是由可靠的納粹黨人組成。[100]

在陰謀家祕密社團的運作機制與祕密警察為了與之競爭而組織起來的機制之間，存在著本質上的親緣關係，正是由於這種關係，建立在全球陰謀論虛構敘事之上、且志在全球統治的極權體制，最終才會將所有權力都集中在警察手中。然而在掌權前，「光天化日下的祕密社團」還在組織上具有其他優勢。在大眾組織與排他性社團（它本身在守密方面可以信任）之間的明顯矛盾，若與下述事實相較，就顯得不那麼重要了：對於極權的意識形態二元論，也就是大眾無視既存世界中的各種歧異、差別而對之抱持盲目敵意，祕密陰謀社團的組織結構可以將它轉變為一項組織原則。若有一個組織的運作原則是，任何不被納入者就被排除，任何不與我站在一起的人就是在反對我，那麼從這個組織的視角來看，大千世界就喪失了所有的差異、區別與多元面向，而正是這些東西無論如何都讓大眾覺得困惑、難以忍受，還讓他們失去了自己的位置與方向。[101] 真正激發祕密社團成員毫不動搖之忠誠的，不太是與其他所有人二元對立這一祕密。只要在摹仿祕密社團組織結構的同時，再掏空守密的合理目標，就可以始終維持這種忠誠的完好無損。至於是否有陰謀論意識形態構成這一發展過程的源頭，是否如同納粹的狀況，抑或是如同布爾什維克的情況，也就是陰謀部門寄生在革命黨身上成長，這些都同樣無關緊要。極權組織固有的一項論點就是，極權運動之外的一切都在「垂死掙扎」；這一觀點後來在極權兇殘的統治條件下以激烈的方

式實現，但對於那些從分崩離析、無所適從之中逃入極權運動的虛構家園的大眾來說，甚至在極權掌權之前，他們就已經把這個論點視為理所當然。

極權運動已一再證明，它們可以在生死問題上要求同樣全面的忠誠，這本就是祕密陰謀社團的特權。[102]在像衝鋒隊這樣受過全方位訓練與武裝的部隊，居然在面臨深受愛戴的領袖（羅姆）及數百名親密同志被害的情況時，沒有進行絲毫抵抗，這無疑是一幅奇特的景象。當時背後有國防軍撐腰的人，很可能不是希特勒，而是羅姆。❶但是納粹運動中發生的這些事件，後來因布爾什維克統治下「罪犯」一再重複自我招供的景象而相形遜色。建立在荒謬供詞之上的審判，已成為一種對內無比重要而外界無從理解的儀式的一部分。但是無論今日是如何訓練出受害者的，這一儀式都要追溯到一九三六年老布爾什維克護衛者所提供的很可能並非出自編造的招供。❷在莫斯科審判之前，被判處死刑的人會以無比的平靜接受判決，這種態度「尤其在契卡成員間十分盛行」。[103]只要運動持續存在，它獨特的組織形式就至少會確保菁英組織不再能夠想像自己可以在

❶ 譯註：鄂蘭當時的資訊或許有誤，現在一般認為當時衝鋒隊與軍方產生了嚴重衝突，希特勒部分正是基於軍方的壓力而決定除掉羅姆。

❷ 譯註：這裡指的是黨內高層加米涅夫與季諾維也夫被指控密謀殺害史達林的案件，在該案的公開審判中，兩人均提供了認罪的證詞，該案亦是所謂「擺樣子」公審（或作秀式公審）的濫觴。鄂蘭認為，黨內招供者可能具有一種為維護運動本身而自願招供的心理。

這個緊密編織在一起的團隊之外生活，這些人即便被判刑了，也仍然覺得自己比其他圈外世界的人更優越。而且由於專屬於這一組織的目標向來就是要欺騙、對抗乃至最終征服外部世界，因此只要有助於再次愚弄世界，其成員就會樂於付出自己生命的代價。[104]

然而，無論是祕密社團或陰謀社團的組織結構，還是基於大眾組織目標而設立的道德標準，其主要價值都不在於獲得無條件歸屬與忠誠的內在保障，或是在組織上展現出對外部世界不容置疑的敵意，而在於它們具有無可超越的能力，能夠通過首尾一貫的謊言來建立、保衛虛構世界。極權運動的整個層級結構，從天真的同路人、黨員、菁英組織、領導人身邊的小圈子直到領導人本人，都可以說是一種由輕信（gullibility）與犬儒（cynicism）所組成、且奇異變動著的混合體：其中每個成員都會根據自己在運動中的位階、位置，來對領袖時時改變的謊言聲明以及運動從不改變的核心意識形態虛構做出反應。

在成為大眾中間的日常現象之前，這種輕信與犬儒的混合就已是暴民心智的突出特徵。在一個不斷變動、無從理解的世界上，大眾既相信一切又不相信一切，他們既認為任何事物皆有可能，也認為沒有任何東西是真實的。這種混合本身就已足夠驚人，因為它注定要終結這樣一種幻覺，亦即輕信乃是毫無防備的原始心靈的弱點，而犬儒則是高等的優雅心靈的缺陷。大眾宣傳發現，它的受眾隨時準備好要接受最糟的狀況，無論內容有多麼荒謬，而且他們並不特別抗拒被欺騙，因為他們認為反正所有陳述都是謊言。極權主義大眾領袖們將宣傳建立在一項正確的心理學

假設之上，這就是在某種條件下，一個人可以在某一天先讓人們相信最異想天開的宣稱，同時他也確信就算隔天就有無可辯駁的證據證明他們被騙了，他們也會逃難到犬儒態度當中；他們不會拋棄對他們說謊的領袖，而是會堅持他們向來就知道那是謊言，並讚賞領袖的高超策略。

大量受眾明確無誤的反應方式，就這樣成為了大眾組織建立等級的重要原則。在極權運動的所有層級中，都盛行輕信與犬儒的混合，而等級越高，犬儒的比重也就越是壓過輕信的比重。從同路人到領袖的所有層級，都共同擁有一項基本信念，亦即政治就是一場騙人遊戲，而且為了實現世界政治的目標，也就是欺騙全世界，運動的「第一誡」：「元首總是正確的」，就跟基於戰爭目標的軍紀規章一樣必不可少。[105]

這個催生、組織並散播極權運動之可怕謬誤的機器，再度需要仰賴領導人這個位子。極權組織在宣傳時斷言，根據自然法則或經濟法則，所有事情的發生都可以用科學來預測；但除此之外，還需要有一個地位崇高的人物，他壟斷了這種知識，而且他的主要特徵就是他「以往總是正確的，未來也會總是正確的」。[106] 對於極權運動的成員來說，這種知識無關真相，這種正確也無關領導人的陳述是否具有客觀真實性，因為這是無法用事實來否證的，只能取決於未來的成敗。領導人所行之事總是正確的，而且由於這些都是千百年的大計，因此對其行為的最終檢驗，也就不在同時代人的經驗範圍之內了。[107]

唯一原原本本地衷心相信領導人說的話的群體，就是那些同情支持者；他們的信心包裹著極

權運動，製造出誠實、心思單純的氛圍，並部分幫助領導人達成了任務，亦即激發人們對運動的信心。黨員們從未相信過公開宣言，也沒有人認為他們會相信，但是極權宣傳誇讚他們具有高超的才智，據說這是把他們與非極權的外部世界區分開來的地方，而他們自己卻反而只是透過同情者的病態輕信中才了解到這件事。當希特勒在威瑪共和國最高法院上為他的合法性進行著名的宣誓時，相信他的只有納粹的同情者；運動成員則儘管完全知道他在說謊，卻因為他顯然有能力愚弄公眾輿論與當局，而比以前更信任他了。當希特勒後來在全世界面前重複他的表演，當他發誓自己意圖良善，同時卻極為公開地為其罪行做準備時，納粹黨員們的讚賞之情自然就如滔滔江水般源源不絕了。同樣地，相信共產國際瓦解的只有布爾什維克的同路人；打算在字面意思上接受史達林在戰時發表的親民主宣言的人，只會是未經組織的俄國大眾及境外同路人。布爾什維克黨員被明確警告不要被策略部署所愚弄，而且還被要求對領導人背叛盟友時的靈巧表示讚賞。[108]

如果極權運動沒有在組織上區分出菁英組織、成員與同情者，領導人的謊言就無法發揮作用。在面對持續出現的反駁時，表現在輕蔑等級結構上的犬儒級數，至少跟單純的輕信一樣必不可少。關鍵在於，外圍組織的同情者看不起那些完全沒有參與運動的公民同胞，黨員看不起輕信且不夠激進的同路人，菁英組織則基於同樣的理由而看不起黨員，在菁英組織內部，每次有新的組建與發展，都會產生同樣的蔑視等級結構。[109]這一運作方式產生的結果就是，同情者的輕信特質使謊言對外部世界來說變得可信，與此同時，在黨員與菁英組織身上逐級增強的輕蔑態度，則

為領導人消除了風險，讓他不必因宣傳所帶來的包袱，而被迫要兌現自己的聲明與偽裝出來的高尚。在對付極權系統時，外部世界的主要障礙就是忽視了這種系統，從而一方面相信極權的瀰天大謊會為它自己種下禍根，另一方面又相信可以抓住領導人說過的話不放，強迫他無論如何都要兌現承諾。不幸的是，極權系統在防止此類常態結果發生方面，早已有萬全之策；其巧妙之處正在於，它把揭穿說謊者或迫使他符合其偽裝的那種現實性完全消除掉了。

雖然成員不會相信面向公眾的運動聲明，但是他們熱烈地相信意識形態解釋中標準的陳詞濫調（clichés），亦即那通向過去與未來歷史的鑰匙（譯按：參見第六章）；極權運動從十九世紀意識形態那裡獲得了這種鑰匙，並通過組織來將其轉變為實際運作的現實。大眾無論如何都已相信的這些意識形態元素，儘管是以格外模糊、抽象的方式存在，卻仍被轉變成有關某種無所不包之特性的事實層面的謊言，比如猶太人支配世界的說法就取代了一般性的種族理論，華爾街陰謀論則取代了一般階級理論；而且它們還被整合進一套普遍行動模式，在其中擋住運動道路的據說只有那些「垂死者」，亦即資本主義國家中的各種垂死階級，或是墮落的眾民族。與運動幾乎每天都會改變的策略性謊言相反，這些意識形態謊言被設定為神聖不可動搖的真理一般。這些意識形態謊言四周圍繞著一個精心構建起來的「科學」證據系統，該系統不需要讓完全「未被發動」的人信服，但仍然通過證明猶太人的低劣，或資本主義系統下人民生活的悲慘，而迎合了某種庸俗化的知識渴求。

菁英組織與普通黨員的差別在於，他們不需要這樣的證明，甚至也不被要求要在字面上相信意識形態式陳詞濫調中的真理。這些不過是被編造出來回應大眾對真理的追求，大眾堅持要求解釋與證明，這一點仍與正常世界非常相似。菁英並不是由空想家們組成的；針對菁英成員的整個教育都旨在廢除他們分辨真理與謬誤、現實與虛構的能力。他們的優越之處在於，他們有能力直接將每一個事實陳述都解析為是在宣稱某種意圖。在可以穩妥地要求大眾成員去執行殺害猶太人的任務之前，往往還需要向他們證明猶太種族的低劣性質；而菁英組織則不同，他們知道所有猶太人都是低等種族這一陳述，意味著所有猶太人都應該被殺死；他們知道，當他們被告知只有莫斯科才有地鐵時，這一陳述的真正意思是所有的地鐵都應該被摧毀，而且當他們在巴黎看見地鐵時，也並不會過分驚訝。紅軍在征服歐洲之旅中，遭到了幻覺破滅的巨大衝擊，唯有將大部分佔領部隊送入集中營或強制流放，才有辦法予以治癒；但是與紅軍隨行的警察組織卻都對這種衝擊早有準備，這不是因為他們掌握了更正確的資訊（蘇聯內部並不存在會透露有關境外生活真正事實的祕密訓練學校），而是因為他們普遍受過訓練，會對所有事實與現實表現出最高等級的蔑視。

菁英的這種心智狀態不純然是大眾現象，也不純然是社會失根、經濟災難與政治亂序的後果；這需要經過仔細的訓練與培養，在極權領袖學院（為親衛隊設立的騎士城堡學院、為共產國際代理人設立的布爾什維克培訓中心）課程中，這是比種族思想灌輸或內戰技術更重要的部分，

即便它更不容易被人們辨認出來。如果沒有這些菁英，如果他們沒有被人工引發出不能理解事實之為事實、不能分辨真理與謬誤的特質，極權運動就絕對無法在實現其虛構敘述的方向上前進。極權菁英身上突出的消極特質乃是，他們從未停下來去思考世界的真實樣貌，從未將謊言與現實相比較。相應地，他們最受珍視的美德就是忠誠於領導人，領導人就像一張護身符，確保了謊言與虛構凌駕於真相與現實的最終勝利。

極權運動組織的最頂層，是領導人身邊的緊密小圈子，它可以是一個正式機構，比如布爾什維克政治局，也可以是一個時常變動且不一定擁有正式機構的集團，比如希特勒的侍從人員。對他們來說，意識形態的陳詞濫調不過是用來組織大眾的手法，他們可以毫不在乎地根據情勢需要予以修改變動，只要組織原則維持完整即可。在這一點上，希姆萊重組親衛隊時的主要優點在於，他發現了一個非常簡單的「通過實際行動來解決血統問題」的方法，這就是根據「優良血統」來挑選菁英成員，並讓他們準備好去「執行一場毫不手軟的種族鬥爭」，對抗所有「雅利安」祖先不能追溯到一七五〇年的人，或是身高低於五呎八吋的人（「我知道達到一定身高的人必定擁有某種符合要求的血統」），或是沒有金髮碧眼的人。[110]在行動上，這一種族主義的重要之處在於，組織變得不受幾乎所有具體的種族「科學」教導的影響，也不受反猶主義的影響；可想而知，只要後者依然只是一種涉及猶太人本性與角色的具體學說，其用處就會隨著猶太人的滅絕而消失。[111]一旦菁英是根據「種族使命」來揀選，並且被安置在特定「婚姻法」的管束之下，

種族主義就是安全的，而且完全不受宣傳是否具有科學性影響；而由此導出的另一個相反結果[112]則是，根據這種「種族菁英」的裁決，集中營的存在是為了「更好地證明遺傳與種族法律」。[113]借助於這一「生氣勃勃的組織」的力量，納粹黨人得以擺脫教條主義，他們可以向閃米特民族（比如阿拉伯人）伸出橄欖枝，也可以與黃禍的代表（日本人）建立同盟關係。種族社會的現實存在，以及據說是根據種族標準揀選出的菁英組織，確實比最佳的科學或偽科學證據，更能保衛種族主義教義。

布爾什維克的政策制定者們，同樣表現出凌駕於他們自己公開承認的教條之上的姿態。他們十分擅長利用與資本主義的突兀結盟，來打斷各種現行的階級鬥爭，同時卻不會破壞幹部們的可靠性，也不會背叛他們對階級鬥爭的信仰。由於階級鬥爭的二元論原則已成為一種組織手段，而且彷彿已石化成一種毫不妥協的敵意，要通過俄國的祕密警察幹部與境外共產國際代理人，來對抗整個世界，因此布爾什維克的政策也明顯擺脫了「偏見」。

正是這種脫離自身意識形態內容的自由，構成了極權系統最高層的特質。這些人從組織角度出發來看待所有事物、所有人，其中也包括領導人；對他們來說，領導人既不是一個天啟護身符，也不是一個永遠正確的人，而是僅僅作為這一組織形態的結果而存在；領導人之所以被需要，不是作為一個人，而是作為一種功能，就此而言，他對運動是不可或缺的。其他專制政府往往也存在一種集團統治，專制君主在其中僅僅代表一個傀儡統治者，可是極權領袖實際上可以自

由做他們想要做的任何事情，而且就算已決意要殺掉身邊侍從，也還可以期待他們的忠誠。

這種自殺式的忠誠背後還有一個更為技術性的原因，這就是最高機構的承繼並不是由任何繼承法或法律來決定。一場成功的宮廷政變就如同軍事上的戰敗，會對運動整體帶來災難性的後果。基於極權運動的本質，一旦領導人承接起他的職位，整個組織就要與他維持絕對一致，以至於若允許領導人有任何失誤或命令撤銷，都會打破環繞領導人官邸四周的不敗魔咒，並為所有與運動有所牽連的人帶來厄運。奠定上述結構的，並非領導人言詞的真理性，而是其行為的絕對無誤。若缺少這種絕對無誤性，則在以可錯性為前提的激烈辯論中，極權主義的整個虛構世界都會分崩離析，而且會立刻被真實世界的事實性所壓倒，唯有領導人將運動掌控在不敗的正確方向上，才有辦法抵禦這種危險。

然而這些高層人員之所以既不相信意識形態之陳詞濫調、也不相信領導人之絕對無誤，卻依然保有忠誠，其背後還有更深層的非技術性原因。將這些人捆綁在一起的，是對人類之無所不能所抱持的堅定而真誠的信念。他們的道德犬儒主義、他們對一切皆被准許的信念，都建立在對一切皆有可能的確信之上。實際上，對於這一群數量很少的人，人們並不容易抓到他們自己說的具體謊言，而且他們也不一定相信種族主義或經濟學，不一定相信有關猶太人或華爾街的陰謀論。然而他們同樣被欺騙了，被他們厚顏無恥地自吹自擂的觀念所欺騙；他們自以為先行的一切都只不過是暫時的阻礙，高等組織無疑會將其摧毀殆盡。組織的力量必定能夠摧毀物質的力量

（power of substance），正如組織良好的匪徒暴力能夠搶劫護衛不周的富人財產，正是由於對這一點深信不疑，他們才總是會低估穩定共同體的物質力量權力，同時高估運動的驅動力。此外，由於他們實際上並不相信反對他們的世界陰謀真的存在，而是僅僅將它作為一種組織手段，因此他們也未能明白，他們自身的陰謀最終會喚起整個世界聯合起來反對他們。

無論人類通過組織而無所不能的錯覺最終是如何被擊敗的，它在運動內部的實際後果就是，領導人身邊的人就算對他抱持異議，也從來不會十分堅持自己的想法，因為他們真誠地相信自己的異議並不真的重要，也相信就算是最瘋狂的手段，只要組織得當，就會有很大的勝算。他們忠誠的關鍵不在於他們相信領導人絕對無誤，而是他們確信只要以高超的極權組織方法來統領暴力工具，就能戰無不勝。一旦極權體制掌握了證明勝敗之相對性的權力，並顯示出物質層面的損失也能夠成為組織上的收穫，就大大強化了這種錯覺（在蘇聯，錯誤到離譜的工業管理導致了工人階級的原子化，而在納粹佔領的東部領土上對平民囚徒的駭人虐待，固然引發了「可悲的勞力損失」，卻在「為子孫後代考慮的前提下，並不讓人感到後悔」。[114]）此外，在極權環境下，是勝是敗的結論在很大程度上，不過是如何操控被組織、被脅迫的公眾輿論的問題。在一個全面虛構的世界中，失敗不需要被記錄、承認與記憶。事實性本身要持續存在，就要依靠非極權世界的存在。

譯者識

本章「極權運動」與下一章「極權掌權」之間，不完全是掌權前與掌權後的時間先後關係，「極權掌權」這一章的分析明確以實際掌權為前提，而「極權運動」的分析實際上貫穿了極權掌權前後的階段，因為掌權後仍維持其運動特質，正是鄂蘭所界定的極權主義的一項基本要素。

本章有「宣傳」與「組織」這兩個主題，兩者之間的關係亦算清晰。在極權運動中，宣傳主要針對「外部世界」，這個「外部」的範圍可寬可窄，而組織則主要是指向運動內部的階層結構。鄂蘭直言，組織正是極權宣傳的真正目的，換言之，宣傳乃是極權組織自我維繫的對外方式，因此鄂蘭對宣傳形式的分析，也常常與後面對組織的分析相呼應。

在分析「宣傳」的第一節，鄂蘭首先分析了極權宣傳的基本運作機制，其中最關鍵的是如何通過科學性與預言形式來維持「一貫性」的假象，接下來分析的是宣傳所使用的主要素材，也就是早已普遍流行的各種陰謀論。

分析「組織」的第二節，則明確順著同路人（外圍組織）、普通黨員、菁英組織、內部高層、領導人這五個激進程度漸次升級的階層，來進行闡述，最後再整合分析它們構成的整體結構。其基本原理在外圍組織與黨內成員的關係結構上就已經呈現，前者是後者與外部正常世界之間的一道保護牆，既讓外界覺得裡面沒有那麼不正常，也讓黨內成員覺得外面與裡面沒有差那麼多；這種雙重效果可以重複推演到後面每

一組階層的關係上，由此形成極權運動與外部世界之間的層層隔絕結構。

另外值得注意的是，本書第一部分析的猶太問題與本章的兩個主題都密切相關。所謂猶太祕密掌控了世界的陰謀論，正成為了極權宣傳的主要素材，而傳說中猶太祕密社團的組織形式，也成為極權組織所借鑑的重要模型。

第 12 章

極權掌權

Totalitarianism in Power

如果一個運動擁有國際性的組織、無所不包的意識形態，以及全球性的政治抱負，那麼一旦它奪取了某個國家的政權，就明顯會將自身置於悖論處境當中。社會主義運動之所以免於這種危機，首先是因為馬克思與恩格斯奇特地忽視了國族問題，這關乎革命運動中的策略問題，其次則是因為直到一戰剝奪了第二國際凌駕於成員國之上的權威後，社會主義運動才首次面臨政府管理問題，而每一個成員國都已將國族情感優先於國際團結視為不可改變的事實。換言之，當社會主義運動在各國奪取政權的時候，它們已經被轉變成國家政黨。

這種轉變從未發生在布爾什維克與納粹這兩個極權運動身上。當它們奪取政權之際，運動所面臨的危險是基於下述兩方面的事實：一方面，它可能會因接管國家機器而變得僵化，從而被凍結成一種專制政府形式；[1]另一方面，它所掌控的領土邊界可能會限制它的運動自由。對極權運動來說，這兩種危險都同樣致命：朝專制發展，就會終結運動的內在動力，而朝民族主義發展，則會使外部擴張遭遇挫敗；可是若沒有這種擴張，運動就無法存活。這兩個運動所發展出來的政府形式，或更準確地說，是幾乎自發地從它們要全面支配與統治全球這雙重主張中發展出來的東西，最適合用托洛斯基「不斷革命」（permanent revolution）的口號來形容；即便托洛斯基的理論不過是一種社會主義預告，預告了從反封建的布爾喬亞到反布爾喬亞的無產階級所發動的一系列革命，且革命會從一個國家傳播到另一個國家。[2]這個口號頗有半吊子的無政府主義意味，只在字面措辭上提出了「不斷」，而且嚴格說起來，它其實名實不副；甚至連讓列寧印象深刻的，

都並非其理論內容，而是措辭本身。無論如何，自一九三四年以來，以普遍大清洗形式進行的革命，就在蘇聯成為史達林體制的一項永久建制。[3]就像以往一樣，史達林在此之所以將攻擊火力集中在托洛斯基這個幾乎已被遺忘的口號上，正是因為他已決定要利用這種技術。[4]在納粹德國，即便沒來得及實現到同等程度，但朝向不斷革命的同樣趨勢也清晰可辨。很典型的是，他們的「不斷革命」同樣從清算膽敢公然宣揚「下一階段的革命」的黨內派系開始，[5]這正是因為「元首與他的老戰士們知道真正的戰鬥才剛剛開始而已」。[6]我們在此發現的不是布爾什維克式的不斷革命概念，而是種族揀選的觀念；由於這種揀選永遠不能停佇不動，因此需要不斷將揀選標準予以徹底化，才有辦法用來執行揀選，執行對不合格者的滅絕措施。[7]關鍵在於，希特勒與史達林都堅守著要維持穩定的承諾，以便隱藏他們要創造永久不穩定狀態的意圖。

在政府與運動的共存中顯然有不小的困境，它們體現在極權式要求與限定領土內之限定權利這兩者的共存中，也體現在作為相互尊重他國主權的國際聯盟名義成員，與統治世界的要求的共存中；對於這樣的困境，再沒有比剝除其原本內容更好的解決方式了。極權統治者面臨雙重任務，它乍看起來自相矛盾到簡直荒謬的地步：他必須將虛構的運動世界構建成有形且持續運作的日常生活現實，同時也必須防止這種新世界發展出新的穩定性；如果它的法律與制度趨於穩定，就無疑會終結運動本身，也會連帶終結掉最終征服世界的希望。極權統治者必須不惜一切代價，阻止足以發展出新生活方式的正常化進程，因為只要假以時日，這種新生活方式就可能會導致運

動喪失其異常特質，成為世間各國所展現的差異甚大且根本衝突的多種生活方式之一。當革命建制成為一種國族生活方式（當希特勒宣稱納粹主義並非出口商品，或史達林宣稱社會主義可以在一個國家內建立的時候，這不僅僅是試圖愚弄非極權世界而已），極權主義就會喪失它的「全面」特質，從而開始遵從國際法；根據這種國際法，每個國家都擁有自己特定的領土、人民和歷史傳統，這也讓它與其他國家產生關聯：這是一種多元複數性，它據實反駁了主張任何政體具有絕對有效性的論點。

在實踐上，掌權之極權主義的悖論在於，擁有一個國家所有的政府權力工具與暴力工具，這對於極權運動不純然是幸事。它的罔顧事實、它對虛構世界規則的嚴密依附，都會因此變得越來越難以維繫，更難以像之前表現得那樣徹底。權力意味著直接與現實打交道，而掌權的極權主義則要不斷操心如何克服這種挑戰。宣傳與組織已不再足以堅持不可能者有其可能、不可置信者可信為真，以及那精神不正常的一貫性可以統治世界；極權虛構在心理上的主要支持也不復存在，這就是大眾對於現狀、對於他們拒絕接受為唯一可能的世界，始終充滿憎恨；從鐵幕之外、從非極權那一頭洩露進來的任何一點事實資訊，都會引發危險的現實洪流，這對極權支配是極為嚴重的威脅，甚至比反制宣傳對極權運動威脅更嚴重。

為了對大地上的全部人口進行全面支配而鬥爭，消滅所有與之競爭的非極權現實，這些都是極權體制固有的特質；如果它們不將統治全球作為最終目標，它們就極可能會喪失自己奪得的一

切權力。甚至對於單一個人，也只有在全球極權的條件下，才能夠進行絕對且可靠的支配。因此握有權力也就首先意味著，可以為極權運動建立官方的或官方認可的總部（或是衛星國的分部），可以建立一種實驗室，來執行針對現實（更確切來說是反對現實）的實驗，以及為了最終目標而創建一個民族的實驗（不考慮個體性與民族身份），其實驗條件固然並不完備，但足以取得部分重要成果。掌權的極權主義將國家行政機構用於它征服世界的長期目標，也用於指揮運動的各個分支；它創建了祕密警察，來執行與保衛它不斷將現實轉變成虛構的國內實驗；它最終設立了集中營，以作為貫徹其全面支配實驗的特別實驗室。

一、所謂的極權國家

歷史教導我們，掌握權力、承擔責任，會深深影響革命政黨的本質。下述期待若是實現，就能完美證實我們的經驗與常識：掌權的極權主義會逐漸喪失革命動能與烏托邦性格，而且一旦接管了政府的日常事務、掌握了真實的權力，極權運動掌權前提出的要求就會變得溫和，它組織的虛構世界也會逐漸被摧毀。畢竟任何極端的要求與目標，無論屬於個人還是公共，在經受客觀條件檢驗之後，似乎都注定如此；而就現實整體來看，它只有非常小的可能性，會朝向原子化個體組成的大眾社會虛構形態發展。

當非極權世界處理與極權政府之間的外交事務時，它所犯下的許多錯誤（最明顯的例子就是與希特勒達成的慕尼黑協議，以及與史達林進行的雅爾達會議），都可以清楚追溯到某種經驗與共同感受當中，這就是忽然發現自己已無法掌握現實。與原本所有的期待相反，無論是對之做出重大讓步，還是讓其國際聲望大幅提升，都無助於將極權國家整合到國際聯合秩序當中，也無法誘使它們放棄一種謊話連篇的抱怨，亦即整個世界都聯合起來反對它們。而且問題還遠不止於此，外交上的勝利反而明顯促使它們使用暴力工具，並在各方面都對曾展現妥協意願的政權更具敵意。

政治家與外交官們所經歷的這些失望，可以在早先那些樂見其成的觀察者與支持者對革命新政府的幻滅中，找到同病相憐之感。這些觀察者與支持者所期望的是，無論在內容上有多麼革命，新一批政府機構的建立與新一套法規的推出，都會導向穩定化狀態，並由此至少在那些極權運動奪取了政權的國家中，遏制其運動動能。然而實際發生的卻是，在蘇聯與納粹德國，恐怖的增長恰與國內政治反對派的存在之間呈現反比例關係，從而政治反對派看起來似乎並沒有成為恐怖的藉口（如譴責該體制的自由派所慣於主張的），反倒是成為了實現其全幅暴虐的最後阻礙。[8]

甚至更令人不安的是極權體制處理憲法問題的方式。在掌權初期，納粹放任法律與政令崩壞，但是他們從未費心去以官方名義廢除威瑪憲法；他們甚至也大體讓行政機關維持完整，這一事實導致許多天真的國外觀察者希望可以由此制約該黨，並使新體制快速常態化。但是這種發展

態勢卻隨著紐倫堡法案的頒布而終結，事實證明納粹黨人並不在乎自己所立的法案。❶納粹反而「完全是在朝向持續更新的道路上不斷前進著」，從而最終無論是祕密國家警察，還是納粹創立的其他國家機構或政黨機構，其宗旨與範圍都「沒辦法由為其設立的法律與規章所涵蓋」。[9]在實踐上，這種永久的無法律狀態，正展現在「許多有效規章不再公開」這一事實當中。[10]在理論上，它對應於希特勒的那句格言：「全面國家（total state）必定不知道法律與倫理之間有任何差別」；[11]因為如果它預設生效的法律就等同於舉世皆同的倫理，並且源自人們的良知，那麼的確就沒必要進一步頒布公共政令了。在蘇聯，前革命的行政機構已在革命期間被掃蕩一空，而當局在革命性變動階段也很少關注憲法問題，但它居然在一九三六年不辭勞苦地頒布了一部全新且頗為詳盡的憲法（「充滿自由主義措辭與理論前提的紗布，覆蓋在藏身於背景當中的斷頭台上」[12]），此事在俄羅斯頗受歡迎，並在國外被視作革命階段的終結。然而事實證明，這部憲法的公佈實為超級大清洗的開端，這一場大清洗在差不多兩年之內，清算了原本的行政系統，並抹除了正常生活與經濟復甦的所有可能性，而在經歷了清算富農與推行農村集體化措施之後的四年間，經濟本已有所發展。[13]自此之後，一九三六年憲法扮演了跟納粹體制下的威瑪憲法一模一樣的角色：它完全被忽視，卻從未被廢除；唯一的差別在於，史達林還可以做出更荒謬的事：除了維辛

❶ 譯註：紐倫堡法案是納粹德國於一九三五年推出的有關第三帝國公民權的新法，其中尤其體現出對猶太人的歧視與排擠。

斯基（Andrey Vishinsky），所有參與起草這從未被廢除之憲法的人，都被以叛國之名處決掉了。

讓極權國家的觀察者感到震驚的，不是它具有鐵板一塊的結構。相反，所有認真的研究者都至少會同意其中存在黨國雙重權威的共存（或衝突）結構。此外，許多人強調極權政府具有獨特的「不定形」（shapelessness）性格。[14]馬薩里克（Thomas Masaryk）很早就看出，「所謂的布爾什維克制度不過就是完全缺少系統制度」；[15]同樣正確無誤的說法是，「如果想試圖闡明第三帝國中黨與國家的關係，就算是一位專家，也會被搞到發瘋」。[16]人們同樣常常觀察到，國與黨這兩個權威來源的關係，就是表面權威與真實權威之間的關係，因此政府機關通常被描繪為用來隱藏、保護黨真實權力的東西，它本身實為無權無勢的門面而已。[17]

在第三帝國，所有層級的行政機關都服從於一種奇特的雙重機構。納粹憑藉一股異想天開的敬業精神，想要確保能用黨機構複製國家行政部門的每一個單位：[18]威瑪時期將德國劃分為各個州、省的做法，納粹將之複製為劃分大區（Gaue）的做法；然而兩者的界限並不重疊，因而每一特定地點甚至在地理上，都會歸屬兩個完全不同的行政單位。[19]一九三三年之後，納粹菁英開始佔據國家各部門的職位時（例如弗里克〔Frick〕成為內政部長，或居特納〔Guerthner〕成為司法部長），這種機構雙重性也沒有廢止。這些曾受信任的老納粹黨員一旦展開黨外的政府職涯，就會喪失權力，變得跟其他一般行政官員一樣無足輕重。這兩個人都是歸在希姆萊的管轄之下，雖然這位新晉警察總長在名義上隸屬於內政部。[20]位於威廉大街（Wilhelmstrasse）的舊德國

外交部辦公室的命運，則在國外更為人所知。納粹基本上讓它的人員維持原封不動，當然也並沒有廢除它；與此同時，他們卻保留了由羅森伯格領導的納粹掌權前的黨外交事務辦公室；[21]而且由於這個辦公室主要是用來與東歐及巴爾幹半島的法西斯組織保持聯繫，因此他們又建立了一個與威廉大街上的辦公室相競爭的機構，亦即所謂里賓特洛普（Joachim Ribbentrop）辦公室，負責處理西方的外交事務，而在其部長卸任之後擔任英國大使，也就是歸屬威廉大街辦公室管轄之後，該機構卻仍保留了下來。最終，在這些黨內機構之外，外交部還會被另一種對手復刻職能，它們採取親衛隊機構的形式來，負責「與丹麥、挪威、比利時、荷蘭的德意志種族團體協商合作」。[22]這些例子證明，對納粹來說，機構二重性乃是一項原則問題，而非僅僅是為黨員提供工作機會的權宜之計。

在蘇聯，實質政府與名義政府之間同樣存在的區分方式，始於非常不同的起點。[23]名義政府最初源自全俄蘇維埃大會，它在內戰期間將影響力與權力都拱手讓給了布爾什維克黨。這一過程的起始點，在於紅軍成為自治組織，而祕密警察則被重建為黨的一個機構，而非蘇維埃大會的機構；[24]此過程完成於一九二三年，也就是史達林擔任總書記的第一年。[25]蘇維埃從此成為影子政府，其中真正的權力代表由布爾什維克黨員組成的小組來承擔，這些代表由莫斯科中央委員會所任命，並對其負責。之後發展態勢的關鍵不在於黨征服了蘇維埃，而在於「即使並不困難，但布爾什維克並沒有廢除蘇維埃，而是將它當作裝點其權威的外在象徵符號」。[26]

因此名義政府與實質政府的共存狀態，就有一部分是革命本身的產物，且早於史達林的極權獨裁。而且納粹只需要保留既有的行政機構並剝奪其所有權力，而史達林卻不得不復活這個在三〇年代初早已喪失所有功能、幾乎在俄羅斯被人遺忘的影子政府；他頒布蘇維埃憲法，既是作為蘇維埃存在的象徵，也是作為其無權力狀態的象徵（其中沒有任何段落對俄國的現實生活與司法活動具有哪怕最微小的實際意義）。俄羅斯的名義政府完全缺乏那種裝點門面必不可少的傳統魅力，因此才需要成文法的神聖光環。極權主義對法律與合法性（它們「雖然歷經重大變遷，卻仍然表達了永久被渴望的秩序」[27]）的蔑視，就顯現在蘇聯的成文憲法中，正如它也顯現在從未被廢棄的威瑪憲法中；威瑪憲法構成了威瑪共和國自身無法律狀態的永久背景，這種無法律狀態是對非極權世界及其規範標準的永久挑戰，而後者的無助與無能則每天都會得到驗證。[28]

機構的二重性、政府權威的區分、實質政權與名義政權的共存，這些都足以製造出混亂狀況，卻不足以解釋這整個結構的「不定形」特質。人們不應忘記，只有建築才會擁有結構，而運動（如果認真且忠實地依照納粹指稱它的方式來看待這個詞的話）則只能夠擁有方向，而且任何形式的法定結構或政府結構，都只會構成它的阻礙，運動就是要永遠朝著某個方向不斷加速推進。甚至早在奪權之前，極權運動就代表著那些不願意再生活在任何結構（無論其性質為何）之下的大眾；這些大眾早已開始運動起來，以求抹除那些已被政府穩固決定的法律界線與地理界線。因此根據我們對政府結構與國家結構的理解來判斷，只要這些極權運動發現自己仍在物質條

件上受限於特定領土範圍，就必然會嘗試摧毀所有結構，而且對這種蓄意破壞而言，僅僅將所有部門都複製成黨國雙重機構，這尚不足夠。由於這種複製涉及國家外殼與黨內核之間的關係，因此它最終也會產生某種結構；在這種結構中，黨與國的關係將自行產出一種法律規章，進而限制並穩定化這兩者各自的權威。[29]

事實上，機構二重性看似所有一黨獨裁政體中的黨—國問題所產生的結果，實際上卻不過是一個最顯而易見的徵兆，昭示著更為複雜的現象，這一現象更適合被界定為機構的多重疊加（multiplication），而非二重複製（duplication）。納粹並不滿足於在舊有各省之上設立大區，他們還根據不同的黨組織，再引入其他更多地理區分系統：衝鋒隊的領土單位就既不與大區也不與省相容；更有甚者，衝鋒隊單位還有別於親衛隊的單位，而且這兩者又都不對應於希特勒青年團的區域劃分。[30]除了這種地理上的混亂，還必須再補充一個事實，即實質政權與名義政權的關係會在任何地方自我重複，儘管其方式會不斷改變。一個希特勒第三帝國的居民，他不僅生活在諸如行政機構、黨、衝鋒隊、親衛隊，這些時常相互衝突、相互競爭的權力機構之下，他也始終無法確認、從未被明確告知，到底他應該將哪一個機構的權威置於其他機構之上。他必須發展出某種第六感，才能知道在特定時刻要聽從誰、忽視誰。

在另一方面，領導層基於運動利益考量而真正視為必要的命令（相較於政府措施，這些命令當然僅僅被託付給黨的菁英組織），其執行者的處境也並沒有好多少。大部分情況下，這些命令

都「意圖十分模糊，而且預期接收者能夠識別出下令者的意圖，並依此行動」；[31]因為菁英組織絕不僅僅是服從元首的命令（無論如何，這對於所有既存組織來說本就都是強制性命令）而已，「還要執行領導層的意志」。[32]而且，正如人們從黨會議上涉及「違紀」行為的冗長程序中所獲知的，這兩者絕不是同一件事情。唯一的差別在於，多虧了基於此種目標的特殊灌輸教育，菁英組織早已被訓練得能夠理解「某些超出其字面內容的特定暗示」。[33]

確切來說，極權支配機器之內的運動要依靠下述事實獲得能動性：領導層會一直變換實際權力中心，通常在權力中心轉移到其他組織之後，卻不會撤除、甚至不會公開曝光那些被剝奪權力的團體。在納粹體制的早期階段，也就是緊接在帝國國會縱火案之後的時期，衝鋒隊擁有實質上的權威，而黨只擁有名義上的權威；之後，權力則從衝鋒隊轉移到親衛隊，最終從親衛隊轉移到安全局。[34]關鍵在於，沒有任何一個權力機構會被剝奪假裝自己才是元首意志體現者的權利。[35]領導人的意志是如此善變，相較之下，東方專制君主的各種心血來潮可算是行事穩定的傑出表率了；不止如此，在真正的祕密權威與名義上的公開代表之間不斷變動的區分方式，更使真實的權力寶座成為不折不扣的謎，而且甚至連統治集團內部的成員都從來無法完全確定自己在祕密權力階序中的位置。例如羅森伯格，儘管他長期在黨內服務，而且在名義政權與黨內職位上都有令人矚目的晉升，卻仍然惦念著要創建一系列的東歐國家來作為抵抗莫斯科的安全防護牆，然而在當時，握有真實權力的人早已決定，任何國家結構形態都無法成功擊敗蘇聯，而且東歐佔領區的居

民已正式成為無國之民，因此可以被滅絕掉了。[36]換言之，由於有關要服從誰的認知標準，以及等級階序相對持久的安置方式，都會引入一種本質上要被排除在極權統治之外的穩定元素，因此一旦真正的權威被公諸於世，納粹就會予以否認，並創立新的政府機構，從而使先前的政府成為影子政府：這個遊戲顯然可以無窮無盡地玩下去。在蘇維埃系統與國家社會主義系統之間，最重要的技術性差異之一，就是一旦史達林將運動內的權力重心從一個機構轉移到另一個機構，他就會將這個機構連同其內部人員一起清算掉，而希特勒雖然對「未能跨越自身陰影」的人充滿蔑視，[37]卻相當有意願繼續利用這些影子機構，即便是用於不同用途。

對於權力的恆常變動來說，機構的多重性極其有用；此外，極權政體掌握權力越久，機構的數量以及完全依靠運動而產生的工作機會也就越多，因為沒有任何機構在權力終結後被廢除。納粹政權最初藉由協調整合既有的協會、社團與機構，來開啟這種多重性。在這種全國性操控中有一件有趣的事情，就是整合並不意味著要整併進既有的各個黨組織。結果這個體制直到終結，始終包含兩個國家社會主義學生組織，而非一個，有兩個納粹婦女組織，兩個由大學教授、律師、醫生所組成的納粹組織，諸如此類。[38]然而在所有案例中，最初的黨組織都並不必然地會比與其並列的對應組織更有權力。[39]也沒有人能夠確切預言哪一個黨組織會在黨內階序中躍升。[40]

這種被規劃出來的不定形狀態有一個經典例子，它發生在科學界的反猶主義組織當中。一九三三年，一個猶太問題研究中心在慕尼黑成立，而自從猶太問題被認為是決定了整個德國歷史的

重要主題以來，該中心就迅速擴大為現代德國史研究中心。在知名歷史學家弗蘭克（Walter Frank）的領導下，它將傳統大學轉變成徒有其表的門面裝點。一九四〇年，另一個猶太問題研究機構在法蘭克福成立，其主管羅森伯格在黨員位階上要高得多。結果慕尼黑的研究中心就被降級為影子式的存在了；被認為應當接收洗劫來的歐洲猶太人收藏品，並在猶太教研究方面坐擁最齊全圖書館寶座的，不是慕尼黑研究中心，而是法蘭克福的研究中心。而且當這些收藏在數年後運抵德國時，其中最珍貴的一部分也不是被運往法蘭克福，而是被運往柏林，送入由艾希曼領導、希姆萊設立、用來清算猶太問題的特殊蓋世太保部門。沒有任何舊機構被廢除，因此一九四四年的情況是：在大學歷史系這一外殼背後，令人恐懼地存在著慕尼黑研究中心更為真實的權力，再後面則是羅森伯格設立在法蘭克福的研究機構，而唯有穿過這三個表層，才會是被它們隱藏、保護的真正權力中心，亦即帝國安全總部（Reichssicherheitshauptamt），蓋世太保的一個特別分支。

儘管擁有成文憲法，但蘇維埃政府的外殼甚至更不會給人留下印象，甚至也更是完全為國外觀察者而設立的，不像納粹還從威瑪共和國那裡繼承、保留了國家行政機構。蘇維埃政體缺乏納粹最初在協調整合階段固有的機構累加過程，它甚至更依靠持續創立新的機構，來將舊權力中心推進陰影之中。由大清洗進行的重複清算，則會限制這種方式所必然導致的官僚機構的巨幅擴增。儘管如此，我們仍可以在俄國分辨出至少三個嚴格分離的組織：蘇維埃或國家機構、黨機

構、內務人民委員部機構，每一個都有自己獨立的經濟部門、政治部門、教育文化部、軍事部門等等。[41]

在俄國，黨官僚體系的表面權力與祕密警察權力之間的對立，對應我們所知道的黨與國家在納粹德國的固有二重性，而多重性卻只有在祕密警察自身之中才變得明顯；祕密警察極度複雜，擁有廣泛的間諜分支網絡，在其中一個部門往往被委派去監督、偵查另一個部門。在蘇聯，每一家企業都擁有自己特定的祕密警察部門，負責檢查黨員及普通人員。與這種部門共存的是黨自身的另一個警察部門，它同樣關注所有人，其中還包括內務人民委員部的特務們，而其成員也不會被對手組織知曉。在這兩個諜報組織外，還必須再加上工廠聯盟，它們負責關注工人是否有完成指定份額。然而遠比這些機構更重要的是內務人民委員部中的「特殊部門」，它代表的是「內務人民委員部中的內務人民委員部」，也就是祕密警察中的祕密警察。[42]所有這些相互競爭的警察機構所寫的報告，最終都要送到莫斯科中央委員會與政治局。在這裡才會決定哪些報告具有決定性意義，以及應如何將警方任務委派給各警察部門。無論是國內普通居民還是警察部門中的任何人，當然都不知道會做出什麼樣的決定；今天被選定或許會是內務人民委員部的特殊部門，明天或許是黨的間諜網絡；而之後，或許會是地方委員會，或某個宗教團體。在所有這些部門之間，不存在合法穩固的權力、權威階序；唯一確定的是最終其中一個，會被選中來體現「領導層的意志」。

在極權國家裡，所有人都可以確信的唯一規則就是，越是有形可見的政府機構，擁有的權力就越小，而越是不為人知的機構，則最終會被證明擁有更大的權力。根據這一規則，被成文憲法承認為最高國家權威的蘇維埃，擁有的權力就比布爾什維克黨更小；公開招募黨員並被承認為統治階級的布爾什維克黨，擁有的權力則比祕密警察更小。真正的權力始於祕密開始之處。在此方面，納粹與布爾什維克非常類似；它們的差別主要在於，一邊是將祕密警察機構壟斷、集中在希姆萊之手，另一邊則是俄國明顯相互毫無關聯的警察活動，它們構成了一座迷宮。

如果我們僅僅將極權國家視為一種權力工具，並且撇開行政效率、工業生產能力、經濟生產力不論，就會證明它的不定形特性是在理念上非常適合用來實現所謂領導人原則的工具。各機構的功能不僅重疊，而且還被要求執行相同的任務，[43]它們之間持續存在的競爭只會造成敵對或破壞，幾乎不可能變得有效率；權力重心的快速轉變，會將一個機構打入陰影，將另一個機構提升為權威，這可以解決所有問題，卻不會讓任何人意識到改變，或意識到存在敵對勢力；這一制度的附帶優勢在於，敵對機構有可能始終不知道自己已經失勢，因為它要嘛完全沒有被廢除（就如在納粹體制下的情形），要嘛就是很晚才被清算，而且並未與任何具體問題有所牽連。這操作起來再容易不過，因為除了少數黨內元老之外，根本沒有人知道當局各機構之間的確切關係。非極權世界只有在少數時刻才有機會一瞥這種狀況：某位高級官員在國外坦言，大使館中一個背景不明的職員曾是他的頂頭上司。就後見之明來說，我們通常有辦法確知這樣的權力喪失為何忽然發

生，或是它是否真的發生了。例如，我們今日不難理解，為何在戰爭爆發之初，像羅森伯格或弗蘭克這樣的人會被調任到國家職務，從而被從真正的權力核心，亦即元首的內部小圈子裡排除出去。[44]重要的是，他們自己不僅不知道這些調動的原因，而且甚至也沒有猜想到，像波蘭總督或東歐佔領區帝國總長這些頗為顯赫的職位，居然並不意味著高升，而是意味著他們國家社會主義職涯的終結。

在極權國家中，領導人原則不會再像極權運動階段那樣建立等級階序；權威不像在威權政體中那樣，自上而下地濾過所有中間層，最終抵達政治體底層。真正的原因是，任何等級系統都會產生權威，而且雖然存在許多關於所謂「威權人格」（authoritarian personality）的誤解，但權威原則在所有重要方面，都正好與極權支配相反。除了它在古羅馬歷史上的起源之外，權威無論以什麼形式出現，都總是有意要限制或限定自由，但從未取消自由。然而極權支配則旨在取消自由，甚至要消除人類普遍存在的自發性（spontaneity in general），而且無論表現得多麼專橫，它都絕非旨在限制自由。確切來說，極權系統這種缺乏任何權威或等級階序的特徵顯示為，在最高權力（元首）與被統治者之間，沒有任何可信賴的中間層，而這些中間層本該承受權威與服從的雙重屬性。元首的意志可以體現在任何地方、任何時刻，而他自身則不與任何等級階序相捆綁，甚至連他自己創建的也不例外。因此，如果有人說在奪取政權之後，極權運動就創建了一套多重領主結構，在此領域內每一個小頭目都可以為所欲為，並摹仿位於頂端的大頭目，[45]這種說法顯

然並不準確。納粹宣稱「黨就是由眾位領袖們組成的體系」，[46]這是個常見的謊言。無限疊加的各機構與混亂的權威機關，導致每個公民都會覺得自己直接面對元首的意志，而元首又總是任意選擇執行決定的機構，因此遍佈德國的一百五十萬「領袖們」[47]都非常清楚，他們的權威直接源自於希特勒，不受實際運作的等級系統中的各中間層干預。[48]這種直接隸屬是實質性的，而中間層級雖然無疑具有社會上的重要性，卻是對威權國家的一種表面且顯而易見的摹仿。

領導人對權力與權威的絕對壟斷，在他與警察總長的關係中體現得最為明顯，後者在極權國家中佔據著最有權力的公共職位。而且警察總長儘管身為警察軍隊與菁英組織不折不扣的首領，從而掌握巨大的物質與組織權力，但是他顯然從來都沒有辦法奪取政權，並成為國家統治者。因此在希特勒落敗之前，希姆萊從未幻想過要染指希特勒的領袖地位，[49]也從未被提議為希特勒的繼任者。在這方面更有趣的案例，是貝利亞（Lavrentiy Beria）在史達林死後想要奪取政權的不幸嘗試。雖然史達林允許任何一位警察總長擁有的權勢，從來都無法與納粹統治最後幾年間的希姆萊相提並論，但是貝利亞同樣掌握了足夠的部隊，他在史達林死後只要佔領整個莫斯科、佔領通往克里姆林宮的所有道路，就足以挑戰黨的統治地位；沒有人知道紅軍是否會阻斷他的權力野心，畢竟這將會引發一場血腥內戰，其結果也無人能預測。關鍵在於，貝利亞僅僅在幾天後就自願放棄了他所有的職權，即便他必定知道自己會因為膽敢用警察權力來與黨的權力對抗而丟掉性命。[50]

這種缺乏絕對權力的狀況，當然並不會阻礙警察總長根據極權權力原則來組織龐大的機構。於是最值得注意的，就是看一看希姆萊上任之後為了重組德國警察，而如何開始在原本仍維持中央集權的祕密警察機器中引入多重機構，也就是說，他顯然做了所有前極權體制的權力專家們都不敢做的事情，也就是會導致權力縮減的去中央集權化。希姆萊在蓋世太保機構中添入的是安全局，它原本是親衛隊的一個分支機構，並被設立為一個黨內政治團體。雖然蓋世太保與安全局的主要辦公室集中在柏林，但這兩個大型諜報機構的地方分部則維持著相互區隔的身份，每一個都直接向希姆萊本人在柏林的辦公室匯報。[51]在戰爭期間，希姆萊又增設了兩個情報機構：一個由所謂的監察員組成，據說他們負責掌控、協調安全局與警方，且隸屬於親衛隊司法部；第二個則是專門的軍事情報辦公室，它獨立於帝國軍方行事，且最終成功吞併了軍方自身的軍事情報部門。[52]

完全沒有發生宮廷政變（無論是成是敗），乃是極權獨裁最引人注目的特徵之一（一九四四年七月那場反希特勒軍事陰謀的參與人員當中，沒有任何心懷不滿的納粹黨人，只除了一個例外）。表面上，只要不會改變體制，領導人原則似乎歡迎個人權力的血腥變動。這僅僅是眾多徵兆之一，它們反映出極權形式的政府與權力欲無關，甚至與奪取權力生產機器的慾望無關，而且與曾構成帝國主義最後統治階段特質的為權力而權力的遊戲，也幾乎無關。然而確切而言，最重要的跡象之一，是就算從所有面向來看，極權政府也仍不是由一個集團或幫派來進行統治。[53]無

論是在希特勒的獨裁還是史達林的獨裁中，都有清楚的證據指出，原子化個體的孤立狀態不僅為極權統治提供了大眾基礎，而且還貫通到整個統治結構的最頂層。史達林幾乎槍斃了所有可聲稱自己屬於統治集團的人，而且一旦該集團有自我鞏固的跡象，就會將政治局成員移進移出。在納粹德國，希特勒摧毀各集團的手段比較不那麼戲劇化，唯一的血腥清洗就是針對羅姆集團的，後者已通過其領導層中的同性戀關係而牢牢維繫在一起（譯按：據說羅姆是同性戀，衝鋒隊領袖中也有不少同性戀者）；他通過權力與權威的不斷轉移，以及身邊親信的頻繁更換，來阻止集團的形成，從而那些曾與他一起上台掌權的人先前擁有的團結意識，也很快就揮發殆盡。此外，許多說法都幾乎一致地反映出，在希特勒與史達林的性格中，嚴重背信棄義無疑是突出特質，這似乎明顯讓他們無法統御任何像集團這樣具有持久延續性的東西。無論實情究竟如何，關鍵在於這些現職官員之間不存在任何關係；他們並沒有因為政治層級中的同等地位、或是上下級關係，而聯繫在一起，甚至也沒有基於不可靠的黑幫義氣而團結在一起。在蘇聯，所有人都知道一個大型工業集團的頂層管理者，就像外交部長一樣，隨時有可能會被貶謫到最低的社會、政治地位，而一個完全沒人知道的人則會接替他的位子。另一方面，雖然幫派共犯結構在納粹獨裁的早期階段曾發揮了一定作用，但它已失去了凝聚力，因為極權主義正是要用它的權力，將這種共犯結構擴散到民眾中間，直到發動它所支配的全體人民都犯下罪行。[54]

缺少統治集團這一點，已使極權獨裁者的繼任者問題變得尤其棘手跟麻煩。這一問題固然也

普遍存在於所有篡權者中間，但很典型的現象是，沒有一個極權獨裁者曾嘗試過建立王朝並傳位給他們的孩子這一古老方法。希特勒多次指定過繼承人，反而弄巧成拙，史達林的做法則相反，它使繼任過程成為蘇聯最危險的恐怖之一。在極權狀況下，了解權力傳輸帶迷宮的狀況就等同於掌握最高權力，而每一個被指定的繼任者實際上就會知道接下來將發生的事，因此每過一段時間他就會被自動移除。想要確保有效且相對持久的繼任指定，的確需要以一個集團的存在為前提，而且該集團成員應該要與領導人共同享有知道接下來會發生何事的壟斷權，但這種狀況卻是領導人必須盡力避免的。希特勒曾對國防軍最高將領們解釋這一點，而身處戰事紛亂之中的將領們大概會為此問題大傷腦筋：「作為終極因素，我必須極其謙虛地，將我自己這個人稱之為不可替代者……帝國的命運完全仰賴我一人。」[55]我們無須在謙虛一詞中尋找任何反諷意味；極權領袖與以前的所有篡權者，包括專制君主與暴君，有個明顯的對立之處，這就是他似乎相信自己的繼任者問題並不重要，相信這一職位不需要特殊品質或特殊訓練，而國家最終將會服從恰好在他死亡之際獲得繼承指定的任何人，也沒有任何渴求權力之輩會挑戰這個人的正當性。[56]

在治理技術上，極權主義的手法顯得簡單且成效絕妙。他們不僅確保了絕對的權力壟斷，而且史無前例地確保了所有命令都總是會被執行；傳輸帶的多重結構、等級階序的混亂，保障獨裁者完全獨立於所有下屬，並使迅速而驚人的政策轉變方式得以可能（極權主義向來以此著稱）。國家的這種政治體由於它的不定形特質，而具有防震效果。

之所以先前從未有人嘗試過這樣高度有效的方法，原因就和其手法本身一樣簡單。機構的多重性摧毀了所有的責任感與勝任感；這不僅導致行政部門承受巨大負擔，且以毫無生產力的方式激增，實際上還妨礙了生產力，因為相互衝突的命令總是會延誤真正的工作，直到有領導人的命令出來決斷問題。菁英骨幹們的狂熱對運動的運作絕對起到了根本性作用，它系統性地取消了對具體工作的真正興趣，並且製造出某種心智狀態，這種狀態使人們將可以想到的每一行動都視作工具，藉以成就某個截然不同的事物。[57]而且這種心智狀態不僅限於菁英，它逐漸滲透了全體民眾當中，他們生死存亡中最私密的細節都取決於政治決定，也就是說，取決於與實際行為無關的起因與終極動機。不斷的移除、降級、拔擢，使可靠的團隊合作變得不可能，也阻礙了經驗的發展。在經濟上，奴隸勞動是俄羅斯不應有能力負擔的一種奢侈制度；在專業技術嚴重短缺的時期，集中營裡卻擠滿了「高水準的工程師，他們爭奪著製作鉛管、修鐘錶、修電器照明、修電話等工作的權利」。[58]但是接下來，從純粹效益主義的觀點來看，俄羅斯也不應該有能力負擔三〇年代的大清洗，它打斷了人們期待已久的經濟復甦，對紅軍總參謀部進行的肉體性摧毀也同樣如此，它幾乎導致俄芬戰爭的戰敗。❶

---

❶ 譯註：在與納粹德國簽署了「互不侵犯條約」之後，蘇聯開始拓展領土，於一九三九年冬季入侵芬蘭，卻在絕對人數優勢的條件下遭遇頑強抵抗，損失慘重。最後雖然勉強獲勝，卻讓紅軍的聲譽大大受損。

德國的狀況在程度上有所不同。一開始，納粹的明確傾向，是要保住專業技術人才、管理人才，要允許在商業上獲利，不過多干涉地進行經濟支配。在戰爭爆發之際，德國尚未完全極權化，而如果我們將備戰視為一種理性動機，那麼就必須承認，直到大約一九四二年，德國經濟仍或多或少被允許理性地運作。儘管開銷巨大，但備戰本身並不反效益，[59]因為「通過征服而從他國掠奪財富與資源，確實會比從外國購買它們，或在國內生產它們，要便宜許多」。[60]如果一個國家打算不惜一切代價，要用來自他國的戰利品來填補耗損的本國經濟，那麼一切投資與生產、穩定化獲利以及消耗的經濟法則，就都無法適用了；正如持支持態度的德國人清楚意識到的，著名的納粹口號「槍砲或是奶油」，實際上意味著「通過槍砲來獲得奶油」。[61]直到一九四二年，極權支配的規則才開始壓過其他所有考慮標準。

[410]

激進化過程直接因戰爭的爆發而啟動；人們甚至會猜想，希特勒發動戰爭的原因之一，就是要使他得以用和平時期無法設想的方式來加速這種發展態勢。[62]然而尤其值得注意的是，這個過程並沒有因為類似史達林格勒戰役這樣的崩潰性失敗而受阻，而且完全戰敗的危險只不過成了另一個煽動藉口，以便拋開一切效益考量，通過無情的全面組織化，來嘗試徹底實現極權種族意識形態目標，無論它歷時多麼短暫。[63]在史達林戰役之後，曾與人民嚴格區分開來的菁英組織大大擴充；武裝部隊原本的黨員資格禁令也撤除了，軍事命令則從屬於親衛隊指揮官。親衛隊小心保衛著的犯罪專利權被廢除，士兵們被任意委派去執行大屠殺。[64]無論是軍事考量，還是經濟、政

[411]

治上的考量，都不被允許去干預昂貴而麻煩的大型滅絕、遣返項目。

納粹沒來得及執行他們版本的「五年計畫」，也就是致力於消滅波蘭人、烏克蘭人、一億七千萬俄羅斯人，以及類似荷蘭這樣的西歐國家中的知識份子、阿爾薩斯與洛林的人民，乃至那些在未來的帝國健康法案或已規劃的「外籍社群法」之下，不符合資格的德國人。如果我們要考察納粹統治的最後幾年以及這個「五年計畫」，那麼幾乎就不可避免要與布爾什維克一九二九年提出的五年計畫相類比才行，這是俄國明確進行極權獨裁的頭五年。一邊是粗俗的優生學口號，另一邊則是高調的經濟措辭，這兩者都不過是那「異常的精神錯亂」的前奏，「在這種精神錯亂中，一切的邏輯規則、經濟原則，都被完全顛倒了」。[65]

當然，極權獨裁者並非自覺開啟這通向精神錯亂的道路。關鍵更在於，我們對極權國家結構的反效益特性之所以會感到難以理解，是因為我們錯誤地認為自己面對的是一個正常國家（官僚體系、暴政、獨裁政權）；而且我們還忽視了極權統治者強調的主張，亦即他們僅僅將自己恰好奪取了政權的國家，視為一個旨在征服世界的國際運動的臨時總部，而且他們是從數百年大計或千年大計的角度來評斷成敗，同時全球性利益也總是凌駕於自身領土內的本地利益。[66]著名的「對德國人民有益的就是正確的」這種說法，僅僅用於大眾宣傳；納粹黨人則被告知「對運動有益的就是正確的」，[67]而且這兩種利益確實並不總是相符。納粹黨人並不認為德國人就是統御世界的主人種族，而是認為德國人應該被主人種族所領導，正如其他所有民族也該當如此，至於這

個主人種族，則即將誕生。[68]主人種族的曙光不是德國人，而是親衛隊。[69]無論是希姆萊所說的「日耳曼世界帝國」，還是希特勒會說的「雅利安世界帝國」，總歸都是數百年後的事情。[70]對於「運動」來說，更重要的是要證明有可能通過消滅其他「種族」來製造出一個種族，而非贏得一場目標有限的戰爭。正是運動之絕對優先地位所產生的後果，以「異常精神錯亂」面貌震驚了外部觀察者，這種優先地位不僅凌駕於國家，而且凌駕於民族、人民以及統治者自己的權位。極權統治的巧妙手法，亦即絕對且不可超越地將權力集中在一人手中的做法，之所以先前從來沒有人嘗試過，這不外乎是因為還沒有任何正常暴君，會瘋狂到要為了一個存在於不確定之遙遠未來的純屬虛構的現實，而放棄所有有所限定的局部利益（經濟、民族、人道、軍事等方面）。

由於掌權的極權主義仍忠於運動原本的信條，因此在運動與所謂極權國家的組織手法驚人地相似，也就不那麼令人訝異了。黨員與外圍組織同路人之間的區分遠未消失，而且還延伸到對全體民眾的「協調整合」之中，這些人如今都被發動為同情支持者了。同情者數量的大幅成長，會被兩種因素抑制：一個要將黨的力量限制在數百萬人組成的特權「階級」，另一個則是創建了一個由數十萬人組成的超級黨，亦即菁英組織。機構的多重性、職能的雙重性，以及黨與同情者之關係對新處境的適應，都不過是意味著它還保留了運動獨特的洋蔥式結構，在其中每一層都構成了下一個更富戰鬥性的組織的外表層。國家機器被轉化成一個由同情者官僚體系構成的外圍組織，它在國內事務上的功能就是在由僅被協調整合的公民組成的大眾中間傳播信心，而在國外事

務上的功能，則是愚弄外部的非極權世界。兼具國家元首與運動領袖這雙重職能的領導人，再次在他的人格中結合了極致的好戰無情與激發信任的正常狀態。

極權運動與極權國家的一項重要差別在於，極權獨裁者施展極權式說謊藝術的方式，要能夠且必須比運動領袖更一貫、規模更大。這一部分是同路人隊伍膨脹的自動結果，一部分則是因為政治家發表的聲明若令人不快，並不像煽動性政黨領袖的聲明那麼容易撤銷。基於這種意圖，希特勒選擇毫不迂迴地撤退到他在掌權前曾多次譴責的舊式民族主義；藉由擺出極端民族主義者的姿態，並聲稱國家社會主義不是「出口商品」，這就既安撫了德國人也安撫了非德國人，而且還暗示人們，當達成民族主義式德國對外政策的傳統要求時，納粹的野心就會被滿足，這意味著收復在凡爾賽條約中割讓的領土、德奧合併以及吞併波希米亞的德語地區。當史達林發明出「一國社會主義」的理論，並將世界革命的重擔甩給托洛斯基的時候，他一樣是同時在應對俄國公眾輿論與非俄國世界。[71]

要系統性地對整個世界說謊，只有在極權統治的條件下才能安全進行，因為在這種條件下，日常現實的虛構性質大體上會使宣傳變得多餘。極權運動在掌權之前的階段，從來都沒能夠隱藏其真實目標到這樣的程度；畢竟這些目標就是用來激發大眾組織的。但是，一旦可以用毒氣將猶太人像臭蟲一樣消滅，就不再有必要宣傳猶太人是臭蟲；[72]一旦握有教導整個國家俄羅斯革命史、卻無須提及托洛斯基之名的權力，就不再需要進行反托洛斯基的宣傳。不過若要讓人為了實

現意識形態目標（就算這些目標仍舊公開）而採用這些方法，就只能「寄望」於那些「在意識形態上已達到徹底堅定」的人，無論他們是在第三國際的學院還是在特定的納粹灌輸教化中心，達成此等堅定程度。在這種情況底下，人們總是會發現純粹的同情者們從來都沒有意識到正在發生什麼事情。[73]這導出了一個悖論：「光天化日下的祕密社團」在特性與方式上的陰謀色彩，在它被認可為國際秩序的常任成員之後，竟然未見減少。希特勒在奪取政權之前，一直抗拒在陰謀團體的基礎上組織政黨、乃至菁英組織，這是合乎邏輯的行為；而在一九三三年之後，他卻非常渴望推動親衛隊轉變成某種祕密社團。[74]同樣的，莫斯科領導下的各國共產黨與他們的前輩之間有明顯相反的地方，他們即便有可能變得完全合法，也顯現出更偏好密謀身份的奇特傾向。[75]極權主義的權力越是引人注目，其真實目標也就越成祕密。要了解希特勒在德國的終極統治目標，依靠他的宣傳演說與《我的奮鬥》，會比聽信第三帝國總理的浮誇雄辯要明智得多；正如我們不應該相信史達林一度為了奪取列寧死後的政權，而發明的「一國社會主義」的說法，而是應該更認真看待他對民主國家一再顯示的敵意。極權獨裁者已向世人證明，他們對於自己擺出的正常姿態中的內在危險再清楚不過；這就是實行真正的民族主義政策的危險，或是真的在一國之內建立社會主義的危險。對此，他們試圖用安撫之辭與統治現實之間一貫如此的不相稱來克服，通過有意識地發展出一種總是言行相悖的方法來克服。[76]史達林已將這種平衡藝術施展到此等地步（這比外交官的例行公事需要更多技巧），以至於在對外政策或第三國際政治路線上的每一次緩和，幾

乎總是伴隨著對國內共產黨的徹底清洗。至於在執行人民陣線政策、草擬相對具有自由派色彩的蘇維埃憲法的時候，恰好也在進行莫斯科審判，這當然也絕不僅僅是個巧合。

在納粹與布爾什維克的文獻中，我們一再發現一些證據，證明極權政府渴望征服全球，渴望支配大地上的所有國家。不過這些承自前極權運動的意識形態規劃——納粹是承自超民族主義（supranationalism）的反猶政黨與泛日耳曼的帝國夢想，布爾什維克則承自國際性的社會主義革命概念——都並非決定性的。真正具有決定性的是，極權體制確實始終是根據他們最終將達成終極目標的假設，來處理對外政策，而且無論目標看起來多麼遙遠，無論其「理想」訴求會與當前要務發生多麼嚴重的衝突，都從未忽視它。因此他們並沒有將任何國家視作永久的異國，反而是將每個國家都看作潛在的領土。極權掌權意味著在一國之內，運動的虛構世界已成為有形現實，由此創造出的該國與其他國家的關係，正與非極權統治下的極權政黨情況相仿：在國際承認的國家權力的背書之下，極權主義得以向非極權國家輸出有形的虛構現實，其方式正類似於極權運動在非極權的議會中，輸入對議會的蔑視。在這方面，戰前的猶太問題「解決方案」就是納粹德國非常突出的一項出口商品：驅逐猶太人的舉措將一部分重要的納粹主義帶入了其他國家；通過強迫猶太人身無護照且身無分文地離開德國，流浪猶太人的傳說就得以實現了，通過將猶太人逼進針對他們的強硬敵意當中，納粹也就創造出積極關切各國國內政策的藉口。[77]

至於納粹到底有多認真看待他們的陰謀論虛構，也就是他們乃是未來的世界統治者這一虛構幻想，我們可以在一九四〇年的情形中一窺究竟：當時儘管有時勢之所需，儘管擁有獲得佔領區歐洲人民支持的真實機會，他們仍然罔顧人力損失與嚴重軍事後果，也要在東部佔領區啟動負人口政策，並在西部佔領國家引入具有追溯效力的法案，以輸出一部分的第三帝國刑事法規。[78]要推廣納粹統治世界的主張，最有效的方法就是將反對第三帝國的所有言論、所有行為，都當作叛國大罪來懲戒，不論為何時、何地、何人所犯。納粹法律將整個世界看作已潛在地落入其司法管轄範圍的對象來對待，因此佔領軍就不再是落實征服者新法規的征服工具，而是用來實施那早已被認定為所有人而存在的法律的執行機構。

納粹法律可以在德國邊界之外生效的預設，以及對非德國人的懲處，都不僅僅是壓迫手法而已。極權體制並不懼怕隱藏在征服世界中的邏輯推論，哪怕這些推論會朝相反方向發展，並有損本國人民的利益。在邏輯上，征服世界的計畫無疑會取消征服者母國與被征服領土的差別，同時也會取消國外政治與國內政治之間的差別，而所有既存的非極權機構與國際往來的方式都是建立在這些差別之上。如果極權征服者在所有地方都表現得像是在本國境內一般，那麼基於同樣的理由，他必定也會像外國征服者一樣對待本國民眾。[79]千真萬確的是，在很大程度上，極權運動之奪取政權，就如同外國征服者佔領一個國家，換言之，他的治理方式不是從該國本身出發，而是為了其他事物或其他人的利益。當納粹份子試圖、且部分成功地要將他們自己的戰敗轉變成全體

德國人民的最終災難的時候，他們正是違背了所有的國家利益，表現得像是在德國的外國征服者一般；同樣地，在勝利的情況下，他們就會打算將滅絕政策延伸到「種族上不合格」的德國人當中。[80]

在戰後，催生蘇聯對外政策的似乎是同樣的態度。它的侵略性態度讓俄國人民付出了高昂代價：它拒絕了戰後美國的巨額貸款，這本可以使俄國有辦法重建被戰爭蹂躪的地區，並以合理、有生產性的方式來工業化這個國家。第三國際征服擴張到整個巴爾幹半島，乃至佔領廣大東歐領土，都沒有帶來什麼具體的好處，反而是進一步讓俄羅斯的資源吃緊。但是這種政策當然符合布爾什維克運動的利益，如今該運動已幾乎傳播到半個有人煙的世界。

就像外國征服者一樣，極權獨裁者將包括本國在內的每個國家的自然財富與工業財富，都看作一種掠奪來的戰利品，看作為下一步的侵略性擴張做準備的手段。由於這種系統性掠奪經濟的運作方式，是為了運動而非國家，因此沒有任何民族、任何領土有可能以潛在受益者的身份，為此過程設定飽和點。極權獨裁者就像一個憑空出現的外國征服者，他所掠奪的戰利品很可能並沒讓任何人受益。戰利品的分配考量不是為了強化本國經濟，而是僅僅作為一種暫時的戰略部署。就經濟目標而言，極權體制在本國內的行為就如同臭名昭著的蝗蟲過境。極權獨裁者統治自己國家的方式就像外國征服者一般的事實，使情況變得更糟，因為它在冷酷無情之中注入了一種身處異國環境的暴政明顯會缺乏的效率。史達林在三〇年代初對烏克蘭發動的戰爭，其殘酷效果是德

國可怕而血腥的入侵佔領行為的兩倍。[81]這就是為何極權主義明知其中的明顯危險，也仍是更偏好傀儡政府而非直接統治的原因所在。

極權體制的麻煩之處，並不是它們以格外無情的方式玩弄權力政治，而是在他們的政治背後隱藏著一種前所未有的全新權力概念，正如在他們的現實政治（**Real-politik**）背後有一種前所未有的全新現實概念。這種概念是極端罔顧直接後果，而非殘忍無情；是無根可扎且忽視民族利益，而非民族主義；是蔑視效益主義動機，而非魯莽地追求自我利益；是「理想主義」，亦即堅信意識形態式虛構世界的信念，而非權力貪欲。這些特點在國際政治中引入一種更令人困擾的全新因素，這遠非純粹的侵略行徑所能辦到。

極權主義所認知的權力，完全存在於通過組織而產生的力量當中。正如史達林以實質功能之外的角度看待每個機構，僅僅將它們視作「連結黨與人民的傳輸帶」，[82]並真誠地相信蘇聯最寶貴的財富不是土地資產，或龐大人力所具有的生產力，而是「黨的幹部們」[83]（也就是警察）；而希特勒則實際上早在一九二九年就在如下事實中看到運動的「偉大之處」：六萬人「已幾乎在外表上成為了一個統一體，實際上這些成員不僅在想法上一致，連面部表情都差不多。看著這些歡笑的眼睛、這種狂熱的激情，你將會發現……十萬人民是如何在運動中合而為一的。」[84]無論在西方人的想法中，權力與世間財產、與財富、寶藏、財寶之間有著何種關聯，這些關聯都已然

消解在某種去物質化的機械結構當中，其中每一個舉動都會產生權力，就如同摩擦或直流電會產生電力。極權主義將各個國家區分為已擁有與未擁有的做法，不僅僅是一種煽動手法而已；那些做出區分的人真的相信，物質財產的力量無足輕重，而且只會阻礙組織性權力的發展道路。對於史達林來說，警察幹部的持續成長與發展，比起巴庫的石油、烏拉山脈的煤礦、烏克蘭的糧倉、西伯利亞潛藏的寶藏，簡言之就是比起俄羅斯全部權力武器庫的發展，都更具有無與倫比的重要價值。同樣的心智狀態導致希特勒為了親衛隊幹部而犧牲掉所有德國人；當德國各大城市躺倒在瓦礫之中，工業產能也慘遭摧毀的時候，他都遠未承認戰敗，唯當獲悉親衛隊不再可靠之際，他才開始考慮這種可能性。[85] 一個人如果相信組織在對抗軍事或經濟這些純物質因素上無所不能，而且是以數百年為度來評估其事業的最終勝利，那麼對於這個人來說，失敗就絕不會來自於軍事災難或人口的可怕飢荒，而只會是菁英組織的毀滅，因為菁英組織會通過一條世代承繼的序列，將統治世界的陰謀規劃貫徹到最終的終點。

極權國家的無結構特性，以及它對物質利益的忽視，它脫離利潤動機的性格，它普遍的非效益主義態度，都讓當代政治變得幾乎無法預測。如果一種心智狀態的運作，獨立於所有可預測計算的人類行動與物質行為之外，而且對國家利益與人民福祉完全無動於衷，那麼非極權世界未能理解這種心智的跡象就顯示在一種奇特的判斷困境當中：那些正確理解了極權組織與極權警察的可怕效率的人，很有可能會高估極權國家的物質力量，而那些理解極權經濟的浪費性無能的人，

則很有可能會低估那種在不考慮所有物質因素的前提下，就可以被創造出來的潛在權力。

二、祕密警察

迄今為止，我們只知道兩種真正的極權支配形式：國家社會主義在一九三八年後的獨裁統治，以及布爾什維克黨自一九三〇年開始的獨裁專政。這些支配形式與其他的獨裁、專制或暴政統治類型，都有根本上的差別；而且即便它們確實以某種延續性從一黨獨裁中發展出來，它們本質上的極權特徵也是全新的，是無法追溯到一黨制的。一黨制的目標不僅僅是奪取政府的行政機構，而且要通過在所有機構中塞滿黨員，來達成國家與黨的完全混合，從而在奪取政權之後，黨就會變成政府的某種宣傳組織。這一體制只有在某種消極意義上可稱「全面」，也就是執政黨不會容忍其他任何政黨、任何反對派以及任何政治意見自由的存在。一旦一黨獨裁掌權，它就會原封不動地保留國家與黨之間原本的權力關係；政府與軍隊實行跟先前同樣的權力，而「革命」僅僅發生在所有政府職位都被黨員佔據這件事上。在上述所有情況下，黨的權力都仰賴由國家保障的壟斷地位，而黨則不再擁有自己的權力中心。

極權運動奪權後所發起的革命，其本質則更激進許多。從一開始，他們就有意識地維持國家與運動之間的根本性差異，並阻止運動的「革命」機構被政府所吸收。[86]對於要如何在奪取國家

機器的同時又不與之混合，極權運動的解決方法是，只准許那些在運動中屬於次要地位的黨員進入國家統治集團。而真正的權力，全都是在運動的各個機構中、也就是在國家機構與軍方機構之外被授予的。所有的決定都是在始終作為國家行動中心的運動之內做出的；官方行政機構通常甚至不會被告知正在發生什麼事，而黨員若有擔任各部部長的野心，則無疑會因為這種「布爾喬亞式」的願望，而喪失他們對運動的影響力，並失去領袖的信任。

掌權的極權主義將國家當作它的對外表層來使用，用來在非極權世界中代表這個國度。就此而言，極權國家確實無愧為極權運動合乎邏輯的繼承人，它從極權運動那裡借用了組織結構。極權統治者應對非極權政府的方式，就跟他們在掌權前應對議會各黨或黨內派系的方式一樣，即便他們要在一個更大的國際舞台上，再度面對那個雙重問題，亦即既要使運動的虛構世界（或極權國家）不受來自事實方面的影響，也要同時對正常的外部世界展現出正常且符合常識的外表。

在國家機構之上，在表面權力的外殼背後，在多重機構的迷魂陣之中，在各種權威轉移與低效混亂之下，存在著這個國家的權力核心，這就是擁有超級效能與超級權能的祕密警察機構。86a將警察當作唯一的權力機構來重用，同時相應地忽視軍隊擁有的看似更巨大的權力軍火庫，這正是所有極權體制的特點；這種特點仍可以部分用極權主義渴望統治世界，以及它有意識地廢除外國與本國、國外事務與國內事務之間的區分，來予以解釋。軍事力量本是訓練出來與外國侵略者戰鬥的，卻總是成為用於內戰意圖的曖昧工具；即便在極權統治的條件下，軍方也發現自己很難

以外國征服者的目光來看待本國人民。[87]然而，在這方面更重要的是，他們的價值甚至在戰爭期間也變得可疑。由於極權統治者是在最終的世界政府的假設上制定政策，因此他對待自身侵略行徑之受害者的方式，就彷彿他們都是叛徒、都是叛國大罪的罪犯，這使得他偏好用警察而非軍事力量，來統治新佔領土。

運動甚至在奪取政權之前，就在多個國家中擁有祕密警察與間諜機構。之後，它的代理人更是獲得了比正規軍事情報機構更多的資金與權威，而且還往往是國外大使館、領事館中的祕密首腦。[88]其主要任務包括組建第五縱隊、指導運動分部、影響各國國內政策，也普遍為極權統治者（在推翻政府或取得軍事勝利後）可以公然為所欲為的那一天做著準備。換言之，祕密警察的國際分部乃是傳輸帶，它們不斷將極權國家名義上的對外政策轉化成極權運動潛在的國內事務。

然而相較於當前為了在一國內實現極權虛構而要求具備的功能，祕密警察為了替統治世界的極權主義烏托邦做準備而履行的這些功能，畢竟相形次要。祕密警察在極權國家國內政治中的支配性角色，自然大大有助於人們對極權主義形成共同錯覺。所有的專制政體都高度仰賴情報機構，而且比起他國民眾，它們往往覺得自己更受到本國民眾的威脅。然而極權與專制之間的這種可類比性，僅出現在極權統治的第一個階段，此時政治反對派依然存在。就像在其他方面一樣，極權主義在此利用了非極權一方的錯覺，並有意識地予以助長，無論它們有多麼不中聽。在希姆萊一九三七年對國防軍軍官做的著名講演中，當他用「為防戰爭，必須在德國內部維持第四戰場

的存在」這一設想，[89]來解釋不斷擴充的警力時，他假裝是在扮演一個普通暴君的角色。同樣地，史達林也幾乎在同一時間部分成功地說服了老布爾什維克衛士，讓他們做出他所需要的「招供」，並讓他們相信存在一種針對蘇聯的戰爭威脅，從而在這種緊急狀況中，就算是採用專制政體也必須維持國家的團結一致。上述說法中最讓人震驚的一點就是，這兩個人都是在政治反對派全都已被消滅殆盡之後提出的，而情報機構的擴張也正是始於實際上已不再有任何反對派需要監視的時候。當戰爭來臨時，除了運作集中營、管理外籍奴工的任務外，希姆萊在德國內部既不需要也不會使用親衛隊；大量親衛隊在東方前線服務，並被用於「特殊委派」（通常是大屠殺），以及執行往往與軍事的、與納粹百姓的利益背道而馳的政策。就如同蘇聯祕密警察一樣，通常要等到軍隊已平定被征服的領土，解決掉公開的政治反對派之後，親衛隊組織才會抵達。

然而在極權體制的最初階段，祕密警察與黨菁英組織所扮演的角色，仍然與它們在其他獨裁形式中、在眾所周知的過往恐怖政體中的角色類似；只有在現代西方國家的歷史中，它們極端殘忍的方法才算是空前的。通常會與最初階段搜出祕密敵人以及追捕前反對者的行為相結合的，是將全體民眾都徵召到外圍組織當中，並且要對老黨員進行再培育以便獲得自願的偵查服務，如此一來，要關注被徵召的同情者們那格外模糊的支持態度時，就不再需要勞駕警方的特訓幹部了。在這一階段，對於一個恰好抱持「危險思想」的人來說，他的鄰居就逐漸成為一個比那些官方指派的警方代理人更危險的敵人。在此階段結束時，出現的是對任何具組織形式的公開與祕密反抗

行為的清算；它在德國啟動的時間大約是一九三五年，而在蘇聯則接近一九三〇年。

只有在消滅真正敵人的任務完成、且搜捕「客觀敵人」（objective enemies）的行動開啟之後，恐怖才會成為極權體制的實質內容。極權主義提出的第二個要求的執行，亦即全面支配要求的執行，要以在一國之內建設社會主義的藉口來進行，抑或是要用把特定領土使用為進行革命性實驗的實驗室的藉口，乃至實現人民共同體這一藉口。而且雖然在理論上，全面支配只有在統治世界的條件下才有可能，但是極權體制業已證明，極權式烏托邦的某個部分可以實現到近乎完美的程度，因為它可以暫時獨立於實際勝敗之外。於是希特勒即便在遭遇軍事挫敗之際，還可以為猶太人的滅絕與死亡工廠的建立而歡欣鼓舞；無論最終結果如何，若沒有戰爭，就不可能「焚橋斷路」，也不可能實現極權運動的某些目標。[90]

納粹運動的菁英組織與布爾什維克運動的「幹部們」，更多是服務於達成全面支配的目標，而非維持當權體制的安全。正如極權主義統治世界的訴求只在表面上與帝國主義式擴張相同，全面支配的要求也不過是會讓專制的研究者們覺得似曾相識而已。如果說極權擴張與帝國主義擴張的主要差別，在於前者不辨本國與他國之別，那麼專制祕密警察與極權祕密警察之間的主要差別，就在於後者並不搜捕祕密思想，也不使用情報機構的老方法，亦即挑撥煽動（provocation）的方法。[91]

由於極權祕密警察是在平定整個國家之後才開始啟動，因此在外部觀察者看來，它總是顯得

完全多餘，或是相反地，它會誤使他們認為有某種祕密反抗存在。[92]多餘情報機構的存在並非新鮮事；它們總是煩惱於要如何證明自己的用處，並在完成原本的任務後要怎麼保住工作。基於這種意圖而出現的操作方式，使後人學習革命歷史變得格外困難。比如，在路易拿破崙統治期間，似乎不存在任何不是由警察自己引發的反政府行動。[93]同樣地，間諜在帝俄所有革命政黨中扮演的角色，都強烈表明若沒有他們「鼓勵性」的挑撥煽動，俄國革命運動恐怕就遠不會那麼成功。[94]換言之，挑撥煽動在維持傳統延續方面的作用，毫不遜色於它一再破壞革命組織的程度。

挑撥煽動的雙重角色或許正是極權統治者討厭它的一個原因。更有甚者，只有在逮捕與懲處的嫌疑還不夠充分的前提之下，挑撥煽動才明顯是必要的。為了誘捕他認定為敵人的某個人，還必須訴諸挑撥煽動，這當然不會是任何極權統治者所希望的。比上述技術性考量更重要的是，極權主義在奪權前是根據意識形態來界定敵人的，因此「嫌犯」的範圍也就並根據過警方資訊來建立。於是無論是納粹德國的猶太人、還是蘇聯的前統治階級後代，都沒有真正被懷疑有任何敵對行為；他們是根據意識形態，而被宣布為體制的「客觀」敵人。

專制政體的祕密警察與極權體制下的祕密警察，這兩者的主要差別，就是「嫌犯」與「客觀敵人」之間的差別。後者的界定是根據政府的政策，而不是他是否有推翻政府的意圖。[95]他從來都不會是一個必定會引爆其危險思想的人，也不是已被證實過往記錄的人，而是一個如同「疾病攜帶者」般的「傾向攜帶者」（carrier of tendencies）。[96]在實際行為上，極權統治者進行的方

式，就像是一個人持續不斷地攻擊另一個人，直到所有人都知道這個人是他的敵人，從而他也就獲得了用殺害這個人的方式來自衛的某種（貌似）合理性。這當然有點粗糙，但它管用：所有曾目睹某些成功野心家如何消滅競爭對手的人，對此都會心領神會。

「客觀敵人」這一觀念的引入，對於極權體制的運作來說，具有比在意識形態上進行的分類更決定性的作用。如果僅僅是討厭猶太人或布爾喬亞的問題，那麼極權體制在完成一個罪惡滔天的任務之後，似乎就可以回歸正常生活與正常政府。而我們知道，情況恰好相反。客觀敵人這一範疇比最初用意識形態確立的運動敵人存在得更久；根據不斷改變的形勢，會發現新的客觀敵人：預見到猶太人滅絕計畫即將完成的納粹，早已開始進行為清算波蘭人民而做的必要預備步驟，而希特勒甚至計劃要大量殺害特定類別的德國人；[97]布爾什維克則在拿前統治階級開刀之後，轉而針對富農（在三〇年代初）施展完全的恐怖手段，在富農之後則是具有波蘭血統的俄羅斯人（一九三六年與一九三八年之間），戰爭期間則是韃靼人與伏爾加河的德國人，戰後則是前戰俘與佔領區的紅軍單位，而在猶太國家建立後則是俄國猶太人。這些類別的選擇從來都不是完全任意的；由於它們會被公佈，而且還要用於境外運動宣傳，因此它們必須看起來確實有可能成為敵人；特定類別的選擇甚至通常要歸諸運動的某種宣傳需要：例如，若忽然出現前所未有的官方反猶主義的緊急措施，這或許是為了讓蘇聯在歐洲衛星國中贏得同情支持。要求那些被「客觀」辨認出來的敵人進行主觀招供的作秀公審，正是基於這些意圖；它們最好的演出者就是那些

已經接受過意識形態教化灌輸的人，這種灌輸讓他們「在主觀上」得以理解他們自身的「客觀」危害，並「捨身成仁」地招供。[98]「客觀」的身份根據當前的主導形勢而改變，因此一旦某個類別被消滅，就會對另一個宣戰；「客觀敵人」的概念準確對應於極權統治者一再重申的事實處境：亦即，他們的體制不是任何傳統意義上的政府，而是一場運動，其前進過程總是會不斷遭遇到新的不得不予以清除的阻礙。在人們仍能夠極權系統內談論的任何合法的思想中，「客觀敵人」都會是其中的核心觀念。❶

與這種從嫌犯到客觀敵人的轉變密切相關的，乃是祕密警察在極權國家中的地位變化。情報機構早就被人們恰如其分地稱作國中之國，這種情況不僅僅存在於專制制度之下，在立憲政府或半立憲政府底下，情況也是如此。僅僅是掌握祕密情報這一點，就總是能決定性地賦予這一機構凌駕其他行政部門的優越地位，並對政府人員造成公然的威脅。[99]相反，極權警察則全面服從於領導人的意志，唯有領導人一人能夠決定誰將是下一個潛在敵人，而且就像史達林會做的那樣，領導人還可以挑出一些祕密警察幹部來清算。由於警方已不再被允許使用挑撥法，因此他們也就被剝奪了長久獨立於政府而存在的唯一可行手段，並且變得完全要依靠高層權威來確保自己的位

❶譯註：這裡從由意識形態確立的敵人到客觀敵人的說法，可以跟下一章對意識形態的討論結合起來理解，下一章同樣認為重要的不是意識形態內容本身，而是意識形態所導出的邏輯性。

子。就如同非極權國家的軍隊，極權國家的警察僅僅執行政策，而且喪失了他們在專制官僚體系下還保有的所有特權。100

極權警察的任務不是發現罪行，而是在政府決定逮捕某類民眾時供其差遣。他們的主要政治特點在於，只有他們獲得了最高權威的信任，並且了解將會實行的政治路線為何。這不僅僅適用於高層政策方面，諸如清算整個階級或整個族群（在三〇年代初，只有國家政治保衛總局的幹部們知道蘇聯政府的實際目的，而在四〇年代初，只有親衛隊各組織知道猶太人將要被滅絕）；關於極權統治下的日常生活，要點是在一個企業的內部，只有內務人民委員部代理人才會被告知莫斯科的真正意圖，比如當莫斯科那邊命令要加速導管製造時，這究竟僅僅意味著想要更多的導管，還是要毀掉該工廠的廠長？要清算整個管理層，還是要取締這個工廠？抑或是最終要在全國重複這一命令，以便開啟一場新的清洗？

情報機構之所以具有其代理人不知彼此的多重化特質，一個重要原因就是全面支配需要最極端的流變性：用我們前面的例子來說，莫斯科或許也還不知道當它發出導管指令時，究竟它要的是導管（這總是需要的）還是清洗。情報機構的多重性使它有可能在最後一分鐘做出改變，從而當一個部門準備要授予該廠廠長列寧勳章時，另一個部門有可能正在安排逮捕這位廠長。警察機構的效率在於，居然可以同時為這樣相互矛盾的任務指派做好準備。

在極權體制下，就像在所有其他體制之下一樣，祕密警察壟斷了某些關鍵資訊。但是這種只

有警方才能掌握的知識已經歷重大變革：警方不再關心是否了解未來受害者下一步會有什麼舉動（在大部分時間，他們都無視誰會是受害者的問題），而且警察已成為最高國家機密的被委託人。這自動意味著特權與地位的巨大提升，即便與之伴隨的是真實權力的明確損失。情報機構不再知領導人所不知；在權力上，他們已淪落到執行者的層次。

從法律的視角來看，甚至比從嫌犯到客觀敵人的轉變還更有趣的是，極權主義用犯罪可能（the possible crime）取代了犯罪嫌疑。犯罪可能的主觀色彩並不遜色於客觀敵人。嫌犯因為被認為有能力犯下多少符合其人格（或其嫌疑人格）[101]的罪行而被捕，而極權版的犯罪可能則建立在對客觀發展方向的邏輯性預測之上。對老布爾什維克衛士與紅軍將領所進行的莫斯科審判，就是懲處犯罪可能的經典例子。在異想天開、純屬編造的指控背後，人們可以輕易覺察出如下邏輯的算計：在蘇聯的這些發展方向會導致一場危機，危機會導致史達林獨裁被推翻，進而削弱國家的軍事力量，而且還有可能會造成新政府不得不與希特勒停戰、甚至要與之結盟的局面。於是史達林持續宣稱存在一種推翻政府的陰謀、一種與希特勒合謀的行為。[102]與這些「客觀」（即便完全不太可能發生）的可能性作對的，唯有一些「主觀」因素：諸如被告的可信賴程度、他們的疲憊程度、他們是否未能理解正在發生什麼事、他們是否堅信沒有史達林就會失去一切、他們對法西斯的仇恨是否真誠；換言之，就是許多事實細節，它們自然都缺乏虛構且合乎邏輯之犯罪可能的那種一貫性。極權主義的核心設定就是一切皆有可能，從而通過持續消除所有事實限制，這會導

向一種荒謬而可怕的後果，也就是統治者所能想到的一切罪行都必須被懲罰，無論它是否有被犯下，都無關緊要。就像客觀敵人一樣，犯罪可能當然也超出了警察的能力範圍，警察既不能發現它、發明它，也無法觸發它。情報機構在此完全仰賴政治當局。它們作為國中之國的獨立性已一去不復返。

只有在一個方面，極權祕密警察仍與非極權國家的祕密警察十分相似。祕密警察在傳統上（也就是自富歇以來）就會從其受害者身上牟利，並通過某些非正式管道擴充國家劃撥的官方預算，其方式不過是在它應予鎮壓的各種活動中，設定好某種合夥關係，比如賭博與賣淫。[103]從友好地接受賄賂到粗暴地進行訛詐，這些非法的斂財方式本身，無不是將情報機構從公共權威機關之下解放出來、並強化其國中之國地位的突出因素。看著警方從受害者身上獲取收入的斂財手段歷經種種變遷而屹立不搖，這真是一幅奇特的景象。在蘇聯，內務人民委員部幾乎完全依靠剝削奴工為生，奴工除了替龐大的情報機構斂財外，似乎的確就沒有再帶來什麼其他利潤、也並未再服務於其他目的了。[104]希姆萊首先通過沒收猶太人的財產，來金援作為納粹祕密警察骨幹的親衛隊；接著他與農業部長達黑（Richard Darré）簽訂了一項協議，根據這項協議，達黑每天通過低價從國外購入農產品、並在國內以固定價格售出而獲得的收益中，要分出好幾億給希姆萊。[105]在戰爭期間，這一正規收入管道自然就消失了；托特（Fritz Todt）的繼任者史佩爾（Albert Speer）是一九四二年之後德國最大的人力雇主，他在一九四二年向希姆萊提出了一項類似的交易；如果

希姆萊同意親衛隊可以不過問進口奴工的事，以免讓他們工作效率變得太低，那麼史佩爾組織將會為親衛隊提供一定比例的利潤。[106]除了這項多少還算正規的收入，希姆萊還增添了金融危機時代情報機構會採用的敲詐老方法：親衛隊各單位在各自的社區中組建「親衛隊之友」團體，強迫後者「自願」為當地親衛隊成員提供必要資金。[107]（值得注意的是，在納粹祕密警察的各種斂財方式中，並沒有剝削囚犯這一項。戰爭的最後幾年則是例外，當時集中營的人力運用已不再完全由希姆萊決定，而在集中營內工作也「除了增加不幸囚犯的負擔與折磨外，不再有任何理性目標」。[108]）

然而這些非常規的斂財手段乃是祕密警察傳統所遺留的唯一痕跡，且並不十分重要。它們之所以能夠保留下來，是因為極權體制普遍看不起經濟、金融事務，從而這些在正常情況下會被視為非法、且會讓祕密警察有別於其他更體面的行政部門的方式，已不再會揭示出這是一個享有獨立性、不受其他當權機關管控的部門，不再會揭示出它籠罩在不正規、不體面、不安定之氛圍當中。相反，極權祕密警察的地位已完全穩固，其機構也已全面整合在行政系統當中。這個組織不僅沒有超出法律的範圍，而且它更是法律的化身，它受人尊敬之處毋庸置疑。它不再根據自主動機來組織殺人犯，不再挑起針對國家與社會的冒犯行為，而且還持續嚴厲打擊一切形式的行賄、敲詐及非正規財政收入。伴隨著非常具體的威脅，希姆萊在戰爭期間向他的親衛隊隊員們傳達了這樣的道德演說：「我們擁有掃除這個致力於掃除我們的（猶太）民族的道德權利，但是我們無

權以任何方式讓自己致富，無論是獲取一件毛皮外套、一隻手錶、一個馬克還是一支香菸」；[109]這其中表達的想法，是我們在祕密警察的歷史中絕對無法找到的。如果說祕密警察仍然關注「危險思想」，那麼也絕對不是嫌疑者自己知道的危險；所有知性、藝術生活的組織編制都被要求不斷重建、更新其標準，這自然也同時伴隨著要反覆消滅具有「危險思想」的知識份子，而這些「危險思想」中的想法通常在前一天還被視作完全符合正統。因此當祕密警察的警察功能已在一般意義上變得多餘的時候，其經濟功能雖然有時會被認為是取代了警察功能，但它實際上更為可疑。不可否認，內務人民委員部會定期聚集一定比例的蘇聯人口，將他們送進集中營（它們以強制勞動營這一粉飾的誤導名稱而為人所知）裡；[110]而且即使這很有可能是蘇聯解決失業問題的方式，人們也知道這些集中營的產出遠遠低於普通蘇聯勞工，根本無法負擔警察機構的支出。

祕密警察的政治功能則既不可疑，亦非多餘，在極權體制的權力機構中，它無疑是所有政府部門中「組織最完善且最有效率」的機構。[111]它構成了政府真正的執行機構，所有命令都透過它來傳達。極權統治者透過特務網絡，創造了一條可以直接執行其意志的傳輸帶；這條傳輸帶有別於表面階層的洋蔥式結構，它與其他機構完全切斷、隔絕。[112]在此意義上，祕密警察特務們是極權國家中唯一公開的統治階級，他們的價值準則與價值尺度瀰漫在極權社會的整個組織結構當中。

就此而言，祕密警察的某些獨特之處，與其說特屬於極權祕密警察，不如說是極權社會的普

遍特徵，這大概也不是太令人訝異的事。在極權統治的情況下，嫌疑人的範圍覆蓋全體民眾；只要背離不斷更動的官方指定路線，每一種思想就都有嫌疑，無論它發生在哪一個人類活動領域。人類存有者就其定義來說就是有嫌疑的，因為他們具有思考的能力，而且這種嫌疑也無法因做出模範行為而被轉移，因為人類的思考能力同樣也是一種改變自己想法的能力。此外，由於人們從來不可能毫無疑問地了解另一個人的內心（在此方面，刑求是唯一試圖獲得那無法獲得者的絕望而永遠徒勞的嘗試），因此如果既不存在某個價值共同體，也不存在作為社會性（有別於心理性）現實的可預測自我利益，那麼就不再有辦法減輕嫌疑。因此，在極權國家的所有社會關係中都瀰漫著相互猜疑，而且就算是在祕密警察的特轄範圍之外，也能夠創造出無處不在的猜疑氛圍。

在極權體制下，曾屬於間諜專利的挑撥煽動手法，如今已成為所有人都有意無意地被迫遵循的一種對待鄰人的方式。在某種程度上，每個人都是其他人的密探；很顯然，如果甚至連與「危險思想」（或是當時任何已成為危險思想者）進行普通而友好的交流，都會引起當局注意，那麼每個人就都會自命為密探。民眾自願合作告發政治反對派、以及提供情報服務，這種現象當然並非前所未有，但是在極權國家中，他們被組織得如此完善，以至於專門人員的工作幾乎成為多餘。在間諜無所不在的系統中，所有人都可能是警方特務，每個人都覺得自己每時每刻都處在監視之下；此外如果形勢使人們的職業前途變得動盪不安，而且最轟動的大起大落也淪為日常，則

每一個詞就都變得可疑曖昧，都服從於回溯式的「詮釋」。

在關乎職涯前途的問題上，人們可以最明顯地看到祕密警察的方法與準則瀰漫極權社會的現象。在非極權體制中，雙面間諜自身的動機幾乎與當局這一方不相上下、有時甚至猶有過之。他每每抱持一種雙重野心：他想要既在革命黨內高升，也在情報機構中升官發財。為了在這兩邊都取得進展，他只需要採取某種特定方法，在正常社會中這種方法就只會是那些要仰賴上級提拔的小職員的祕密白日夢：透過與警方的聯繫，他無疑能夠消滅他在黨內的競爭對手與上級，而透過與革命份子的聯繫，他也有機會擺脫他在警方內部的長官。[113]如果我們考慮當時俄國社會的職業狀況，則會發現與上述方法驚人的類似之處。不僅幾乎所有高層官員都是依靠在大清洗中除掉前任而上位，而且生活中每一步進展也都是以這種方式推動的。差不多每過十年，就會有一場全國範圍的大清洗，來為新鮮出爐、渴求工作的新一代騰出空間。政府自行創造出了這些警方密探以往必須自己創造的升遷條件。

這種整個巨大行政機器定期進行劇烈人員變動的行為，雖然阻礙了職業能力的發展，但仍具有許多優勢：它確保官員們維持相對年輕的面貌，而且阻止了狀況的穩定化，後者至少在和平時期會為極權統治帶來危險；它通過消除資歷與業績，阻止了往往使年輕職員被前輩們綁住的忠誠模式的發展，按照這種模式，年輕職員的升遷道路要取決於前輩的意見與善意；它還會一勞永逸地消除所有的失業危險，確保每個人都能獲得與其教育程度相當的工作。於是在一九三九年，當

蘇聯大清洗宣告結束之後，史達林能夠得意洋洋地說「黨有辦法將超過五十萬名青年布爾什維克黨員推上黨或國家事務的領導崗位」。[114]當一個人想獲得工作，就要依靠不公正地清除前任，則其中所蘊含的羞恥感就跟德國人靠消滅猶太人來獲得職位一樣，具有去道德化的效力：它使每個有工作的人都成為政府罪行的自覺共犯，而且無論他們樂意與否，都成為了這些罪行的受益者；其結果就是，個體越是敏感於他的恥辱，也就越是會熱心捍衛體制。換言之，這一系統乃是領導人原則全幅展開之下合乎邏輯的派生物，也是忠誠度的最佳保障，因為它使每一代新人的生計都仰賴於領導人當前的政治路線，正是這些路線開啟了創造工作機會的大清洗。只要每個人無論遭遇何種結果，都將自己的整個存在繫諸體制的政治利益，那麼它就實現了公共利益與私人利益的等同，這是蘇聯的捍衛者們一向引以為豪的事情（納粹的做法則是取消私人生活領域）；而且當這種事實層面的公私利益等同被打破、下一場清洗將他掃地出門的時候，體制會確保他從生者的世界完全消失。雙面間諜不只被視作祕密警察，而且還由於相差無幾的原因，而被視為革命的動因（沒有革命他就會丟掉工作）；在這方面，由於這種雙面遊戲尤其不可能被永遠玩下去，因此顯赫一時的高升只會以沒沒無名的死亡為終點。當極權政府在所有職業生涯中都設下這些先前僅流行於社會棄民中間的晉升條件時，它就在社會心理上引發了一場影響極其深遠的改變。雙面間諜願意為了擁有幾年志得意滿的巔峰生活，而付出短命的代價，他的這種心理必定會在個人事務方面成為俄國整個後革命世代的指導哲學，這種情況在戰後德國也會出現，其程度更輕微但仍十

分危險。

這個有極權祕密警察在其中發揮作用的社會，正是如此瀰漫著曾經只屬祕密警察專利的準則，而且還要以此維持生存。只有在權力鬥爭仍在進行的初期階段，受害者才會是那些被猜疑為反對派的人。極權祕密警察繼而以迫害客觀敵人來開啟它的極權事業：這些客觀敵人可以是猶太人、波蘭人（納粹那邊的例子），或是所謂的「反革命份子」（「在蘇聯，這種指控可以在被告完全沒有任何問題之前就成立」）；「反革命份子」可以是在任何時候曾擁有過一家商店、一座房子，或是「其雙親或祖父母擁有類似東西」的人，[115]也可以是恰好屬於紅軍的境外佔領部隊的人（譯按：因駐紮境外而接觸到了非極權世界），或是具有波蘭血統的俄國人。只有在完全實現極權的最後階段，客觀敵人以及邏輯上的犯罪可能的概念才被廢除，此時受害者的選擇是完全隨機的，甚至不需要被指控，也不需要被宣稱為不適存活者。這種新的「不合格者」（undesirables）類別，可以像納粹的情況那樣由精神病患或肺病、心臟病患者組成，也可以像蘇聯的情況那樣，由各省比例不等的那些剛好被納入勒令驅逐者的人所組成。

這種始終一貫的任意性對人類自由的抹殺，比任何暴政更有效。要讓一個人被暴政所懲處，他至少還必須是暴政的敵人。對於那些敢冒生命危險的人來說，意見自由尚未被取消。在理論上，極權體制仍然會選定反對派；但是如果一個人自願做出的行動，無論怎樣也會招致其他所有人都必須承受的「懲處」，那麼上述那種自由也就差不多失效了。在此極權系統中的自由，不僅

已退縮到它顯然仍不可摧毀的最後一道防線（亦即自殺的可能）之後，而且還喪失了它的獨特之處（譯按：即自由行動為自身負責的自主性），因為行使自由的後果會由完全無辜的人來共同承擔。如果希特勒當時來得及實現德國人健康普通法案的夢想的話，那麼肺炎患者所遭遇的命運，就會等同於早期納粹體制下共產黨人的命運，以及晚期納粹體制下猶太人的命運。類似地，俄國體制的反對者也遭受了與數百萬被選入集中營湊數的人民同樣的命運，他們充其量不過是替警方免除了任意選擇的負擔。無辜者與有罪者同樣是不合格者。

罪行概念與罪犯概念的改變，確立了極權祕密警察可怕的新方法。罪犯遭到懲罰，不合格者則從地表消失；他們留下的唯一痕跡就是那些了解、喜愛他們的人的記憶，而祕密警察最困難的任務之一，就是要確保甚至這些痕跡也會隨同罪人一起消失。

據報導，國家政治保衛總局在沙皇時代的前輩保衛部曾發明一種歸檔系統：每個嫌犯都被標記在一張大卡片中央，而他的名字則圈在一個紅色圈子裡；用較小的紅色圈圈標記他的政治友人，用綠色圈圈標記非政治熟人；用棕色圈圈標記與嫌犯的朋友有聯繫但不認識嫌犯本人的人；至於嫌犯的政治朋友、非政治朋友與他朋友的朋友之間的交叉關係，則通過在各圈圈之間連線來表示。[116]很顯然，這種方法的限制僅僅在於歸檔卡片的尺寸大小，而且在理論上，一個巨大的單頁就足以顯示出全部人口之間的關係與交叉關係。這正是極權祕密警察的烏托邦式目標。它已經放棄了測謊儀這個舊式警察的傳統幻想，也不再試圖查出誰是誰或誰在想什麼（這種幻想顯然對

所有警察的頭腦都產生了巨大的吸引力，而測謊儀或許就是這種吸引力最寫實的例子；很顯然，除了冷血者或神經過敏的受害人外，複雜測量裝置再也證實不了任何東西。實際上，我們可以用終究可能存在某種讀心術這非理性願望，來解釋此種裝置的使用背後低能的推測方式）。這一古老的夢想已足夠可怕，而且它自古以來就只會不斷導致刑求與最可鄙的殘忍行為。拜其所賜的唯有一件事：就是它要求不可能之事。極權警察藉由現代技術而抱持的現代夢想，則無可比擬地更為可怕。如今警方夢想著一個人只要觀看辦公室牆面上的巨大地圖，就足以隨時確認哪些人與哪些人有所關聯，以及其親密程度如何；在理論上，這一夢想也並非不可實現，即便它在技術執行上仍受限於某些困難。如果這張地圖真的存在，那麼就連記憶也無法擋住極權者的支配要求；這張地圖使人們有可能不留一點痕跡地被抹殺，彷彿他們從未存在過。

如果被逮捕的內務人民委員部特工的相關報導真實可信，則俄國祕密警察現已令人不安地趨近於極權統治的這種理想。警方擁有廣闊國度內每一個居民的祕密檔案，他們仔細列出人們之間的眾多關係，從偶然認識的人到真正的朋友以及家庭成員都不放過；被告們雖然早在被逮捕前就已被「客觀」確立了「罪行」，但警方之所以仍然頻繁訊問他們，正是因為要探究上述這些關係。最終，由於記憶這一人類秉賦對極權統治是如此危險，因此國外觀察者都認為「如果大象從不遺忘這個說法是真的，那麼對我們而言，俄羅斯人似乎就正是大象的相反……蘇聯的心理學機制真正似乎使健忘得以可能」。117

在某些案例中，由於各種原因，體制要面對倖存者的記憶，此時我們就可以看到受害者的這種徹底消失，對於全面支配機器來說有多麼重要。在戰爭期間，一位親衛隊指揮官犯下了可怕的錯誤，他向一名法國婦女透露了她丈夫死於德國集中營的消息；這一疏忽引發了一場小型雪崩式的命令與指令，它們被發給所有集中營指揮官，旨在警告他們無論如何都不能將資訊透露給外部世界。[118]關鍵在於，就這位法國寡婦而言，她的丈夫打從被逮捕的時刻起，就被認為已不在人世，甚至根本從來不曾存在過。同樣地，蘇聯警方的官員們打從出生以來就習慣了這一系統，因此他們只會訝異地發現，波蘭佔領區的人們竟會不顧一切地試圖探知他們被逮捕的親友究竟發生了什麼事。[119]

在極權國家中，警察統治的所有拘留場所都被變成不折不扣的遺忘洞穴，偶然落入其中的人不會留下存在過的任何正常痕跡，比如屍體或墳墓。與除掉一個人的最新發明相比，舊式殺害方式，無論是政治性的還是犯罪性的，都確實相形失效。殺人犯在犯案之後還會留下一具屍體，而且即便他試圖抹除洩露自己身份的痕跡，他仍沒有從倖存者世界的記憶中抹除受害者身份的力量。祕密警察的運作方式則與此相反，它會奇蹟般地將事情處理到受害人根本從未存在的地步。

祕密警察與祕密社團之間的關聯顯而易見。祕密社團的存在會帶來危險的觀點，總是設立祕密警察時需要予以利用的。極權祕密警察是歷史上第一批既不需要也不利用所有暴君都會採用的

老套藉口的人。直到政府的任意決定將祕密警察的受害者們從生者的世界消除，並從死者的世界中消滅有關他們的記憶，這些受害者都始終無法被稱作體制的敵人，而迫害者們也不知道他們的身份；於是受害者們的無名無姓程度勝過所有的保密工作，勝過最嚴密的沉默，乃至勝過陰謀社團的規約對成員的雙重生活施加的最強掌控。

極權運動在爭奪權力的過程中就模仿了祕密社團的某些組織特徵，而且還在光天化日之下成立，但只有在掌握了統治權之後，才開始創造出真正的祕密社團。極權體制的祕密社團就是祕密警察；在極權國家中，唯一被嚴格保守的祕密，唯一存在的祕傳知識，就是有關警察運作方式與集中營狀況的情報。[120]當然大部分民眾、尤其是黨員們，都知曉這些一般事實：有集中營存在，有人消失，有無辜者被逮捕；與此同時，每個生活在極權國家中的人也都知道，談論這些「祕密」乃是最嚴重的罪行。只要一個人的知識還需要依靠同伴的肯定與理解，那麼這種普遍共享但以個人形式保存的資訊，這種從未被溝通交流過的資訊，就會喪失它的實在特性，並表現出純屬夢魘的性質。唯有那些掌握不合格者的最新分類以及黨內骨幹的運作方式這類嚴格祕傳知識的人，才有能力在是什麼構成了所有人的現實這一問題上，進行相互溝通。唯有他們能夠相信自己所知為真。這就是他們的祕密，而為了保守這個祕密，他們建立了一個祕密組織。就算這個祕密組織逮捕了他們，逼迫他們招供，乃至最終清除了他們，他們也仍然維持著成員身份。只要他們保守著祕密，他們就隸屬於菁英組織，而且就算他們被投入牢獄與集中營，通常也不會背叛社

團。121

我們已經注意到，冒犯非極權世界之常識的眾多悖論之一，就是極權主義看似不合理地使用了密謀的方式。在為了推翻政府而進行的權力鬥爭中，明顯受到警察迫害的極權運動，僅是非常節制地使用密謀的方式，然而掌權的極權主義在被各國政府承認、且似乎已脫離革命階段之後，卻開始發展出真正的祕密警察，以作為政府與權力的核心。極權主義似乎認為，獲得官方承認會對極權運動的實際陰謀內容構成更大的威脅，一種內部解體的威脅，其威脅程度要比非極權體制所採取的不太認真的警方措施更嚴重得多（譯按：指極權掌權前被非極權當局的警方所管制的情形）。

事情的真相是，極權領袖們雖然相信他們必須一貫地遵循自己在奪權過程中設定的虛構世界之敘事與規則，但是他們漸漸開始發現這種虛構世界及其規則的全幅意涵。他們對人類無所不能的信念，他們對一切都能透過組織來達成的確信，將他們帶往只有人類想像力能夠勾勒而人類實際活動則絕對無法實現的實驗。他們在何為可能之域的醜惡發現是由意識形態的科學性所引發的，後者已被證明比前科學、前哲學空想的最狂野幻想，還更少受到理性掌控，也更不願意承認事實。他們創立了如今已不再在光天化日下運作的祕密社團，這是一個由祕密警察、政治士兵、或受過意識形態訓練的戰士所組成的祕密社團，其宗旨乃是要將下流的實驗性探究付諸實踐。❶

❶ 譯註：本段所說的何為可能之域的發現，指的是「一切皆有可能」的信念，而實驗室指的則是集中營，兩者的密切關係詳見下一節。

另一方面，在極權統治的狀況下，對抗非極權世界的極權陰謀，亦即支配世界的訴求，也仍像在極權運動階段一樣維持公開且不保密的狀態。在實際層面上，它以全世界都與自己國家對立的陰謀論形式，讓那些被協調整合的「同情者」民眾印象深刻。宣傳極權式二元對立的方式，就是要求每個境外國民都有義務像特務一樣向母國匯報，而外籍人士則都會被看作其本國政府的間諜。[122]極權國家的居民與世界其他部分之所以會被鐵幕隔開，主要是由於這種二元對立在實踐上得到實現，而不是由於某些軍事或其他方面的具體祕密。❷至於他們真正的祕密，亦即集中營，那些全面支配實驗的實驗室，則同樣被極權體制從本國民眾與他國民眾的視野中隱去。

在相當長的時間裡，正常世界的正常狀態都是一種最有效的防護，它可以防止極權體制的大規模罪行被揭露出來。「正常人不了解一切皆有可能」，[123]且在面對窮凶極惡之事時還會拒絕相信自己的眼睛與耳朵，正如大眾人在面對不為他們留下任何位置的正常現實時，也不會相信自己的眼睛與耳朵。[124]極權體制之所以能夠將一個虛構、顛倒的世界實現得這麼徹底，就是因為外部的非極權世界（其中總是包括極權國家內部的很大一部分民眾）也沉溺在不切實際的想法當中，並且在面對真正的不正常現象時逃避了現實，正如大眾在面對正常世界時所產生的反應。這種基

❷ 譯註：這裡的意思是，極權與非極權的二元對立，不是因為極權國家的居民在思想上保守著某種外界不知的祕密，而是因為他們在實際行為上已體現了與外界的對立。

於常識而不願相信窮凶惡極之事的態度，還不斷被極權統治者本人強化，他會確保沒有任何可靠的統計數據、可被掌控的事實與數據能夠出版，因此對於活死人之地（譯按：即集中營）只會有一些主觀、無法掌控且不可靠的報導。

由於這種政策，人們僅僅知道極權實驗的一部分結果。即使我們擁有來自集中營的足夠報導來評估全面支配的可能性，來一瞥「可能之事」的深淵，我們也仍不知道極權體制下的個性改造究竟達到了何等程度。對於我們身邊的正常人中有多少人會願意接受極權生活方式（也就是為了滿足事業夢想而付出短命的代價），我們甚至知道得更少。要了解極權宣傳、乃至某些極權機構能夠在多大程度上滿足新產生的無家可歸大眾的需求，這還比較容易辦到，但是我們幾乎不可能知道，如果個人職業前途進一步受到持續威脅，其中有多少人會欣然默許包括定期消滅多餘人口在內的「人口政策」，我們也不知道一旦他們充分意識到自己越來越沒有承受現代生活負擔的能力，又有多少人會欣然遵從一個將責任連同自發性一起消滅殆盡的系統。

換言之，雖然我們知道極權祕密警察的運作方式與特定功能，但是我們仍不知道這一祕密社團的「祕密」究竟在多大程度上，對應著我們時代大眾的祕密慾望與祕密同謀。

三、全面支配

極權體制下的集中營與滅絕營是作為實驗室來運作的，它所驗證的正是極權主義的基本信念：一切皆有可能。與此相較，其他所有實驗都是次要的（包括在對第三帝國醫生的審判中詳細記錄下來的種種恐怖的醫學實驗），即便這些實驗室的特徵就是會被用於各種各樣的實驗。

全面支配力求將人類無限的複數性（plurality）與區異性（differentiation）給編組起來，彷彿人性的一切都僅僅屬於單一個體；若想實現這種企圖，就只有讓每一個人都能夠被化約為由各種反應構成的永不改變的同一性，進而這些反應束（bundles of reactions）中的每一束，都能夠隨機與其他任何一束相替換。關鍵就是要製造出某種不存在的事物，亦即一種類似其他動物物種的人類物種，它唯一的「自由」將會是「物種保存」（preserving the species）。[125]極權支配試圖同時通過菁英組織的意識形態灌輸與集中營的絕對恐怖，來達成這個目標；冷酷地利用菁英組織來犯下暴行，彷彿已成為意識形態灌輸的實踐應用（亦即意識形態灌輸必須在此進行自我證成的檢測基地），而集中營的駭人景象則為意識形態提供了「理論上的」驗證。

集中營不僅打算要滅絕人、貶低人類存有者，而且還在科學控制的條件下，致力於陰森可怕的實驗，這些實驗旨在消滅表達人類行為的自發性本身，還想要將人的人格轉變成一個純粹的物件，轉變成甚至連動物都不是的某個物；我們都知道，巴夫洛夫的狗乃是一種扭曲倒錯的動物，

因為牠被訓練成不是在飢餓的時候、而是在鈴響的時候進食。

在正常狀況下，這絕對無法達成，因為只要自發性不僅關聯於人類自由，而且關聯於生命自身，也就是單純維持生存，那麼自發性就絕對無法被完全消除。只有在集中營裡面，這樣的實驗才有可能進行，因此集中營不僅是「比現實更極權的社會」（盧塞語）而已，它們大體上還是全面支配的主導性社會理想。正如極權體制的穩定性取決於運動虛構世界與外部世界的隔絕程度，在集中營裡的全面支配實驗，也要依靠將集中營封鎖、隔絕於外面的世界，隔絕於廣大的生者世界，甚至還隔絕於極權統治國家中的外部世界。這種隔絕解釋了為什麼所有來自集中營的見證都具有獨特的非現實性、都缺乏可信度，也構成了正確理解極權支配的的一大困難，這種理解會伴隨著集中營與滅絕營而存滅；因為雖然表面上看不出來，但這些集中營才是極權組織權力真正的中心機構。

如今我們有許多來自倖存者的見證。[126]它們越是真誠，就越不嘗試傳達那些超離人類理解與人類經驗的東西，也就是那種將人轉變成「毫無怨言的動物」的痛苦。[127]這些見證中沒有一份會引發憤怒、同情，這類通常會將人們動員起來為正義而戰的激情。相反，任何談論或書寫集中營的人都仍會被視作嫌疑人；如果講述者決心返回生者的世界，他本人就往往會遭到攻擊，會被懷疑其本身的誠實與否，彷彿他只是錯將一場夢魘當成了現實。[128]

對這些人本人、以及對他們的經驗是否符合現實的這種懷疑，只不過揭示出了納粹向來就知

道的事情：決定要犯下罪行的人會發現，最好是以最巨大、最不可能的規模來組織這些罪行。不僅僅是因為如此會使司法系統下的所有懲罰都變得荒謬且無法勝任；這些罪行本身的無邊無際也會為殺人犯提供保護，讓他們可以用各種謊言來宣稱自己清白無辜，而且他們還會比講述真相的受害者更容易取信於人。❶納粹甚至認為不需要獨享這一發現。在希特勒散播了數百萬本的書中，他表示謊言要成功，就必須大到無邊無際：這不會讓人們不相信他，這正如納粹令人作嘔地一再宣稱猶太人將會像臭蟲一樣被滅絕，卻不會讓任何人懷疑。

通過大方的合理化手法，來搪塞解釋本質上難以置信之事，這對人們來說是一種很誘人的做法。在我們中間的每一個人身上，都潛藏著這樣一個寬大為懷之人，會用常識的語調來哄騙我們。通向極權支配的道路上會經過許多中間階段，我們可以為它們找到無數對照與先例。在極權統治的最初階段，格外血腥的恐怖行為的確完全致力於擊敗反對派，而且旨在使接下來不再存在任何反對派；但是只有在經過這一最初階段而且極權體制不再害怕反對派之後，全面恐怖才開始啟動。在此背景下，人們往往會注意到，手段已變成了目的，但這畢竟只是在悖論的偽裝之下，承認「目的證成手段」已不再適用於這一範疇，承認恐怖已喪失了它的「目標」，而且也不再是

❶ 譯註：普利摩．李維（Primo Levi）在《滅頂與生還》中，還提到另一種更曖昧的現象，就是許多人因為對自己所做、所承受之事覺得反感，因此開始用虛構、捏造、修補的情節來取代真實記憶，最後真假、善惡之間的界限會變得模糊。參見普利摩．李維著，倪安宇譯，《滅頂與生還》（台北：時報文化，二〇二〇年），頁40-51。

恐嚇人民的手段。這種解釋同樣不足以證明，這就像是法國大革命的案例那樣，是革命在吞噬自己的孩子，因為甚至在因某種資格（以俄國來說，是黨的權力中心、軍隊、官僚制），而被形容為革命之子的人全都被吞噬之後，恐怖也仍在繼續。對於如今已成為極權政府特色的許多東西，從事歷史研究的人早已耳熟能詳。歷史上總是會發生侵略戰爭；而在羅馬人採用寬恕被征服者的政策來予以緩和之前，戰爭勝利後總是會發生對敵方人民毫無節制的大屠殺；在數百年間，美洲、澳洲、非洲的殖民化進程始終伴隨著原住民的滅絕；奴隸制是人類最古老的制度之一，所有古代帝國都是依靠國家奴隸的勞動來建立公共建築。甚至連集中營也不是極權運動的發明。它們首次出現在本世紀初的波耳戰爭中，而且在南非、印度，繼續用於「不合格群體」；我們在這些地方也首次看見了後來被第三帝國採納的「保護性拘留」一詞。這些集中營在許多方面，都對應著極權統治之初的集中營；它們被用來關押那些無法被證實其違法行為，且無法以常規法律程序來審判的「嫌犯」。這些現象都清楚指向極權支配方式；在「一切皆被准許」這個被他們繼承且視為理所當然的虛無主義原則基礎上，這些現象都成為了他們利用、發展、結晶的元素。但是一旦這些新的支配形式採納真正的極權結構，它們就會超越這個仍受限於統治者的功利動機與自身利益的原則（譯按：即一切皆被准許），並試圖將觸手伸向一個我們至今仍完全無知的領域：「一切皆有可能」的領域。而且堪稱典型的是，這正是一個功利動機或自我利益都無法限制的領域，無論其利益的內容為何，都不例外。❶

與常識處於對立面的，並不是「一切皆被准許」這一虛無主義原則，這個原則早已被包含在十九世紀的效益主義式常識概念之中。常識與「正常人」拒絕相信的是一切皆有可能。[129] 我們所試圖以當前或回溯的經驗來理解的元素，根本就超出了我們的理解能力。對於我們試圖歸為犯罪的這種事情，實則所有人都不覺得這些犯罪範疇有辦法涵蓋它。當我們面對大規模的屍體製造時，謀殺的概念還有什麼意義呢？我們試圖在心理上理解集中營囚犯與親衛隊隊員的行為，但是同時我們必須意識到，內心（psyche）是可以被摧毀的，這甚至無須摧毀人的肉身；我們也必須意識到在某些狀況下，內心、性格、個體性的表達方式似乎只剩下其瓦解的快慢程度而已。[130] 無論如何，最終的產物都是一些行屍走肉，也就是一些在心理學上無法被理解的人，他們重返心理上或心智上的人類世界的方式，極類似於拉撒路（Lazarus，譯按：聖經中死後四天被耶穌從墳墓中復活的人物）的復活。所有基於常識的表述，無論是心理學上的還是社會學上的，都只會助長那些將「執著於談論恐懼」（dwell on horrors）視作「表面膚淺」的想法。[131]

如果說集中營的確是極權統治最重要的建制，那麼要理解極權主義，「執著於談論恐懼」似乎就必不可少。但是回憶錄所能做的，並不會比不可溝通的（uncommunicative）目擊見證更

❶ 譯註：鄂蘭在這裡的說法呼應了她後來在本書方法論上強調的一個重點，亦即在結晶成極權的各元素（帝國主義）與實際結晶出來的極權結構本身之間，存在本質性的斷裂。這種斷裂在此呈現為從「一切皆被准許」的虛無主義式利益觀，轉向超越利益動機的「一切皆有可能」。

多。這兩種文類都有一種逃離實際經驗的傾向；基於本能或理性，這兩類作者都非常清楚那種將生者世界與活死人世界分隔開來的可怕深淵，因此他們所能提供的就只有自己記得的一連串偶然事件，而敘述者本人必定跟聽眾一樣，覺得這些事件聽起來難以置信。❶那些被這類見證所觸動、但自己的肉身並未實際遭受此等打擊的人，那些因此得以擺脫獸性、絕望的恐怖（一旦經過真實出現在當前的恐懼，這種恐怖就會頑固地寄生在當事人所有不完全是條件反射的行為上）的人，只有他們的想像力才有辦法繼續思考恐怖。❷這些思考只會在感知政治氛圍、帶動政治激情這方面發揮作用。思考恐怖跟真實的恐懼體驗一樣，不會引發各種人格的改變。將一個人化約為一串反應所產生的隔絕效果，就跟精神疾病將人與他內在的個性或性格等一切特質隔絕開一樣。當他像拉撒路一樣從死者中間返回人世之際，他發現自己的個性或性格就像被拋下時一樣原封未動。

恐懼或執著於談論恐懼，並不能引起性格的改變，也不能讓人變得更好或更糟，因此它同樣

❶ 譯註：普利摩・李維在《如果這是一個人》中提到，他在暫時因傷被轉入醫務室期間，才有辦法開始思考集中營裡的生活，而在平時勞動時根本沒有時間思考，根本處在麻木狀態。參見普利摩・李維著，吳若楠譯，《如果這是一個人》（台北：啟明出版，二〇一九年），頁94-95。

❷ 譯註：鄂蘭認為實際體驗過集中營恐怖的人，會始終受到恐懼經驗的糾纏，無法平靜下來思考這種恐懼，而並未實際經歷這種恐懼的人，則可以憑藉想像力來思考這種恐懼。

也不能成為政治共同體或狹義上的政黨的基礎。想要通過建立在共同的歐洲集中營經驗之上的歐洲相互理解工程，來培養歐洲菁英的嘗試，其方式正同於一戰後要從前線世代的國際經驗中，導出政治結論的嘗試。這兩個案例都顯示出，經驗本身所能傳達的不過是虛無主義的陳詞濫調而已。[132]比如像戰後和平主義這樣的政治產物，乃是源自對戰爭的普遍恐懼，而非源自戰爭中的經驗。比起產出缺乏現實感的和平主義，由恐懼所引導、引發的對於現代戰爭構造的觀察，或許已經導出這樣一種認識，亦即判斷戰爭已不可避免的唯一標準，就是為了對抗那種讓人們不再希望活下去的狀況而戰；而我們從極權集中營的酷刑地獄中獲得的經驗，已讓我們對發生此種狀況的可能性再熟悉不過了。[133]於是對集中營的恐懼，以及對全面支配之性質的了解，讓從右到左所有過時的政治劃分失效，並且在它們之外、之上引入了最重要的政治尺度，藉以評斷我們時代的各種事件，這就是：它們是否為極權支配服務。

無論如何，上述對恐懼的駭人想像都具有巨大的優勢，它可以瓦解那些詭辯—辯證式的政治詮釋；這些詮釋都建立在一種迷信之上，這就是從邪惡之中會產生某種善。只要一個人能對另一個人做的最糟的事情就是殺死對方，那麼這種辯證法特技就至少在外表上還具有某種正當性。但是正如我們今日所知，殺人不過是一種有限的惡。殺害了一個人（一個終究必有一死的人）的兇手，仍停留在我們所熟悉的生死之域；死者與兇手之間存在一種使辯證法得以成立的必然連結，縱使這連結並不總是會被意識到。兇手留下了一具屍體，而且也不會假裝他的受害者從未存在

過；即使他清除了任何痕跡，那也不過是一些會洩露他自己身份的痕跡，而不是喜愛受害者的人們的記憶與悲痛；他毀滅了一個生命，但是他並未毀滅這條生命存在的事實本身。❶

納粹有自己獨特的精準性，他們曾以「在夜幕的掩護下」（夜與霧，譯按：這是希特勒一項旨在祕密殺害囚犯的命令的名稱）的標題來啟動集中營。納粹對待人們就像他們從未存在過一樣，並讓他們在消失一詞的字面意思上消失，❷這些手法的激進程度乍看起來並不明顯，因為無論是德國還是俄國的系統都沒有完全統一，而是由一系列的分類類別組成，人們會按照這些類別而遭到非常不同的對待方式對待。以德國為例，這些不同類別曾存在於同一個集中營中，彼此卻不會發生關聯；各類別之間的隔絕程度，甚至往往更甚於集中營與外部世界的隔絕。於是基於種族方面的考量，戰爭期間德國人對待斯堪地納維亞國民的方式，與對待其他民族的方式差異極大，即使他們是納粹的公開敵人（譯按：斯堪地納維亞人被納粹歸為較純種的雅利安人）。至於其他民族，則被區分為那些「滅絕程序」已直接排在日程表上者（比如猶太人），或是那些在可預見的未來會被滅絕者（比如波蘭人、俄羅斯與烏克蘭人），以及尚未被這一全面「最終解決方案」的相關指

---

❶ 譯註：鄂蘭的意思是，所謂的詭辯—辯證式詮釋，會在類似殺人的案例中，根據被害者死後所遺留的結果（如屍體、親友反應等），來推導出另一種可能是正面的結果，然而在全面抹除所有痕跡、所有結果的極權謀殺中，連這種根據因果關係而推導的詭辯詮釋都無法成立。

❷ 譯註：所謂消失（disappear）的字面意思就是指，納粹使一個人彷彿從未在世界上出現（appear）過。

示所涵蓋者（比如法國人與比利時人）。另一方面，我們必須在俄國區分出三個獨立系統。首先，這裡存在真正的強迫勞動群體，他們生活在相對的自由當中，並被判處了有限的刑期。其次則有集中營，在其中的人力資源被無情壓榨，死亡率極高，但它們在本質上是基於勞力目的而組織起來的。第三種則是滅絕營，裡面的囚犯被以飢餓與置之不理的方式來進行系統性清理。

集中營與滅絕營的真正恐怖在於如下事實：囚犯們即便還活著，也會與生者世界切斷聯繫，其切斷效果比讓他們死掉還更徹底，因為恐怖強迫人遺忘。在這裡，殺人就像捏死一隻蚊子一樣無關痛癢。一個人的死亡，或許是系統性刑求或飢餓的結果，或許是因為集中營過載，必須清除多餘人力。或許也會發生相反的情況：由於缺少新的人力輸入，從而出現了營內人口減少的危險，於是就下達了不惜一切代價降低死亡率的命令。[134]大衛．盧賽將他有關德國集中營期間的見證稱作「我們的死亡歲月」，彷彿的確有可能讓死亡過程本身具有永久性，也有可能實現一種將生與死同樣有效阻斷的狀態（譯按：即集中營裡的活死人狀態）。

正是某種我們先前聞所未聞的根本惡（radical evil）的出現，終結了發展、轉化人格特質的觀念。在此不存在政治的、歷史的準則，或是單純的道德準則，頂多是似乎有某種東西被捲入了現代政治當中，而根據我們以往的理解，這種東西絕不應該涉入政治，這就是全有或全無（all or nothing）的極端抉擇：不是全有，也就是人類共同生存形式那不可確定的無限可能，就是全無，也就是集中營系統的勝利將為人類帶來無可改變的厄運，正如核武的使用之於人類種族一

般。

不存在任何可與集中營生活相類比的例子。它的恐怖從來都無法被想像力充分涵蓋，這正是因為它處於生死之外。而它從來都無法被充分見證報導的原因，也正是因為倖存者已返回生者的世界，這使他不可能完全信任自己的過往經驗。他要講述的彷彿是另一個星球的故事，因為在生者的世界中，沒有任何人知道這些囚犯到底算是生者還是死者，從而這些囚犯的狀況也就像是從未出生過一般。因此這些案例都只會製造混亂，並分散人們對於事情本質的注意力。監獄與流放地的強制勞役、流放、奴隸制，一度似乎都能為此提供有用的對比參照，但若更細緻地檢視，則又什麼也無法得出。

強制勞動作為一種懲罰，會受限於時間與強度。囚犯仍保留自己的身體權利；他並沒有完全被嚴刑拷打，也沒有被完全支配。流放僅僅是將人從世界的一部分，驅逐到仍有人類居住的另一部分；它並沒有將人從人類世界完全排除。在整個歷史當中，奴隸制都是一種社會秩序之內的建制；奴隸並不像集中營的囚犯那樣退出人們的視線之外，從而也退出同伴的保護之外；作為勞動工具，他們具有明確價碼，而且還擁有作為資產的明確價值。集中營的囚犯沒有價格，因為他總是可被替代；也沒有人知道他歸屬何人，因為他從未被看見。就正常社會的角度而言，他是絕對多餘的，儘管在勞力嚴重短缺的時期，像是在戰時的俄國與德國，他也曾被派去工作。

作為一項建制，集中營不是為了達到任何勞動產量而建立的；集中營唯一的永久經濟功能，

就是為它們本身的監控機器提供資金；於是從經濟的角度來看，集中營幾乎就是為其自身而存在的。裡面進行的任何工作，本來都可以在不同的條件下以品質更好、成本也更低廉的方式完成。[135]尤其是在俄國，大部分的集中營都被形容為強制勞動營，因為蘇聯官僚們選擇用這個名字來裝點它們，而這只會最清楚不過地揭示出強制勞動並非首要問題；強制勞動乃是所有俄國工人的常態，他們沒有移動的自由，而且可以任意地被隨時派遣到任何地方工作。恐怖的難以置信，與它們在經濟上的無用密切相關。在戰爭期間，納粹把這種無用發揮到了公然反效益的地步：他們罔顧建材與交通工具的短缺，仍然要設立龐大且開銷巨大的滅絕工廠，並來來回回地運送著數百人。[136]在嚴格遵循效益原則的世界眼中，這些行為與軍事利益之間的明顯矛盾，為整件事賦予了一種瘋狂非現實的氛圍。

這種瘋狂且非現實的氛圍，是由明顯缺乏目的的狀況創造出來的，它是將一切形式的集中營從世界眼中隱去的真正鐵幕。從外部觀之，集中營以及發生在集中營裡的事情，只能用死後生活的意象來描繪，也就是一種移除了世間目的（earthly purpose）的生活。集中營很適合被區分成三種類型，分別對應著三種基本西方觀念中的死後生活：陰間（Hades）、煉獄（Purgatory）與地獄（Hell）。對應陰間的是那些相對溫和的形態，它們甚至在非極權國家也一度盛行，是用來掃除各種不受歡迎的人（難民、無國之人、反社會份子、無業遊民）；難民營（DP camp）不過是為那些變得多餘且讓人厭煩的人而設的，它們在戰爭之後也仍繼續存在。煉獄則由蘇聯的勞動

營代表，其中的狀況是漠然棄置與無序強制勞動的結合。最接近原本意義的地獄，則體現為納粹所達成的那些集中營類型，它們以達到痛苦折磨之最大可能為目標，徹底且系統性地組織起整個生活。❶

這三種類型都有一個相同之處：它們對待隔絕在其中的眾多人類的方式，就像是他們不曾存在過，就像是他們已經死去，卻同時有某個發瘋的惡靈為了自娛，而在准許他們歸於永久安息之前，暫時讓他們停佇在生與死的中間階段。

引發如此無法無天的殘忍行為，並最終使滅絕行為看來像是一種無比正常之舉措的，與其說是帶刺鐵絲網，還不如說是在被鐵絲網圍起來的人群當中，極富技巧地製造出來的那種非現實。對我們來說，集中營發生的一切都只能被認為是來自充滿顛倒、惡毒之幻想的世界。我們很難理解的事情是，這些令人毛骨悚然的罪行固然就如上述幻想一般發生在一個幽靈般的世界，然而這個幽靈世界彷彿已具現成了這樣一個世界：它具備現實世界的所有感官材料（sensual data），卻缺乏因果與責任的結構；若沒有這一結構，則對我們而言，現實就只會呈現為大量無法理解的材

---

❶ 譯註：鄂蘭約在一九四八年曾寫過一份研究計畫的備忘錄，提出要從歷史、政治、法律、社會、心理等角度對集中營進行全面研究，而且還要廣泛比較不同國家（包括非極權國家）的狀況（Hannah Arendt Papers: Speeches and Writings File, 1923-1975; Miscellany; Outlines and research memoranda, 1946, undated; 1 of 2）。可惜這項研究後來沒有真正進行，本節可算是部分成果。

料。❷其結果就是建立起這樣一個場所，在其中人們被刑求與殺害，但與此同時，無論是刑求者還是被刑求者，或至少是所有局外人士，都未能意識到正在發生的事情遠不止是一個殘忍遊戲，或一場荒唐的夢而已。[137]

戰後，盟軍在德國及其他地方散播的影片，清楚顯示出這種瘋狂且非現實的氛圍無法單靠新聞報導就予以解除。對於並無偏見的觀察者來說，這些圖片的可信程度，差不多就像是在招魂儀式上對那些神祕靈體拍下的快照。[138]面對布亨瓦德（Buchenwald）集中營與奧許維茲集中營的恐怖，人們會有的常識性反應就是一種貌似合理的想法：「這些被如此對待的人該是犯下了多大的罪行啊！」或是在德國與奧地利，在飢餓、人口過剩、普遍仇恨的氛圍中的反應：「他們不該停止毒死猶太人。」而到處都有人對這徒勞無益的宣傳，抱持懷疑的無所謂態度。

如果說真相宣傳因為內容太過窮凶惡極，而未能讓普通人信服的話，那麼真正危險的則是那些通過自己的想像來了解能夠做什麼的人，是那些因此完全願意相信自己所見者具有真實性的人。忽然之間，人們再明顯不過地看到，千百年來早已被人類想像力放逐到超出人類能力領域之外的事情，竟能夠即刻就在這大地上達成，而且藉由最現代的破壞方法與療法，人們還可以建立

❷譯註：集中營裡發生的雖然都是真實且可感知的事情，但因為發生的方式與現實世界完全不同，而顯得像是幽靈幻影一般，讓人無法理解。

起地獄、煉獄乃至它們永久持存的幻影。對於這些人（他們在任何大城市的人數都比我們所願意承認的還要更多）來說，極權地獄不過證明了人的力量比他們所敢於設想的更偉大，而且人不需要讓天空塌陷、大地開裂，就能夠實現地獄式的幻想。

這些類比一再重複在許多有關垂死者世界的見證中，[139]它們似乎不僅僅是一種想要說出人類言說領域之外事物的絕望嘗試。或許沒有什麼能夠像喪失最後審判信仰這樣，如此徹底地使現代大眾有別於過往數百年間的大眾：最壞的人失去了他們的畏懼，最好的人則喪失了他們的希望。由於無法不帶著畏懼與希望過活，這些大眾人就被各種各樣的嘗試所吸引，因為它們似乎承諾能夠人為製造出他們所渴望的天堂、他們所畏懼的地獄。正如馬克思式無階級社會那廣為人知的特徵，與彌賽亞有著詭異的相似之處，集中營裡的現實，也與中世紀的地獄圖像再相似不過。

有一件使人們能夠忍受傳統地獄觀的事情，如今已無法再生，這就是最後審判，一種與恩典的無限可能相結合的絕對正義標準的觀念。因為按照人類的評價標準，沒有任何罪行、罪孽能夠與地獄中的永久折磨等量齊觀。於是首先常識會發生混亂，它問道：這些人究竟是犯下何等罪行才會遭受到如此非人的待遇？接著則是受害者的絕對無辜：沒有人應該被這樣對待。最後出現的則是在已趨完備的恐怖國家中，那種藉以選擇集中營受害者的怪異偶然性：這樣的「懲罰」能夠以同等的正義與不義，施加在任何人身上。

與這喪心病狂的最終結果，亦即與集中營社會相比，為了這一結果而在人身上進行的準備工

作，以及讓眾多個體適應這些條件的方式，則都較為顯明且合乎邏輯。在喪心病狂的大規模屍體製造之前進行的事情，乃是在歷史與政治的認知上，準備好活死人（living corpses）。推動這些事情且其本身更為重要的事情，就是對這些史無前例之狀況的默然贊同，它是眾多事件的產物：這些事件在一系列的政治解體中，忽然出人意料地使數十萬人無家可歸、無國可依、遊於法外且不受歡迎，而數百萬人則因失業而在經濟上變得多餘，在社會上成為麻煩。反過來說，這只有在傳統形式上的人權喪失所有效力的時候，才有可能發生；這種人權，人們從未在哲學上予以建立而僅僅是予以構想，從未在政治上予以保障而僅僅是予以宣稱（譯按：關於人權問題，可參見第九章第二節）。

通向全面支配之路的關鍵第一步，就是抹殺人身上的法律人格。這件事情的達成，一方面是通過將某些類別的人置於法律保護之外，再使用剝奪國籍的方式，來迫使非極權世界承認無法律狀態；在另一方面，也藉由將集中營置於常規刑事系統之外，並在常規司法程序（亦即特定罪行意味著可預見的刑罰）之外選取囚犯。於是基於其他緣故而進入集中的罪犯，一般只有在結束監獄刑期之後才會被送入集中營。在任何情況下，極權支配看待聚集在集中營中的各類人士（猶太人、帶病者、垂死階級的代表）的方式，就是認為他們早已喪失了從事正常行為或犯罪行為的能力。在宣傳上，這意味著「保護性拘留」被當作「預防性的警方措施」來操作，[140]也就是一種剝奪人的行為能力的措施。在俄羅斯，偏離上述規則的現象，則必須歸因於監獄的災難性緊缺，以

及一種尚未實現的將整個刑事系統轉變成集中營系統的慾望。[141]

為了使運動宣傳中有關集中營是為反社會份子所設置的宣稱聽起來合情合理，就有必要將罪犯也納入其中。[142]罪犯本來之所以不適合歸入集中營，完全是因為要抹殺一個犯罪者的法律人格，要比抹殺一個完全無辜者的法律人格更難。如果說他們在囚犯中構成了一個永久類別，這只會是極權國家對社會偏見的讓步，從而讓社會以這種方式欣然習慣集中營的存在。在另一方面，為了維持集中營系統本身的完整無損，基本做法就是，只要這個國家還存在刑事系統，就只有在罪犯服刑期滿之後，也就是在他們實際上已獲得自由之後，才會將他們送入集中營。無論如何，集中營都不能成為懲罰特定違法行為的可預期場所。

此外，將罪犯與其他類別的囚犯混合，還有一個好處，就是能夠讓其他到來者震驚地明白自己已落入社會最底層。他們無疑很快就會基於各種理由，而妒忌最底層的小偷與殺人犯；最底層在此竟成為一個好的開始。此外，這也是一種有效的偽裝手段（譯按：對外界而言）：這些遭遇僅僅發生在罪犯身上，他們本就該受此等處罰，此外無他。

這些罪犯在各個集中營成為菁英階層（在戰時德國，他們的領導地位被共產黨人所取代，因為在罪犯管理階層所創造的無序狀況下，甚至連最低程度的合理工作都無法進行。這僅僅是暫時性的從集中營轉變為強制勞動營，也是在特定階段的一種完全非典型的現象。）[143]，使罪犯處於領導地位的因素，不太是監管人員與犯罪份子之間的親緣性（在蘇聯，監管者顯然不像親衛隊那

樣，是被訓練來犯罪的特殊菁英）[144]，而是唯有罪犯才是因為與某種特定活動有關而被送入集中營這一事實。他們至少知道自己為何會在集中營，從而也就保留了一部分的法律人格。對於政治犯來說，這僅僅在主觀上是正確的；只要是真正的行動，而不僅僅是意見或其他人的模糊猜疑，不僅僅是偶然從屬於某個在政治上被取締的團體，他們的行為通常就無法被常規法律系統所涵蓋，也無法從法律上進行界定（譯按：政治犯的定罪不取決於成文法的規定，而是取決於當局的命令）。[145]

在俄國、德國的集中營所製造的政治犯與罪犯的混合體之外，我們還必須看到很早就有第三種人迅速構成了所有集中營囚犯的大多數。始終構成這一最大群體的人，無論就他們自己的良心還是就刑求者的良心來說，都沒有做任何與他們被逮捕有合理關聯的事情。在一九三八年之後的德國，這批人以大量猶太人為代表，在俄國，則是以任何基於與其行為毫無關聯的原因、而招致當局不滿的群體為代表。對於這些在一切意義上都顯屬無辜的群體，最適合進行剝奪公民權、摧毀法律人格的徹底實驗，因此他們無論在質上還是量上，都是集中營人口最根本的組成部份。這一原則在毒氣室中得到了最充分的實現；光是就它巨大的容納量來說，毒氣室就顯然只能夠用於一大群人，而不能用於個別案例。在這方面，下述對話總結了個體的處境：「我要問的是，毒氣室的設立有什麼目的？」「那麼你的出生又有何目的呢？」[146]正是這完全無辜的第三種群體在集中營過著最糟的生活。罪犯與政治犯會被同化到這一類別當中；他們進而就會被剝奪那種源自他

們所犯之事的保護性區分，從而全然暴露在任意專斷之下。在蘇聯部分達成、而在納粹恐怖的最後階段清楚顯現的最終目標，就是讓整個集中營人口都成為這種無辜者。

與選擇囚犯的完全偶然性相反的是這樣一種分類，它們自身並沒有意義，但是從管理的角度來說則大有用處，這就是通常按照抵達批次來分類的做法。在德國的集中營，有罪犯、政治犯、反社會份子、宗教犯以及猶太人，他們都用標誌來予以區分。當法國人在西班牙內戰後開始設立集中營時，他們馬上就引入了由政治犯、罪犯與無辜者（在此是無國者）所組成的典型極權混合物，而且儘管缺乏經驗，卻仍然引人注目地在創造無意義的囚犯類別方面證明了自己的創造力。[147] 設計這一技術，原本是用來防止囚犯之間發展出團結意識，但它被證明格外有價值，因為沒有人能知道自己所屬的類別到底比其他人的更好還是更糟。在德國，即便在結構組織上頗為迂腐，這種永久變動的機制仍由於一項事實而被賦予了穩固的外表，這就是無論如何，猶太人都屬於最低類別。其中令人毛骨悚然且格外怪異的部分，就是囚犯會自行認同於這些類別，彷彿這代表著他們法律人格最後的真實殘留。即便我們不考慮其他狀況，也無疑會看到一位一九三三年的共產黨人在走出集中營後，會變得比進去前更相信共產主義，一個猶太人會更像猶太人，而在法國，一位外籍軍團成員的妻子，則會更相信外籍兵團的價值；彷彿這些類別承諾了獲得可預期對待的某種最後殘餘，彷彿它們體現了某種最終的因而也是最基本的法律身份。

根據類別來分類囚犯，僅僅是策略上、組織上的一種手法，對受害者的任意選取才揭示出該

機構的根本原則。如果集中營要依賴於政治對手的存在，它們就不可能在經歷極權體制的最初幾年之後仍然留存。人們只需要看一下布亨瓦德集中營在一九三六年之後的囚犯數量，就不難理解無辜者對於集中營的延續有多麼絕對必要。「如果蓋世太保在進行逮捕時，僅僅以是否為反對派的原則來考慮，那麼集中營早就消失了」；[148]在接近一九三七年年底時，布亨瓦德集中營只有不到一千名囚犯，幾乎要關門大吉了，直到十一月的集體大迫害為它送來超過兩萬名新來者，情況才有所改觀。[149]在一九三八年後的德國，這種無辜者類別由數量巨大的猶太人來填充；而在俄國，則是由民眾中出於與其行為完全無關的緣由而蒙受恥辱的隨機群體組成。[150]但是如果說德國是直到一九三八年，才建立起包含大量完全「無辜」囚犯的真正極權集中營的話，那麼在俄國，這種集中營可以追溯到三〇年代初，而直到一九三〇年，集中營的大部分人仍是由罪犯、反革命份子以及「政治犯」（在此案例中意味著異端派系成員）組成。自此之後，在集中營裡就有如此多的無辜者，以至於人們很難去分類他們：與國外有某種聯絡的人、擁有波蘭血統的俄國人（尤其是一九三六年到一九三八年之間）、農莊因某些經濟原因被關閉的農民、被驅逐的少數民族，乃至復員的紅軍士兵等等，後者只是碰巧屬於在國外駐留過久的佔領軍團，或是曾在德國成為戰俘。但是對於集中營系統來說，政治反對派的存在只是藉口，而就算民眾在最兇惡的恐怖之下變得多少自願協作，也就是出讓政治權利的時候，這一系統的目標也尚未達成。這一任意系統的目標就是摧毀全部民眾的公民權利，他們最終會在自己的國家裡變得像無國無家之人一樣失去法律

保護。毀掉一個人的權利，殺死他身上的法律人格，乃是完全支配他的前提條件。而這不僅僅適用於諸如罪犯、政治反對派、猶太人、同性戀這些特殊類別（早期實驗確實是在他們身上進行的），而且適用於極權國家中的每個居民。對於全面支配而言，自由表達贊同就像自由表達反對一樣會構成障礙。[151]在無辜者中間進行選擇的任意逮捕行為，摧毀了自由贊同的有效性，正如刑求（有別於死亡）摧毀了反對的可能性。

對這種任意迫害進行任何限制（哪怕是最專制的限制），無論是限制在宗教或政治上的特定觀點，限制在某些知性行為或情色社會行為，還是限制在某些新發明的「罪行」，都會使集中營變得多餘，因為長遠來說沒有任何態度、任何觀點，能夠頂得住如此嚴重的恐怖威脅而不消失；而且這首先會打造出一套新的司法系統，無論該系統是否具有穩定性，都必然會在人身上產生新的法律人格，從而避開極權支配。納粹所謂的「有益於人民」（Volksnutzen），蘇聯那持續起伏、永恆變換的黨路線，由於具有追溯效力，因此幾乎每天都會將新的群體送往集中營；它們才是集中營持續存在的唯一保障，從而也是能繼續全面剝奪人的公民權的唯一保障。

為製造出活死人做準備的關鍵下一步，就是謀殺人的道德人格。這基本上是通過使殉難首次在歷史上變得不再可能來達成：「這裡有多少人仍然相信抗議至少還具有某種歷史意義？這種懷疑論無愧為親衛隊的真正傑作。是他們的偉大成就。他們敗壞了人類所有的團結意識。在這裡，夜幕已降臨在未來之上。當沒有任何見證留存，就無法做出證明。當死亡已然無可避免，進行示

威抗議就是一種為死亡賦予意義的嘗試，是超出自身死亡的行動。為了達成此意圖，一種展示姿態必須具有社會意義。這裡有我們數十萬人，全都生活在絕對的孤獨當中（譯按：因此無法為反抗行為賦予意義）。這就是為什麼無論發生何種事情，我們都會屈服的原因所在。」[152]

設立集中營與殺害政治反對派，還只是組織性遺忘的一部分，這種遺忘不僅涵蓋公眾輿論（比如說出、寫下的言辭）的傳播者，甚至還延伸到受害者的家人與朋友。悲痛與回憶是被禁止的。在蘇聯，婦女在丈夫被逮捕後會直接提出離婚，以挽救自己孩子的性命；如果她的丈夫碰巧能夠回來，她也會憤慨地將他趕出屋子。[153]就算是在最黑暗的時代，西方世界也都還會賦予殺死的敵人被緬懷的權利，因為人們不證自明地知道我們都是人（且**僅僅**是人）這一事實。只因為甚至連阿基里斯也出席了赫克托的葬禮，❶因為最專制的政府仍會榮耀被殺死的敵人，因為古羅馬人允許基督徒寫下殉教者的歷史，因為教會還讓異端份子在人們的記憶裡留存，這一切並未喪失，也從來都不會喪失。集中營通過讓死亡本身變得無名（使人們無法得知一個囚犯到底是死是活），來奪走死亡作為完滿生命終點的意義。在某種意義上，他們取走了個體自身的死亡，從而證明了沒有任何東西屬於他，他也不屬於任何人。他的死亡不過是讓他從未真正存在過這一事實

---

❶ 譯註：阿基里斯是荷馬史詩中的希臘英雄，他殺死了身為敵方主將的赫克托。荷馬史詩本身並沒有說阿基里斯參加了赫克托的葬禮，而只說阿基里斯答應歸還赫克托的屍體，並答允休戰幾天以便舉行葬禮。

開始生效。

對道德人格的這種攻擊，或許仍會遭到人的良知的反對，良知告訴人：與其作為殺人官僚活著，還不如作為受害者而死去。但當極權恐怖成功切斷道德人格與個體主義式逃避的連結，並使良知的決斷完全變得可疑曖昧的時候，它就獲得了最可怕的勝利。當一個人面對是背叛並謀害朋友，還是害死他在各方面都要為之負責的妻子與孩子的抉擇時；當甚至連自殺都會直接意味著害死自己的親人時，他究竟該如何做決定？選擇不再是善與惡的選擇，而是謀殺與謀殺的選擇。當納粹讓一位希臘母親選擇她的三個孩子中哪一個該被殺死時，誰能夠解決這位母親的道德困境？[154]

藉由創造出良知不再能夠應對、為善也變得不再可能的條件，那種有意將極權體制罪行中的所有人都組織起來的共犯結構，也就延伸到了受害者當中，並由此達成了真正的全面。親衛隊要將集中營囚犯們（罪犯、政治犯、猶太人）也牽扯到罪行當中，於是讓他們也負責很大一部份的管理工作，讓他們面對是要害死朋友還是要幫助其他（剛好是）陌生人的無助困境，而且無論如何都要強迫他們表現得像是殺人兇手。[155]關鍵不僅在於仇恨被從那些真正有罪責的人身上轉移了（卡波〔譯按：承擔管理職務的集中營囚犯〕比親衛隊更遭人仇恨），更在於迫害者與被迫害者、兇手與受害者之間的分界線，不斷變得模糊。[156]

一旦道德人格被殺死，那麼唯一仍能夠阻止人們變成活死人的東西，就是個體自身的區異性，亦即他獨一無二的身份認同。這種個體性能夠以枯燥無味的形式，通過頑強的堅忍來維持，

而且極權統治下的許多人無疑採取了這種方式，他們每天都在人格無權利、無良知的絕對孤立中流亡。正是因為它如此根本地取決於無法憑意志掌控的本性與力量，所以人類人格的這一部分才會是最難摧毀的（也是即使被摧毀也最容易修復的）。157

對付這種人格獨特性的方法有很多，我們無須一一列舉。它們始於運往集中營途中那慘絕人寰的條件：數百人幾乎赤裸地被塞進家畜運輸車，彼此粘黏著，還要在鄉間來來回回、拐來拐去地連續行駛好幾天；接下來抵達集中營之後，則是最初階段那組織嚴密的震撼教育，包括剃頭、穿上奇形怪狀的集中營囚衣；最終則是完全難以想像的痛苦折磨，它們不會殺死身體，而且一般不會來得太過迅速。在各種情況下，這些方法的目標全都是要以痛苦的無限可能性來操縱人類身體，乃至要操控它去毀滅人的人格，就像消除因器官引起的某種精神疾病一樣冷酷無情。

正是在這裡，整個過程徹頭徹尾的精神錯亂，最是顯露無遺。刑求當然是整個極權警察與司法機器的一項基本特色；它每天都被用來要人開口。這種類型的刑求，由於還追求某個特定的理性目標，因此具有某種限制：囚犯若不在限定時間內招供，就會被拷打至死。但在這種由理性指導的刑求之外，我們還必須在最初一批納粹集中營與蓋世太保地下室中，看到另一種非理性的虐待狂類型。這種刑求在大多數情況下，是由衝鋒隊來執行，它並沒有追求什麼目標也不具有系統性，全憑大量變態份子自主發揮。這種方式造成的死亡率如此之高，以至於一九三三年的集中營囚犯中，只有一小部分人活過了最初的幾個年頭。這種刑求類型似乎不太是體制為順應犯罪份

子、變態份子（還嘉獎他們提供的服務），而規劃出的政治建制。在衝鋒隊的盲目獸性背後，通常埋藏著對所有在社會地位上、知識水準上、或是身體條件上比他們更優越者，所懷抱的深深仇恨與憎惡，這些人如今落在他們手裡，就彷彿是實現了他們最狂野的夢想。這種仇恨在集中營裡從未完全消失，它以人類能夠理解的最後一種情感的面貌，震驚了我們。[158]

然而當親衛隊接管了集中營之後，真正的恐怖才開始出現。舊有的自發獸性讓路給一種針對人類身體的絕對冷酷且系統性的破壞，這種破壞旨在摧毀人類尊嚴；死亡被避免，或被不定期地延遲了。集中營不再是人形野獸們消遣的遊樂園，也就是說，不再為那些實際上應該屬於精神醫療機構與監獄的人而提供；實際出現的是相反的狀況：集中營被轉變成「操練場」，藉以將完全正常的人訓練為成熟合格的親衛隊成員。[159]

人的個體性，也就是由本性、意志與命運均等形塑的這種獨一無二性，乃是建立所有人際關係不證自明的前提，甚至連完全相同的雙胞胎也會引起某種不安；對這種個體性的抹殺創造出一種恐懼，它遠遠使法律—政治人格的憤怒與道德人格的絕望相形失色。正是這種恐懼催生了普遍的虛無主義，它貌似合理地主張，所有人在本質上都是野獸。[160]實際上，集中營經驗的確顯示出人類能夠被轉變成人獸（human animal）樣本，而且就人的「本性」會向人敞開成為高度非自然之物的可能性，也就是成為一個人（a man）的可能性來說，這種「本性」終究只是屬於「人類」（human）的。❶

在抹殺了道德人格、消滅了法律人格之後，對個體性的破壞幾乎總是會成功。可以想見，人們會找到某些大眾心理學法則，來解釋為什麼數百萬人會允許自己毫無抵抗地走進毒氣室，即便這些法則所揭示的不過就是個體性的毀滅而已。更重要的是，那些個別被判處死刑的人很少會嘗試與處決他的人同歸於盡，也很少出現任何認真的反抗，甚至在解放的時刻，都很少有人會自發去屠殺親衛隊。因為摧毀個體性，就是摧毀自發性，摧毀人從自身源泉中開創全新事物的能力，這種全新事物不能解釋成對環境與事件的單純反應。[161]而後剩下的就只有戴著人類面孔的蒼白傀儡，他們全都表現得像是巴夫洛夫實驗中的狗，就算即將赴死也全都會可靠地做出完美反應，他們除了反應外什麼也不會做。這是該系統真正的勝利：「親衛隊的勝利在於，要求被刑求的受害者不帶任何抵抗地走向絞刑架，要求他廢棄、放棄自己到不再肯定自己身份的地步。而且這並非一無所求。這不是親衛隊出於純粹的虐待癖而沒來由地渴望擊倒這個人。他們知道，這個系統在受害者走上斷頭台之前就成功毀滅了他……在讓整個民族維持在被奴役狀態方面，這個系統具有無與倫比的優越性。這讓人們屈服。最可怕的景象就是：這些人類隊列像傀儡一樣走向死亡。見過這一景象的人會對自己說：『能讓他們淪落至此，主宰者手中必定隱藏著多麼強大的力量

❶ 譯註：「本性」（nature）跟「自然」是同一個詞，因此雖然「本性」具有讓人成為非自然之物的可能性，但這種「本性」本身仍是屬於「人類」這一自然範疇的。在鄂蘭的想法中，人類世界建立在通過人為構建而與自然有所分離的基礎上，後來在《人的條件》中，鄂蘭會進一步區分「人的本性」（human nature）與「人的境況」（human condition）。

啊。』然後他就會掉頭離開，充滿了痛苦與挫敗感」。162

如果我們認真看待極權主義的抱負，並拒絕被這不過是無法實現的烏托邦的常識性想法所誤導，就會這樣想：在集中營裡建立的垂死者社會，乃是有可能對人進行完全支配的唯一社會形式。那些渴望達成全面支配的人必須清除所有的自發性——這個單憑個體性的存在本身就總是會產生的東西——而且必須一路追查到它各種最私人的形態當中，不管這些形態看起來多麼無關政治且無害。極權國家的模範「公民」，就是巴夫洛夫的狗，就是被化約為各種最基本反應的人類樣本，就是終究能夠被消除，並由其他表現方式完全相同的反應束取而代之的反應束；而在集中營之外製造這種公民，總是難臻完美。

集中營的無用，以及它們那被以犬儒的方式認可的反效益性，都不過是表面上的。實質上在維繫體制權力方面，它們比任何機構都更為根本。若沒有集中營，沒有它們所引發的無以名狀的恐懼，沒有它們所提供的條理分明的極權支配訓練（再沒有什麼地方能夠這樣充分檢測它所有最激進的可能性），極權國家就既無法激起核心部隊的狂熱，也無法將全體人民維持在完全漠不關心的狀態。支配者與被支配者將只會無比迅速地沉淪回「舊式布爾喬亞的日常」；在早期的「逾越行為」之後，他們將會屈服於日常生活以及人類法律；簡言之，他們將會沿著任何採納常識忠告的人都很容易預測的方向發展。這些預言的悲劇性謬誤都是源自一個仍然安全的世界，它們假設任何時候都會有某種類似單一人類本性的東西被創造出來，還會將這種人類本性等同為歷史，

從而宣稱全面支配的觀念不僅是非人的，而且是非現實的。與此同時，我們卻已經了解到，人的力量是如此偉大，他真的能夠成為他所希望的任何東西。

無限制權力的要求，正是出自極權體制的本性。要確保這樣的權力，就只有使嚴格意義上的每一個人，在生活的所有方面，都無一例外地被可靠支配著，才有辦法達成。在國外事務方面，對於新的中立領土必須不斷予以壓制，而在母國，則必須將不斷更新的人員掌控在擴大的集中營當中，或是每當有需要就會通過清算來為其他人騰出空間。無論在國外還是國內事務上，反對派問題都無關緊要。從極權支配的立場來看，任何中立態度，包括任何自願伸出橄欖枝的友好態度，都只會像公然敵對一樣危險，這正是因為這樣的自發性及其不可預測性，乃是對人施加全面支配的最大阻礙。非共產國家的共產黨人一旦逃亡到或被召喚到莫斯科，就會在痛苦的經驗中了解到，他們對蘇聯構成了威脅。在此意義上，忠實的共產黨人（若此時還有可能存在的話）之於俄國體制的荒唐可笑程度與威脅程度，就如同羅姆派系的忠實納粹份子之於納粹。

在極權條件下，使得一切信念與觀點，都變得如此荒唐可笑、如此危險的，就是極權體制最引以為傲的就是自己已不再需要它們了，也不需要任何方式、任何人的幫助了。任何人，只要他的行為不僅止於動物式反應與功能式執行，就會被極權體制視為完全多餘者。極權主義努力不要走向對眾人的專制統治，而是要走向一套讓眾人變得多餘的系統。只有在一個充滿條件反射、充滿連最輕微的自發性跡象都沒有的傀儡的世界，才能夠獲得並保障全面權力。正是因為人本身所

擁有的源泉是如此豐富偉大，所以唯有在他成為獸種人（animal-species man）樣本的時候，才有辦法完全支配他。

因此人的性格會構成威脅，甚至連最不公的法條也會造成障礙；但是那將人與人相互區分開來的個體性，則更是不可容忍的。只要尚未將所有人都變得同樣多餘（這只有在集中營裡才能達成），極權支配的理想就還未竟全功。雖然從未獲得完全的勝利，但極權國家仍不斷努力要建立人的多餘性：通過任意選取不同群體投入集中營，通過不斷清洗統治機構，通過大規模清算。常識窮途末路地斷言說，大眾是盲從的，因此這些巨大恐怖機器也都是多餘的；如果極權統治者能夠說出真相的話，他們會這樣回答：這種機器在你看來是多餘的，因為它的作用就是讓人們變得多餘。

極權主義試圖使人變得多餘的嘗試，反映出現代大眾對於自己在這個過於擁擠的大地上顯屬多餘一事有所經驗。垂死者的世界是一個每天都重新製造出無意義的地方：在那裡人們被教導自己是多餘的，其方式就是讓懲罰的評定完全與罪行無關，在那裡，剝削以毫無利潤的方式進行著，工作以毫無成果的方式持續著。而且在極權意識形態的框架當中，再沒有什麼東西更合情合理、合乎邏輯了；如果囚犯是害蟲，那麼就應該合乎邏輯地用毒氣殺死他們；如果他們是墮落的，那麼就不應該允許他們污染民眾；如果他們擁有「奴性的靈魂」（希姆萊語），那麼任何人

就都不應該浪費時間試圖對他們進行再教育。在意識形態之眼看來，集中營的麻煩幾乎總在於它們還製造出了太多的意義，而且教條的執行也太過始終一貫。

於是這個極權世界中唯一還對效益主義的常識（common sense）性預期具有意義的東西，就這樣被極權體制堅決而犬儒地掏空了，不過極權體制同時還將某種「超感」（supersense）賦予這個世界，實際上意識形態在假裝發現了歷史的鑰匙或宇宙之謎的答案時，總是意指此種超感。超乎極權社會的無意義之上、且備受尊崇者，乃是荒唐超感官的意識形態迷信。❶意識形態只要沒有被認真信奉，就不過是無害、無批判且任意專斷的意見而已。一旦意識形態對於全面有效性的要求被確實執行，它們就會成為邏輯系統的核心，在這套系統中，就像在偏執狂的系統中一樣，只要接受最初的前提，那麼一切就都會可理解地、乃至強制性地接踵而來。此種系統的精神錯亂之處不僅在於其最初前提，更在於它們藉以構建起來的那種邏輯性（logicality）。在所有主義學說的奇特邏輯性中，在它們罔顧各種具體因素，對頑固獻身之拯救價值的一意盲信中，都包含著極權主義蔑視現實與事實性的最初病原體。❷

由效益主義式思想所訓練出的常識思維，在面對這種意識形態式超感時頗為無助，因為極權

❶ 譯註：這裡所說的「超感」大體對應著下一章所說的大寫的自然／歷史法則。

❷ 譯註：這裡初步出現的意識形態邏輯性，在下一章成為極權政體的行動原則，並有更充分的闡述。

體制構建起一個「無感」（no-sense）且正常運作的世界。在對事實性的意識形態式蔑視中，仍然包含著人類能夠主宰世界的驕傲；畢竟正是對現實的這種蔑視，使改變世界、造設人為事物得以可能。消解極權主義者對現實的蔑視當中的驕傲因素（並藉此將它與革命性理論與革命性態度徹底區分開來）的，正是超感，它賦予這種蔑視說服力、邏輯性與一貫性。布爾什維克主張當前的俄國制度優於一切制度，而使真正的極權手段從這種主張中產生的則是如下事實：極權統治者從這一主張中得出了邏輯上無懈可擊的結論，亦即如果沒有這一系統，人們就絕對無法建造出類似地鐵這樣的偉大事物；他由此再度得出一個合乎邏輯的結論，就是任何知道巴黎地鐵存在的人都是嫌疑犯，因為他會讓人們開始懷疑是否只有以布爾什維克的方式才能達成此種壯舉。這還會導出一個最終結論：為了繼續當一個忠誠的布爾什維克，就必須毀掉巴黎地鐵。除了一貫性之外，任何事情都無關緊要。❶

藉由這些建立在超感力量之上、並由邏輯性所驅動的新結構，我們已確然抵達充斥著利潤與權力的布爾喬亞時代的終點，同時也抵達了帝國主義與擴張的終點。極權主義的侵略性並非源自

---

❶ 譯註：以上兩段圍繞「感／識」（sense）字源展開了一系列概念變化，揭示出極權與「現實」（reality）的距離。正常世界基於效益主義原則而對現實形成某種常識／共通感（common sense），而極權體制則掏空了任何對這種共通感具有意義（make sense）的東西，構建出了一個脫離現實的「無感」（no-sense）非正常世界，而這種「無感」又是建立在聲稱掌握了歷史鑰匙的「超感」（supersense）之意識形態上。

權力貪欲，而且就算它確實不顧一切地尋求擴張，它也不是為了擴張或利潤，而是僅僅基於意識形態的理由——使世界維持一貫，證明自身的超感正確無誤。

主要正是為了此種超感、為了達到完全一貫，極權主義才有必要摧毀我們通常稱作人類尊嚴的一切軌跡。因為尊重人類尊嚴，就意味著將我們的同胞或夥伴民族承認為主體，承認為世界的建立者，或共同世界的共同建立者。沒有任何旨在解釋過往所有歷史事件、描摹未來所有事態進展的意識形態，能夠忍受這樣一種不可預測性，它源自於人們具有創造力的事實，源自於人們能夠帶來無人可預見的新穎之物的事實。

因此極權意識形態的目標，就並非外部世界的轉化，或社會的革命性更迭，而是人類本性（human nature）本身的轉化。❷集中營是檢測人類本性之改變的實驗室，因此它們的可恥之處就不僅僅牽涉到其中的囚犯，以及根據嚴格的「科學」標準來管理囚犯的人；其可恥之處更關乎所有人。大地上向來就存在著過多的痛苦，而無論是痛苦還是受害者的數目，都不是此處的關鍵所在。在此生死攸關的是人類本性。而且即便這些實驗似乎並未成功改變人，而是僅僅通過創造出始終一貫地實現了人皆為狼的社會，來毀滅人，我們仍應該記住，這一實驗的必然限制就是，它

❷ 譯註：鄂蘭這裡提出轉化人類本性的說法，引起了當時的不少爭議。鄂蘭後來在《人的條件》中提出，我們無法探究「人類本性」（human nature），而是只能去討論「人類條件／境況」（human condition）。這種說法似乎與此處矛盾，但我們也可以反過來說，納粹集中營改變人類本性的實驗，正是鄂蘭認為人類應該避免的災難式僭越。

必須掌控全球，才有辦法揭示出最終結果。

迄今為止，一切皆有可能的極權主義信念，似乎只證明了一切皆可毀滅（everything can be destroyed）。而且在證明一切皆有可能的努力中，極權體制還不自知地發現，存在某種人們既無法懲罰也無法原諒的罪行。當不可能者成為可能，它也就成為了不可懲罰、不可原諒的絕對惡，這種惡不再能夠用自我利益、貪婪、貪欲、仇恨、權力欲、懦弱這類的邪惡動機來理解、解釋；因此憤怒無法報復它，愛無法寬容它，友誼也無法原諒它。正如劊子手眼中，死亡工廠或遺忘洞穴中的受害者們已不再是「人」，這種最新的犯罪物種也已超出了人類罪孽全部加總起來的規模之外。

內在於我們整個哲學傳統的一件事就是，我們無法設想一種「根本惡」；無論是對於基督教神學還是對於康德來說，皆是如此：基督教神學甚至連對魔鬼都勉予承認其天使出身，而康德則是創立這一詞彙，且至少必定猜想過這種惡存在的唯一哲學家，即便他馬上就用「顛倒的錯誤意志」這種能夠被可理解動機所解釋的概念，來將之合理化。因此，要理解這種讓我們面臨壓倒一切的現實性且擊碎我們所知一切標準的現象，我們實際上沒有任何東西可以依靠。唯一似乎可以考慮的是：我們會說，根本惡的出現，與一種讓所有人都變得同樣多餘的系統有關。操控這一系統的人相信他們本身是多餘的，一如他們相信所有人都是多餘的，而且極權殺人犯們格外危險，因為他們不在乎自己的死活，不在乎自己是曾經活過還是不曾出生過。死屍工廠與遺忘洞穴的危

險在於，隨著今日到處都在增長的人口與無國者的數量，如果我們繼續用效益主義的觀念來思考我們的世界，就會有大量人口不斷變得多餘。各地發生的政治、社會、經濟事件，都正在與旨在使人變得多餘的極權工具進行著無聲的共謀。具有效益主義常識的大眾完全能理解這其中隱藏的誘惑，在大部分國家，他們已窮途末路到連死亡都不懼怕了。納粹與布爾什維克可以確信的是，他們的滅絕工廠既是一種警告，也頗具吸引力，因為它們展示出一個最快捷的解決方案，來面對人口過多的問題、在經濟上多餘且在社會上失根之大眾的問題。在極權體制敗亡之後，極權解決方案仍很有可能作為一種強大誘惑留存下來；一旦人們似乎不可能以人類應當採取的方式，來緩解各種政治上、社會上或經濟上的困難，則這種解決方案就會破土而出。

譯者識

本章是全書篇幅最長的一章，而且在本書第一版（一九五一年版）中，它實際上已是最後一章；換言之，本章與前面章節實際上已形成一個相對完整的整體，而目前版本的最後一章，則是鄂蘭在本書完成數年後追加補充的理論性闡述。本章的論述線索上緊承上一章，它建立在以下問題之上：極權運動在掌權之後，要如何不因接管國家機器而陷入穩定化狀態，要如何始終維持不斷運動的特質呢？鄂蘭認為，上一章所分析的宣傳與組織已不足以應對這種局面，由此發展出本章所呈現的極權國家／祕密警察／集中營這三個層層遞進的環節，來解決這一問題。

本章第一節討論所謂極權國家，它在很大程度上延續了上一章所討論的組織問題。當權的極權主義已不再僅僅面對極權運動自身的組織，而是要應對黨與國家的二重權威機構；然而黨國結構並非真正的關鍵所在，極權體制為了維持運動特質，更在二重性之上發展出了多重性。換言之，唯有多重疊加且相互衝突的種種機構存在，極權體制才有辦法讓真正的權力中心不斷轉移，不固定成某種穩定機制，從而也讓元首意志總是成為唯一的決定性依據。

第二節所分析的祕密警察，則是這多重結構之中真正的權力核心。極權祕密警察與傳統祕密警察之間有兩個關鍵區別，一個是從「嫌犯」轉向可隨形勢不斷轉變的「客觀敵人」，另一個則是從針對「犯罪嫌疑」轉向針對邏輯上的「犯罪可能」；祕密警察的原則還進一步滲透到整個社會，營造出人人皆是密探的

恐怖氛圍。

第三節對「全面支配」的分析，基本上等同於對集中營的分析。全面支配要求將具有複數性與區異性的人們化約為同一體，而為了達成這一目標，則要進行集中營裡的駭人實驗，集中營乃是維持極權體制激進性的核心機制。集中營的實驗探入了「一切皆有可能」的非常識領域，藉由抹殺法律人格、抹殺道德人格、抹殺個體性這三個步驟，製造出完全喪失了生命自發性的活死人，從而進一步達到「一切皆可毀滅」的根本惡。值得注意的是，本節的許多內容已經預設了下一章的許多重要觀點。

第 13 章

意識形態與恐怖：一種新的政體

Ideology and Terror: A Novel Form of Government

在前面的章節中我們一再強調，全面支配的手段不僅僅是更為激烈而已，更重要的是極權主義在根本上有別於我們所知的其他政治壓迫形式，諸如專制、暴政、獨裁等。它一旦掌權，就會發展出全新的政治機構，並摧毀本世紀所有的社會、法律、政治傳統。無論它的意識形態中具有多麼特別的國族傳統，或是多麼特殊的精神源泉，極權政府都總是會將各階級轉化成大眾，用大眾運動（而非一黨獨裁）來替換掉政黨制度，並將權力中心從軍隊轉移到警察，同時制訂公然旨在支配世界的對外政策。當前的極權政府係從一黨制中發展而來；但一旦它們成為真正的極權，就會開始根據某種價值系統來運作，這種價值系統徹底有別於其他所有價值系統，以至於沒有任何傳統上的法律、道德範疇，或任何常識性的效益主義範疇，還能幫助我們適應、判斷或預測它們的行動路線。

如果我們的確可以通過回溯歷史，通過分析我們通常稱之為本世紀危機的政治意涵，來發現極權主義的各種元素，那麼就不可避免地會得出如下結論：這場危機不僅僅是一種來自外部的威脅，也不僅僅是德國或俄國的某種侵略性對外政策的結果；而且這一危機不見得會隨著史達林的死亡而消失，正如它也不見得會隨著納粹德國的垮台而消失。或許我們甚至應該說，只有在極權主義已成過往之時，我們時代的真實困境才會展現出它們真正的形式，即便不必然是最殘酷的形式。❶

我們正是沿著這樣的反思來提出問題：作為這場危機的產物，同時也是它最清晰且唯一毫不

含糊的徵兆，極權政府是否僅僅是一種權宜性的安置形式？這種形式是否從我們熟知的充斥暴政、專制、獨裁的政治軍火庫中，借用了恐嚇方式、組織手段與暴力工具？它是否要將其存在僅僅歸諸傳統政治勢力（自由主義或保守主義、國族式或社會主義式、共和主義或君權主義、威權或民主）那悲慘、但或屬偶然的失敗？抑或是恰好相反，我們應該問的是，究竟是否存在類似於極權政府之「**本性**」（nature）這樣的東西，亦即極權政府是否具有自身的本質，進而能夠像西方思想自古代哲學以來就熟知、承認的其他政體那樣進行界定，並與之相比較？若真是如此，那麼這種全然新穎且史無前例的極權式組織及行動路線的形式，就必定要建立在人們一旦共同生活並關注公共事務，就會擁有的少數幾種基本經驗之一上。如果確有一種基本經驗在極權支配中找到了它的政治表達方式，那麼從極權政體的新穎性來看，這必定會是一種基於不知何種緣由而從未成為政治體基礎的經驗，而且就算它的普遍基調或許在其他方面有點讓人覺得熟悉，但是這種基調絕對從未滲透到公共事務當中，也從未指導過公共事務的管理。

❶ 譯註：鄂蘭此處的說法跟下一段要展開的分析之間，似乎存在某種跳躍：既然極權危機並未消失，而時代的真實困境又只有在極權已成過往之時，才會真正顯現，那麼在當前如何能夠開始分析極權呢？筆者認為，實際上這裡實際上預設了鄂蘭在同時期寫的另一篇文章〈理解與政治〉（"Understanding and Politics", EU: 307-327）中處理的問題。鄂蘭在該文中指出，「理解」並非一種要得出明確結果的過程，而是一種無止境的產生意義的活動，是為了讓我們自身與現實能夠和解；就此而言，我們不必等到極權完全成為歷史之後，再予以充分理解掌握（have understood），而是持續對極權進行「理解」（understanding）的工作。

如果我們從觀念史的角度來考慮，則這種情況似乎極其不像是真的。因為人們在其統治下生活過的政體其實非常稀少；它們很早就被古希臘人探索、分類過，而且歷史也證明它們都格外長壽。這些研究成果的基本觀念儘管會有一些變體，但是在分隔開柏拉圖與康德的這兩千五百年間，卻並沒有什麼改變；如果我們應用這些研究成果，就會禁不住要將極權主義詮釋為暴政（僭主政治）的某種現代形式，換言之，這是一種沒有法律（管控）的政府，權力完全由一人掌控。一方面，不受法律約束的獨斷權力完全依從統治者的利益，敵視被統治者的利益，另一方面，則是以恐懼作為行動原則，也就是同時存在人民對統治者的恐懼與統治者對人民的恐懼；以上這些都在我們的整個傳統中，構成了暴政的標誌性特色。

與其說極權政府是史無前例的，還不如說它打破了政治哲學中對政府本質的所有界定都要仰賴的二擇一模式本身，也就是在守法政府與不守法政府之間的選擇，以及在獨斷權力與正當權力之間的選擇。一邊是守法政府與正當權力，另一邊則是不守法政府與獨斷權力；兩邊彼此相屬且不可分離，這一點從未有人置疑。然而，極權統治讓我們遭遇的是一種全然異樣的政府種類。它不折不扣地蔑視所有實定法律，甚至極端到了蔑視自己設立的法律的程度（僅舉最突出例子的話，可參考一九三六年的蘇聯憲法），或是它根本不屑於廢除的程度（以威瑪憲法的例子來說，納粹政府從未予以廢除）。但是它的運作既非無法律引導，也非任意獨斷，因為它宣稱自己嚴格且毫不含糊地遵從自然（Nature）或歷史（History）的法則，而所有實定法也都向來被認為源自

於這些法則。

正是極權統治這種荒唐怪誕、同時似乎也難以辯駁的宣稱導出了下述結論：極權政府遠非「不守法」，而是通達了權威之源，那恰是實定法獲取終極正當性（legitimation）之處；極權政府也遠非獨斷，而是比以往任何政府都更為遵從這些超人類力量；同時極權政府遠沒有讓權力屈從於一人之利益，它反而已完全準備要犧牲每個人必不可少的直接利益，來執行它所設想的歷史法則或自然法則。它蔑視實定法，宣稱自己隸屬於一種更高的正當性，這種正當性由於來自法源本身，因此能夠排擠、取消掉瑣碎不足道的合法性。極權式的合法則性（lawfulness）詐稱自己已經發現了一條在大地上建立正義（justice）統治的道路，[1]而實定法的合法性（legality）則永遠無法成就這種道路。在合法性與正義之間存在的不一致，永遠無法被架接跨越，因為實定法將自身的權威淵源（統治整個宇宙的「自然法則」、揭示在人類歷史中的神聖律法，或是某種風俗傳統，它表達的是所有人共同接受的律法）轉化為對錯標準，這些標準必定要是普遍的，必須能適用於數不清、無可預測的情況，如此一來，每一具體個案都有可能因其不可重複的具體緣由，而脫離實定法。

[1] 譯註：我們將極權政體脈絡下的"lawfulness"譯作「合法則性」，以區別於一般意義上的「守法」或「合法律性」，「合法則性」超越了守法與不守法。

極權式合法則性蔑視合法性，假裝要在大地上建立正義的直接統治，進而執行歷史或自然的法則，卻同時不將之轉化為個人行為方面的對錯標準。它將法則直接適用於人類（mankind），卻絲毫不為眾人（men）的行為而勞神。自然或歷史的法則若執行得當，就有望製造出作為其目的的產物的人類；而且這種期待存在於所有極權政府的全球性統治訴求背後。極權政策宣稱要將人類物種轉變為一種積極而可靠的法則載體，否則人類存有者就只能消極而不情願的臣服於這種法則。如果說極權國家與文明世界之間的連結，真的已經被極權體制的駭人罪行所切斷，那麼同樣真確的是，這種犯罪性質無法歸諸純然的侵略性、殘酷無情、戰爭行為與背叛行徑，而是要歸諸一種有意識地打破了「法理共識」（consensus iuris）的行為；根據西塞羅的說法，正是「法理共識」構建起一個「民族」，而「法理共識」在現代則作為國際法構建了文明世界，就算是在戰爭狀態下，它也仍然構成國際關係的基石。無論是道德判斷還是司法懲戒，都預設了這種基本同意；罪犯之所以能夠受到正當的判決，完全是因為他也參與了這種「法理共識」，甚至連上帝的天啟律法，也只有在眾人聽聞並同意的情況下，才有辦法在人間發揮效用。

由此，極權式法律概念與其他所有法律概念之間的根本差異，也就昭然若揭了。極權式路線並不會用一套法律來取代另一套法律，不會建立自身的「法理共識」，也不會通過一場革命來創造新形式的合法性。它蔑視一切、甚至蔑視自身實定法規的態度，暗示著它相信自己可以不依靠任何「法理共識」來行事，同時也仍然不會將自己委託給由不守法、獨斷與恐懼所構成的暴政國

家。它之所以能夠無需「法理共識」來行事，是因為它承諾要將法則的實現，從人的所有行動與意志中解放出來；它還承諾會在大地上實現正義，因為它宣稱要讓人類自身成為法則的化身。

人與法則的這種等同化，似乎取消了自古以來就一直折磨法律思想的合法性與正義之間的不一致，同時它與自然之光（lumen naturale）或良知之聲，也毫無相同之處；自然或神性通過後兩者而成為自然法的權威之源，或在歷史中揭示出神意，從而被認為是以這種方式在人自身上宣示其權威。這種權威並沒有使人成為法則的移動化身，反而是它自身作為要求同意與服從的權威，而維持了與人的差異。作為實定法的權威之源，自然或神性被認為是不變且永恆的；實定法則是根據具體形勢而變動且可變的，但是相較於變動速度更快得多的人類行動，它們仍具有相對的持久性；而且它們的這種持久性正是從其權威之源的恆在中獲得。因此實定法的設計，主要就是在人們不斷變化的運動中扮演穩定化因素的角色。

在極權主義的解釋中，所有法則都成為了運動的法則。當納粹份子提到自然法則，或當布爾什維克黨人提到歷史法則的時候，無論自然或歷史都不再是用來穩定化有死之人的行動的權威之源；它們自身就是運動。納粹相信種族法則正是表現在人身上的自然法則，而此信念背後則存在達爾文的觀念，他認為人是自然發展過程的產物，且當前的人類物種並不必然是這個過程的終點；與此類似的，布爾什維克相信階級鬥爭乃是歷史法則的表現，這個信念背後存在的是馬克思的觀念，他認為社會是巨大歷史運動的產物，它會根據自身的運作法則一路奔跑到歷史終點，並

在抵達終點的時候自我廢除。

人們不時會指出馬克思的歷史進路與達爾文的自然主義進路之間的差異，這通常是拜馬克思所賜。這種情況使我們忘記馬克思其實對達爾文的學說興趣濃厚；除了「歷史界的達爾文」之外，恩格斯實在無法再想到對馬克思學術成就更好的稱讚。[1]如果我們不以實際成就，而是以兩者的基本哲學思想來考量，那麼到頭來歷史運動與自然運動就是同一件事情。達爾文將發展觀引入自然，而且至少在生物學領域堅持主張自然運動不是循環的而是線性的，並沿著無限進步的方向運動，這種觀點事實上意味著，自然可說正被掃入歷史，而自然生命則被看作歷史性生命。最適者生存的「自然」法則，就像歷史法則一樣公正，而且就像馬克思的最進步階級得生存的法則一般，可以被種族主義所用。在另一方面，馬克思的階級鬥爭作為歷史驅動力，僅僅是生產力發展過程的外在表達方式而已，而生產力又源自於人們身上的「勞動力」。根據馬克思的說法，勞動不是一種歷史性力量，而是一種自然—生物性力量（它被從人「與大自然的新陳代謝循環」中釋放出來，而人則要憑藉這種循環來維繫個體生命與種族繁衍）。[2]恩格斯十分清楚地看出，達爾文和馬克思的基本信念之間具有親緣性，因為他明白發展觀在兩者的學說中都扮演決定性角色。上個世紀中葉在知識界發生的巨大轉變，就是人們開始拒絕「如其所是」地看待或接受事物，而是永遠將一切事物只理解為某種長遠發展的一個階段。❶至於這種發展的驅動力是叫做自然還是歷史，則是相對次要的問題。在這些意識形態中，「法」這一用語本身的意涵也改變了：

從表現讓人類的行動與運動得以在其中發生的穩定性框架，變成運動本身的表現方式。

只要著手依循意識形態處方的極權政治，揭示出上述發展過程根本不會有終點，也就揭穿了這些運動的真實面目。如果說自然法則就是要消滅一切有害且不適生存者，那麼一旦無法再找到新的有害且不適生存的類別，也就意味著自然本身的終結；如果說在階級鬥爭中有某些階級會「衰亡」實為歷史法則，那麼如果未成熟的新階級根本還未能形成的時候，就反而在極權統治者手中「衰亡」了，這就意味著人類歷史本身的終結。即便極權運動有朝一日成功讓所有人類臣服於它們的統治，它們藉以奪取、行使權力的殺戮法則，也能繼續作為運動的法則。

我們將合法政府理解為這樣一種政治體：在其中，實定法需要將不可改變的自然法或上帝的永恆誡命轉化為對錯標準。只有在這些標準中，只有在由各國實定法所構成的政治體中，自然法或上帝誡命才能夠獲得它們的政治現實性。在極權政府的政治體中，實定法的這種位置被全面恐怖所取代，全面恐怖之所以被設計出來，正是為了將歷史運動或自然運動的法則轉化為現實。實定法雖然界定違法行為，卻獨立於它們（在任何社會，犯罪的缺乏都不會讓法律變得多餘，反而代表法律達成了最佳治理效果）；同樣地，極權政府中的恐怖已不再純然是鎮壓反對派的手段，

❶ 譯註：鄂蘭在〈歷史的概念：古代與現代〉（BPF: 41-90；中譯本：53-122）一文中提出，「自然」與「歷史」的共通點，從古代的「不朽」（immortality）轉變成了現代的「過程」（process），這種「過程」思維正相應於這裡所說的將事物理解為發展過程中的一個階段。該文是對馬克思歷史哲學更為徹底的分析。

即便它也會被用於這種意圖。當恐怖變得獨立於所有反對派，它就成為了全面恐怖；當不再有任何人擋在它的路上，它也就達成了至高無上的統治。如果守法是非暴政政府的本質，而不守法是暴政的本質，那麼恐怖就構成了極權支配的本質。

恐怖就是運動法則的實現；它的主要目標就是讓自然力量或歷史力量得以自由而快速地貫穿於人類當中，不受任何自發性人類行動所阻礙。就這樣，恐怖設法要「穩定化」眾人，以便解放出自然或歷史的力量。正是這種運動標舉出人類的敵人，進而釋放出恐怖來與之對抗，同時不允許有任何反對或支持的自由行動，來妨礙消滅歷史或自然、階級或種族的「客觀敵人」的行動。罪責與無辜成為無意義的觀念；「有罪」就是一個人擋了自然或歷史進程的路，而正是這種進程要對「低等種族」、「不適存活」的個體以及「垂死階級與墮落民族」做出判決。恐怖會執行這些判決，而在它的法庭上，所有涉案人員在主觀上都是無辜的：被害者無辜，因為他們沒有做任何對抗體制的事情，而兇手無辜，因為他們並沒有真的進行謀殺，只是執行由某種更高法庭所宣布的死亡判決。統治者並不自詡公正或明智，而僅僅是執行歷史法則或自然法則而已；他們並不應用法律，而是根據運動的內在法則來貫徹運動。如果法就是某種超人類力量（自然或歷史）運動的法則，那麼恐怖便是合法則性。

作為運動法則的執行，恐怖的終極目標不是眾人福利或一人利益，而是製造人類（fabrication of mankind）；因此恐怖為了物種之故而消滅個體，為了「整體」之故而犧牲「局部」。自

然或歷史的超人類力量有它自身的開端與終結，因此只有每個人的生命所實際具有的新開端與個體終結，才能夠對其造成阻礙。

在立憲政府中，實定法是被設計來在眾人中間設立界線、建立溝通管道的，因為眾人所構成的共同體會不斷受到降生其中的新來者的威脅。每當一個新生命到來，就會有一個新的開端降臨在這個世界，也會有一個新的世界潛孕欲出。法律的穩定性對應著所有人類事務的持續變動特性，只要不斷有人降生、死亡，這種變動就永遠不會終止。法律在每一個新開端中設下圍籬，同時又確保它運動的自由，確保它保有開啟不可預測之全新事物的潛力；實定法設下的界線之於人的政治性存在，正如記憶之於人的歷史性存在：它們保衛著一個共同世界的先在性（pre-existence），保衛著某種延續體的實在性，而正是這種連續體超越了每一世代個體生命的長度，吸收了所有新的起源並受其滋養。

全面恐怖之所以會被這樣輕易地誤認作暴政統治的徵兆，是因為極權政府在最初階段必定會表現得像是暴政，會毀壞人為法律的界線。但是全面恐怖並未留下任何任意專斷的不守法狀態，它之所以肆虐猖獗，不是出於某種獨斷意志，或一人對抗所有人的專制權力，更不是為了一場所有人對抗所有人的戰爭。它用鐵鍊替代了眾個體之間的界線與溝通管道，由此將他們緊緊捆綁在一起，以至於他們的複數性（plurality）彷彿已被巨大的單一之人（One Man）所吞沒。廢除眾人之間的法律藩籬（就如暴政所為），意味著奪走人的自由權利，並摧毀自由這一生氣勃勃的政

治現實；因為法律在眾人中間圍護起來的空間，正是生氣勃勃的自由空間。全面恐怖使用了暴政的這種舊有工具，卻也摧毀了暴政所留下的充滿恐懼與猜疑的無法律、無防護的荒漠狀態。這種荒漠當然不再是生氣勃勃的自由空間，但是它仍為居民們提供了某種空間，讓他們得以開展受恐懼引導的運動、受猜疑支配的行動。

全面支配通過將眾人彼此推擠在一起，來摧毀他們之間的空間；與鐵鍊之中的境況相比，甚至連暴政的荒漠（只要它仍不失為某種空間的話），看起來都像是自由的保障。極權政府不僅僅是剝奪自由權利，或取消基本自由；而且至少就我們的有限所知，它也並未成功連根拔除人心中對自由的熱愛。它摧毀的是所有自由的基本前提條件，而自由就是一種沒有空間就無法存在的行動能力。

全面恐怖作為極權政府的本質，既不是為眾人而存在，也不是為對抗眾人而存在。它被設想為要為自然或歷史的力量提供一件無與倫比的工具，以加速其運動。這種運動依其自身法則推進，它就長遠來說本不可能受到任何阻礙；最終總是會證明它的力量比人們的行動與意志所催生的最強大的力量，都要更為強大。但是它仍可以被減緩，而且幾乎不可避免地會被人的自由減緩，這是連極權統治者都無法否認的；因為就算他們將這種自由視為不具現實意義且任意的，它仍等同於如下事實：有人在出生，他們中的每一個人都**是**一個新的開端，都會在某種意義上讓世界更新。就極權主義的觀點來看，眾人出生、死亡的事實，只能被視作對更高力量的惱人干擾。

因此，作為自然或歷史運動的忠順奴僕，恐怖必須從這一運動過程中消滅的，就不僅僅是任何具體意義上的自由，更是自由之源本身；這種自由之源藉由人出生的事實而被給予，並留存在人創造新開端的能力當中。恐怖的鐵鍊摧毀了眾人的複數性，並用眾人製造出單一之人（the One），他將會永不失敗地表現得彷彿自己就是歷史或自然進程的一部分；從而極權主義發現了一種手法，它不僅可以解放歷史或自然力量，還可以把它們加速到單憑它們自身絕對無法達到的程度。在實踐層面上，這意味著恐怖已不再等待自然或歷史自身更緩慢、更低效的進程，而逕自對污點執行了死刑判決；這種判決正是自然會對種族、或「不適生存」的個體所宣判的，或是歷史會對「垂死階級」所宣判的。

由此，政府自身的本質就變成了運動；在此概念中，一個非常古老的政治思想問題似乎就找到了解答，其方式正類似於我們已注意到的，在合法性與正義之間的不一致。如果政府的本質被界定為合法律性，如果人們已經明白法律實為眾人公共事務中的穩定化力量（自柏拉圖在《法律篇》中乞靈於疆界之神（the god of the boundaries）宙斯以來，就向來如此），那麼接著出現的就是政治體的運動問題，以及該政治體的公民行動問題。合法律性為行動設立了限制，但並不引發它們；在自由社會中，法律的偉大之處也是其困窘之處在於，它僅僅告訴人們不應該做什麼，卻從未告訴人們應該做什麼。只要總是從持久性的角度來界定一個政治體的本質（再度是自柏拉圖以來），就絕對無法在其本質當中發現該政治體的必然運動。耐久性似乎是衡量政府優良程度最

可靠的標準之一。對孟德斯鳩來說，暴政有害的最高證據仍然是，唯有暴政易於從內部被摧毀，會自我衰敗，而其他所有政府都是由於外在局勢而毀滅的。因此對政府進行界定，總是還需要孟德斯鳩稱作「行動原則」（principle of action）的東西，這種原則在每一種政體中都不同，它會在公共活動中激勵政府與公民，並作為一種超越了純然消極的守法標尺的判準，來評斷公共事務中的所有行動。根據孟德斯鳩的說法，這樣的指導原則與行動判準，在君主制中是榮譽，在共和國中是美德，在暴政中則是恐懼。

在一個完美的極權政府中，所有人都成為單一之人，所有行動都致力於加速自然或歷史運動，每一行為都是在執行自然或歷史所宣布的死亡判決，換言之，在此狀況下，完全可以依靠恐懼來使運動維持在持續不斷的運作之中；在此狀況下，不需要任何與政府本質有所區別的行動原則。然而只要極權統治尚未征服全球，只要恐怖的鐵鍊還沒有讓全部人類成為單一之人，則恐怖既作為政府本質又作為運作（而非行動）原則的雙重功能，就還沒能夠充分實現。正如憲政政府中的守法性尚不足以激發、引導人們的行動，極權政府中的恐怖也不足以引發、引導人的行為。

雖然在當前條件下，極權支配仍跟其他政體一樣，具有為公民在公共事務中的行為提供引導的需求，但嚴格來說，它不需要、甚至也不能使用行動原則，因為它恰恰要消滅人行動的能力。在全面恐怖的條件下，甚至連恐懼都不再成為如何行事的指導，因為恐怖選擇受害者的方式，與個人的行為或思想無關，完全是根據自然或歷史進程的客觀必然性。在極權條件下，恐懼很有可

能前所未有地廣泛傳播；但是當由恐懼所引導的行為不再有助於避免人們所恐懼的危險時，恐懼也就是失去了它的實際作用。就算是對體制表示同情或支持的行為，情況也同樣如此；因為全面恐怖不僅僅是根據客觀標準來選擇受害者；它還以盡可能全然無視候選者的信念與同情態度的方式，來選擇加害者。自發生在蘇聯及其衛星國的大清洗以來，持續一貫地消滅作為行動動機的信念，早已是記錄在案之事。極權教育的目標從來都不是灌輸信念，而是摧毀形成任何信念的能力。將純粹的客觀判準引入親衛隊選拔系統，乃是希姆萊在組織方面的偉大發明；他根據純粹的種族判準來從照片中選擇候選人。自然本身不僅僅決定了誰要被消滅，還決定了誰要被訓練成劊子手。

對於一個不再將恐怖當作威脅手段，而是其本質即為恐怖的政治體，取自人類行動領域的行為指導原則，諸如美德、榮譽、恐懼，已沒有一個還對其運作有必要或有用。作為替代，它在公共事務當中引入了一種全新的原則，它完全免除了人類的行動意志，並迎合了渴望對運動法則有所洞察的需求，這正是恐怖據以運作且所有私人命運都予以仰賴的法則。

為了加速自然或歷史運動，極權國家的居民們都被拋入此一過程，且深陷其中；於是他們只能成為它內在法則的執行者或受害者。這一過程或許會決定，今日致力於消滅種族、個人，或是垂死階級成員與墮落民族的那些人，明天就會成為被犧牲掉的人。極權統治需要對其臣民進行行為指導的，就是一種讓每個人同等適合於執行者角色與受害者角色的準備工作。這種雙面準備，

這種對行動原則的替代，就是意識形態。

為了滿足追隨者，意識形態—主義們（ideologies-isms）可以通過從單一前提來推演的方式，解釋一切事物、一切事件；這是一種頗為晚近的現象，而且數十年來僅在政治生活中扮演微不足道的角色。唯有憑藉後見之明，我們才得以在它們當中，發現那些為極權統治帶來如此令人不安的用處的元素。在希特勒與史達林之前，尚未有人發現這些意識形態當中巨大的政治潛能。

意識形態的科學性格早已眾所周知：它們結合了科學的進路與具有哲學意義的結果，並偽裝成科學的哲學。「意識形態」（ideology）一詞似乎暗示我們，一個觀念可以成為科學的研究主題，正如動物是動物學（zoology）的研究主題，而意識形態的詞尾 -logy 就像在動物學一詞當中一樣，揭示的不外乎就是邏各斯，亦即在它之上開展的科學陳述。如果此說不虛，那麼意識形態的確就會成為一門偽科學與偽哲學，並同時僭越科學的界限與哲學的界限。比如說，自然神學就會成為這樣一種意識形態：它用科學式的神學（對它來說上帝是啟示的實在）方式（如果有一種神學不是建立在作為既予實在的天啟之上，而是將上帝視為一種觀念，就會跟一種不再確定動物是否具有物理性、軀體性存在的動物學一樣瘋狂），來對待上帝的觀念（這是哲學所關心的）。況且我們知道，這僅僅是真相的一部分而已。即便否定了神聖天啟，自然神學也並不會簡單地對僅是一個「觀念」的上帝，做出「科學」陳述，而是會利用上帝的觀念來解釋世界的運作程序。

主義的「觀念」（比如種族主義中的種族、自然神學中的上帝等等）從未構成意識形態的主題對象，而詞尾 -logy 也從未簡單地表示一種「科學」陳述體。

意識形態完全就是其名稱的字面意思：它正是觀念的邏輯。它的主題對象則是該「觀念」所適用的歷史；適用的結果不是關於某物之所**是**的陳述體，而是揭示出一個處於持續不斷變動當中的過程。意識形態看待事件發展進程的方式，就像是在依循與該「觀念」之邏輯展開方式同樣的一套「法則」。意識形態假裝自己知道整個歷史進程的奧祕（包括過去的祕密、當前的複雜形勢以及未來的不確定），因為這個進程的邏輯本就內在於它的觀念當中。

意識形態從未對存有的奇蹟產生興趣。即便它們試圖用某種「自然法則」來解釋歷史，它們也仍是歷史性的，關注的是生成與消逝，是文化的興衰。種族主義中的「種族」一詞，並不代表對科學探索領域的人類種族懷抱任何真正的好奇心，而僅僅是藉以將歷史運動解釋為一個首尾一貫之過程的「觀念」而已。

意識形態中的「觀念」，既不是柏拉圖那種要用心靈之眼來捕捉的永恆本質，也不是康德式的理性的規範性原則，而是成為一種解釋工具。對於意識形態來說，歷史並沒有按照觀念來顯現（這種顯現將意味著歷史以某種理想永恆體的面貌被人們看到，而永恆體本身超乎歷史運動之外），而是顯現為某種可以根據觀念推測出來的東西。使「觀念」適合於這種新角色的是它自身的「邏輯」，也就是「觀念」本身的產物且不需要外在因素來推動的一種運動。種族主義相信有

一種運動內在於種族觀念自身，正如自然神學相信有一種運動內在於上帝概念自身。

歷史的運動與這一觀念的邏輯過程，被設想為是彼此對應的，從而無論發生什麼事情，都是根據一個「觀念」的邏輯來發生。然而，在邏輯領域唯一可能的運動就是從一個前提開始進行推演的過程。辯證邏輯的運作過程是從對立命題到綜合，而這一綜合又反過來成為下一個辯證運動的命題；這種辯證邏輯一旦被意識形態掌握，就也沒有什麼原則上的差異；辯證中的第一個命題會成為前提，而這種辯證手法對於意識形態解釋的好處在於，它可以將事實層面的矛盾衝突，解釋成同一且一貫的運動之中間階段來作為搪塞。

一旦作為思想運動（而非作為對思考活動的必要控制）的邏輯適用於一個觀念，這個觀念就被轉化為一個前提。意識形態對世界的解釋早在為極權論證帶來卓越成果之前，就已經開始操作這樣的運作過程了。純然消極的邏輯強制性、矛盾的禁令，變得「富有生產力」，從而通過純粹用論證來得出結論的方式，整個思想航線得以被啟動，並強加於心靈之上。這一論證過程既不會被新的觀念（這將會是引發另一系列後果的另一個前提）打斷，也不會被新的經驗打斷。意識形態向來預設，一個觀念就足以在從該前提發展出來的過程中解釋一切，而且經驗不能教導我們任何東西，因為一切都掌握在這個始終一貫的邏輯推演過程之中。若將必然不會安穩的哲學思想，調換為意識形態及其世界觀的全面解釋，則其中存在的危險，甚至主要不在於可能會受某種往往庸俗且總是缺乏批判性的假說所欺騙，而更在於可能會將內在於人的自由思考能力替換為窄小的

邏輯外衣；一個人用這種外衣來強迫自身的劇烈程度，幾乎不亞於來自某種外力的強迫。

就其自身而言，十九世紀的世界觀與意識形態並不是極權的；即便種族主義與共產主義已成為二十世紀具有決定性的意識形態，它們在原則上仍不比其他意識形態「更極權」；而它們之所以成為決定性的，只是因為它們最初仰賴的那些經驗元素（各種族為支配世界而鬥爭，以及各階級為各自國家的政治權力而鬥爭），最終在政治上比其他意識形態的經驗元素更為重要。就此而言，在極權運動準確掌握這些意識形態之前，就早已決定了種族主義與共產主義凌駕於其他所有主義的意識形態勝利。在另一方面，所有的意識形態都包含著極權元素，但是只有藉由極權運動它們才會充分發展，這造成了一個欺騙性的印象，就是只有種族主義與共產主義具有極權性格。真相毋寧是，所有意識形態只有在極權支配機器中發揮作用時，它們的真正本性才會被揭示出來。從這個方面來說，一切意識形態思想都具有三種特定極權元素。

首先，在它們所宣稱的全面解釋中，意識形態的傾向不是去解釋這是什麼，而是去解釋這會成為什麼，以及什麼誕生、什麼逝去。在所有情況下，它們關心的完全是運動的元素，也就是一般字面意義上的歷史。意識形態總是朝向歷史，甚至連種族主義這種始於自然前提的意識形態，也是如此；自然在此僅僅發揮著解釋歷史問題並將它們化約為自然問題的作用。全面解釋的宣稱，承諾要解釋在歷史上發生的所有事情：全面解釋過去，全面認知現在，可靠預言未來。其次，意識形態思想憑藉這種能力而變得獨立於所有經驗之外，它從經驗中無法再學到任何新事

物，就算是剛剛才出現的事物也不例外。於是意識形態思想開始從我們憑五感所認知的現實中解放出來，同時堅持有一種「更真實」的現實隱藏在所有可認知的事物背後，並且從隱藏之處支配著它們，只有第六感（six sense）才能讓我們覺察到它。這第六感恰恰是由意識形態所提供的，是由教育機構（完全是基於此種意圖而設立的）教導的特殊意識形態灌輸所提供的，以便在納粹的騎士城堡學院或第三國際與共產黨情報局的學校中訓練「政治戰士」。極權運動的宣傳也致力於將思想從經驗與現實中解放出來；它總是努力要在每一個公共且有形可見的事件中注入祕密意涵，要猜疑每一個公共政治行為背後都隱藏著祕密意圖。一旦運動得以掌權，它們就會根據自身的意識形態主張來著手改變現實。敵對論被陰謀論所取代，由此產生了這樣一種心智狀態：人們不再按照它自身的語彙來經驗、理解現實（真正的敵意或真正的友誼），而是自發地設想它是在指涉某些別的東西。

其三，由於意識形態沒有改變現實的權力，因此它們通過某種證明方法來達成這種將思想從經驗中解放出來的成就。意識形態思想將事實安置到一個絕對的邏輯程序當中，該程序始於一個不證自明的前提，並從中演繹出一切事物；也就是說，它以一種不存在於現實領域的一貫性進行著。這種演繹會以邏輯或辯證的方式進行；在這兩種情況中，它都涉及一種始終一貫的論證過程，該論證由於是從過程的角度來進行思考，因此被設想為有辦法掌握自然或歷史過程那種超人類運動。理解的達成，要依靠心靈以邏輯或辯證的方式，來模仿科學地構建出來的運動法則，而

通過模仿過程，它也得以融合了運動法則。意識形態論證總是一種邏輯演繹，它對應兩個先前提到的意識形態元素（運動的元素，以及從現實與經驗中解放的元素）：這首先是因為它的思想運動並非源自經驗，而是自我生成的，其次則是因為它將唯一取自、接受自經驗的關鍵點，轉化為一個不證自明的前提，繼而就使後續的論證過程完全不觸及任何其他經驗。一旦意識形態思想設立好自己的前提、自己的出發點，經驗就不再予以干涉，它也無法接受現實的教導。

有一種兩位極權統治者都採用的手法，他們用它將各自的意識形態轉化成武器，並由此讓他們的每個臣民都強迫自己亦步亦趨地跟隨恐怖運動；這種手法簡單而不起眼的特性頗具欺騙性：他們極為認真地看待這些意識形態，一邊是為他「冰冷理性」（希特勒）的至上天賦而驕傲，另一邊則是為「他辯證法的冷酷無情」而驕傲，並著手將意識形態意涵驅向邏輯一致性的極端，而這種極端在旁觀者看來，簡直「原始」、荒謬到不可理喻：「垂死階級」由被判處死刑的人所組成，「不適生存」的種族要被消滅。任何人只要同意有「垂死階級」這樣的東西存在，卻不得出要殺死這些人的結論，只要同意生存的權利與種族相關，卻不得出要殺死「不適種族」的結論，那麼他顯然不是蠢人就是懦夫。這種嚴峻的邏輯性作為行為指導，瀰漫在極權運動與極權政府的整個結構當中。這完全是希特勒與史達林的傑作，他們兩個雖然並沒有為運動的觀念與宣傳口號增添任何一種新思想，但僅憑這一件事，就必定會被視作最重要的意識形態家。

將這些新的極權意識形態家與他們的前輩們區分開的，主要並不是吸引他們的意識形態「觀

念」(階級鬥爭與壓榨工人,或種族鬥爭與關心日耳曼民族),而是能夠從該「觀念」中發展出來的邏輯過程。根據史達林的說法,「徹底壓倒(列寧的)聽眾的」既非觀念亦非雄辯,而是「不可抗拒的邏輯力量」。馬克思認為權力誕生在觀念抓住大眾的時刻,而現在人們發現權力並非貯存在觀念中,而是貯存在它的邏輯過程中,這一過程「就像一隻強力觸角,老虎鉗一般從各個角度把你抓牢,你無力從這控制中掙脫;你必須投降或是準備好接受徹徹底底的失敗」。[3] 唯有到了意識形態目標(無階級社會或主人種族)的實現處於緊要關頭之際,這種力量才會展現出來。在實現的過程中,只要不得不迎合大眾(對工人的壓迫或是德意志民族的抱負),意識形態據以自立的原本內容就會逐漸喪失,就像是被過程本身吞噬了一般:作為對「冰冷理性」與「不可抗拒的邏輯力量」的完美呼應,工人們在布爾什維克的統治下,甚至連那些在沙皇壓迫底下還被賦予的權利都喪失了,而德意志人民則經受了一場對德意志民族的最低生存要求毫不關心的戰爭。意識形態的真正內容(工人階級或日耳曼民族),作為「觀念」(階級鬥爭作為歷史法則,或種族鬥爭作為自然法則)的原初引發者,之所以會被執行這一「觀念」的邏輯所吞噬,恰恰是基於意識形態政治的本性(而不僅僅是為了自我利益或權力欲而做出的背叛)。

極權主義要求用來替代孟德斯鳩的行動原則的,是訓練受害者與執行者的工作,進行這項工作的不是意識形態本身(種族主義或辯證唯物主義),而是它內在的邏輯性。在這方面最具說服力的論證,一項受希特勒喜愛、史達林青睞的論證,就是:你不能說A而不同時說B與C,直到

這個兇惡的字母表的結尾。在此，邏輯性的強制力似乎其來有自；它源自我們對自我矛盾的恐懼。布爾什維克大清洗要成功讓受害者招供他們從未犯下的罪行，主要是靠下述這種基本恐懼與論證：我們都同意歷史即階級鬥爭這個前提，都同意黨承擔指導階級鬥爭的角色。因此你知道，就歷史而言，黨向來是正確的（用托洛斯基的話來說：「我們只有與黨走在一起、並依靠黨才會正確，因為歷史並沒有提供其他正確道路。」）在這一歷史時刻，也就是符合歷史法則的時刻，黨通曉歷史法則，它必須懲罰某些罪行，這些罪行應該被犯下。為了這些罪行，黨需要罪犯；情況或許是，黨雖然了解罪行，卻不太了解罪犯；比確定罪犯更重要的是懲罰罪行，因為若沒有這樣的懲罰，歷史將不會被推進，甚至可能還會受阻。因此你不是已經犯下這些罪行，就是被黨召喚來扮演罪犯的角色；在這兩種情況下，你都已經在客觀上成為了黨的敵人。如果你不招供，你就是不再通過黨來輔佐歷史，就會成為一個真正的敵人。上述論證的強制力在於：如果你拒絕，你就會自我矛盾，而且通過這種矛盾，你會使你的整個人生變得毫無意義；你所說的A通過它在邏輯上產生的B與C的後果，支配了你的整個人生。

極權統治者依仗那會驅迫我們自身的強迫力，因為即便是他們也仍需要有限地動員人民；這種內在的強迫力乃是邏輯性的暴政，除了人們開啟新事物的偉大能力外，沒有任何事物能與之對抗。邏輯性的暴政始於心靈臣服在作為永不停息之過程的邏輯下，這一過程本是人賴以催生自己思想的東西。通過這種臣服，他放棄了自己的內在自由，正如當他向外在暴政折腰時，就放棄了

自己的行動自由。自由作為人的一種內在能力，等同於開啟（新事物）的能力，正如自由作為一種政治現實，等同於眾人之間的活動空間（space of movement）。沒有任何邏輯、任何有說服力的推論能夠對開端施加權力，因為它們的邏輯連鎖本就需要以開端為前提。正如之所以需要恐怖，就是為了防止每一個新的人類存有者的誕生會帶來新的開端，並在這個世界上發聲；調動邏輯性的自我強制力，則是為了防止任何人開始思考，而思考作為所有人類活動中最自由、最純粹的一種，正構成演繹的強迫性過程的對立面。要確保極權政府的安全無虞，就需要動員人自身的意志力量，來迫使他進入歷史或自然的浩瀚運動之中，這種運動會將人類當作材料來使用，而且不知何為出生、死亡。

一方面，全面恐怖的強迫力用它的鐵鍊將一大群孤立之人推擠在一起，**並**將他們維持在一個對他們已成荒漠的世界，在另一方面，邏輯演繹的自我強制力，則讓每一個體處在對抗其他所有人的寂寞孤立之中；這兩者相互呼應、相互需要，以便發動由恐怖主宰的運動，並維持其運作。正如就算僅憑前極權的、純粹暴政的形式，恐怖也會摧毀眾人之間的所有關係，意識形態思想的自我強迫力則毀掉眾人與現實之間的所有關係。當人們失去與自己夥伴的聯繫，也失去與周遭現實的聯繫時，這種準備工作便已就緒；因為連同這些聯繫，人們也會失去經驗與思考的能力。極權統治的理想臣民並不是心悅誠服的納粹份子或共產黨人，而是這樣的人：在他們眼中，事實與虛構（亦即經驗的實在性）的差異、正確與謬誤（亦即思考的標準）的差異，都已不復存在。❶

我們現在要回到開頭提出的問題，這就是：當一種政體的本質為恐怖、行動原則為意識形態思考之邏輯性時，滲透其中的究竟是何種基本共同生活經驗。很顯然，這樣的組合方式從未在先前的政治支配形式中使用過。雖是如此，但只要甚至連這種最具「原創性」的政治體都被人們發明了出來、並以天曉得的某種方式回應了人們的需要，那麼它所仰賴的基本經驗就必定是屬於人類、且為人們所知的。❷

我們已多次觀察到，只有對於彼此孤立的眾人，恐怖才能施加絕對統治，因此所有暴政政府關注的首要事情之一，也就正是要讓這種孤立狀態出現。孤立或許正是恐怖的開端；它無疑是恐怖最豐饒的地基；也向來是其結果。我們可以說，這種孤立是前極權的；只要權力總是來自於共同行動、「協同行動」（伯克語）的眾人，那麼無能就是孤立的標誌；被孤立的眾人在定義上就是無權力的。

孤立與無能，也就是完全缺乏行動的基本能力，這向來就構成了暴政的特徵。在暴政底下，

❶ 譯註：這種事實與虛構不分的狀態，對應的是第十一章第二節中對菁英黨員的描述，從這裡我們也可以驗證鄂蘭為何會強調希特勒在乎的只有作為菁英黨員的親衛隊的忠誠，因為他們正是極權統治的所謂理想臣民。

❷ 譯註：在鄂蘭同時期所寫的〈論極權主義的本質〉（“On the Nature of Totalitarianism”, EU: 328-360）一文中，她更詳細的分析了孟德斯鳩所提出的三種政體，並歸結出這三種政體各自對應的基本經驗，君主制對應的是「區異」（distinction）的經驗，共和制對應的是「平等」的經驗，而暴政對應的是下文所說的「無能」（impotence）的經驗。

眾人之間的政治聯繫被切斷，人類的行動能力與權力則遭遇挫敗。但是並非眾人間的所有聯繫都被切斷，也並非所有人類能力都被摧毀。整個由經驗、製作、思考的能力所組成的私人生活領域，仍完好無損。我們知道，全面恐怖的鐵鍊不為這樣的私人生活留下任何空間，而且極權邏輯的自我強制力也摧毀了人經驗與思考的能力，其程度就如它摧毀人的行動能力一樣明確。

我們在政治領域稱之為孤立（isolation）者，在社會交往領域則稱之為孤棄（loneliness）。❶孤立與孤棄並非同一回事。我可以孤立（在此情境中我無法行動，因為沒有人會跟我一起行動）而同時不孤棄；我也可以孤棄（在此情境中我作為一個人，覺得自己被所有人類夥伴關係所拋棄）而同時不孤立。當眾人生命中的政治領域，也就是他們共同行動以追尋共同關懷的領域被摧毀時，孤立正是人們所被驅入的絕境。而且孤立雖然會破壞權力與行動能力，但是它不僅讓所有所謂生產性人類活動維持完好無損，而且還是它們所要求的條件。只要是作為工匠人（homo faber），人就會傾向於將自己與自己的工作一起孤立起來，也就是說要暫時離開政治領域。製作（poiesis，物的製造）一方面與行動（praxis）有所區分，另一方面與單純的勞動也有

❶ 譯註：這裡之所以將“loneliness”翻譯成「孤棄」這個較生僻的說法，而不是舊有譯法「寂寞」，是考慮到以下兩點：第一，如下文分析的，「孤棄」相對於「孤立」更是一種徹底地被整個人類世界、所有人類關係所拋棄，而寂寞則只能反映某種心理上的結果，不能呈現出這種差異；第二，鄂蘭在本書的德文版中用“Verlassenheit”來對應“loneliness”，該詞在德文中有被拋棄的意思。

所不同，它總是以某種隔離於共同關懷的方式進行，無論其結果是工藝作品還是藝術作品，都是如此。在孤立狀態中，人仍然與作為人文造設的世界維持著聯繫；唯有當最基本的人類創造形式，也就是那種為共同世界增添某些自己的東西的能力被摧毀時，孤立才會變得完全無法忍受。這種情況只會發生在一個主要價值受勞動所支配的世界，在這裡面所有人類活動都被轉化成勞動。在這種情況下，留存下來的只有純屬勞動的努力，也就是維持生存的努力方向，而人與作為人文造設之世界的關係也被破壞了。如果孤立之人不再被承認為工匠人，而是被視為勞動動物（animal laborans），其必要的「與大自然進行新陳代謝」的活動絲毫不關心任何事物，那麼他就既喪失了他在由行動構成的政治領域中的位置，同時也被物的世界所遺棄。於是孤立就變成了孤棄。建立在孤立之上的暴政一般還會讓生產性的人類活動保持完好無損；然而一種統治「勞動者」的暴政，例如古代的奴隸統治，將會自動成為一種對孤棄之人（而非孤立之人）的統治，並有成為極權的傾向。❷

孤立僅僅涉及生活中的政治領域，而孤棄則涉及整個人類生活。就像所有暴政一樣，極權政府當然只有摧毀掉公共生活領域，也就是只有通過孤立眾人來摧毀其政治能力，才能夠生存。但是極權支配這種政體之所以是全新的，就在於它不滿足於這種孤立，它還要進一步摧毀私人生

❷ 譯註：鄂蘭在此對「勞動」與「製作」（工作）的區分，後來構成《人的條件》的關鍵性理論基礎。

活。它將自身建立在孤棄之上，建立在完全不屬於這個世界的經驗之上，這是最極端最絕望的人類經驗之一。

孤棄既是恐怖這種極權政府本質的基礎，同時也是訓練執行者與受害者的意識形態或邏輯性的基礎；它密切關聯於拔根狀態（uprootedness）與多餘感（superfluousness），後兩者自工業革命啟動以來，早已成為現代大眾身上的詛咒，而且隨著帝國主義在上個世紀末的興起，隨著政治制度與社會傳統在我們時代的坍塌，已變得更為尖銳。拔根意味著在這個世界沒有位置，不被他人認可、保護；多餘則意味著完全不屬於這個世界。拔根可以成為多餘的前提條件，正如孤立可以（但不必然）成為孤棄的前提條件。就算僅僅考慮它本身，而不考慮它的晚近歷史成因與新近政治角色，孤棄仍是與人類境況的基本要求相悖反，同時又是所有人類生活的基本經驗之一。甚至連我們經驗這個在物質上與感官上被給予的世界的活動，也要仰賴我們與其他人的聯繫，仰賴我們藉以調控其他所有感官的共通感（common sense），若沒有這種共通感，我們每一個人就都會被自己特殊的感官材料所包圍，而這些材料自身又是如此不可信、靠不住。完全是由於我們擁有共通感，也就是說完全是由於居住在大地上的不是一個人，而是複數的眾人，我們才有辦法信任我們的直接感覺經驗。❶況且，要實現孤棄，實現被所有事物、所有人拋棄的經驗，我們只需要提醒自己，我們終有一天會不得不離開這個世界，而世界則會依舊運轉，我們對於這個世界的延續性來說畢竟是多餘的。

孤棄並非孤獨（solitude）。孤獨要求獨處，而孤棄則在他人的陪伴下最尖銳地顯現出來。歷史上曾出現過一些會讓人誤入歧途的說法，它們通常像加圖（Cato）的陳述（Cicero, *De Re Publica*, I, 17）那樣，由一種悖論的形式構成：「他在獨處時從不更為孤單」，或是「他在孤獨時從不更為孤棄」；❷除了這些說法，愛比克泰德（Epictetus）作為出身希臘（譯按：古典時代的大希臘，非今希臘本地）且獲得解放的奴隸哲學家，是第一個區分了孤棄與孤獨的人。在某種程度上，他的發現是個偶然，他主要感興趣的既不是孤獨也不是孤棄，而是在絕對獨立意義上的獨處（monos）。在愛比克泰德（Dissertationes, Book 3, ch. 13）看來，孤棄的人（eremos）發現自己無法與周遭的他人建立聯繫，或是自己暴露在這些人的敵意當中。孤獨的人則相反，他是獨自一人，因此「能夠與自我在一起」，因為人們都擁有「與自身交談」的能力。換言之，在孤獨狀態中，我依憑自身（I am "by myself"），與我的自我在一起（together with my self），因此是「一中

❶ 譯註：這裡鄂蘭已對本書前面章節中尚可譯為「常識」的概念，進行了理論性闡發，因此需要譯成「共通感」。關於這種共通感，鄂蘭後來在〈文化危機：其社會意義與政治意義〉中有了更清楚的說明：「『共通感』為我們揭示出作為共通世界之世界的本性；我們將此歸諸這樣一個事實：我們在嚴格意義上屬於私人性與主觀性範疇的五感，以及相應的感官材料，都可以讓自身適應於一個非主觀的『客觀』世界，我們共同擁有這個世界，並且與他人共享。判斷乃是使這種『與他人共享這個世界』得以實現的一項重要能力」（BPF: 218; 中譯本，頁 303）。另外，我們需要注意到，這裡的「共通感」問題正與鄂蘭後期要發展的判斷理論密切相關。

❷ 譯註：後一句是鄂蘭用自己對「孤獨」與「孤棄」的區分方式，做了語義上的調整。

有二」（two-in-one）的，然而在孤棄狀態中，我是實質上的一個人，是被所有人給拋棄了。嚴格來說，所有的思考活動都是在孤獨狀態下完成的，而且是一種在我與自身之間進行的對話；但是這種「一中有二」的對話，並沒有與我的同伴們的世界失去聯繫，因為他們被再現在我藉以引導思想對話的那個自我當中。孤獨的問題在於，這種「一中有二」為了再度為一，就需要其他人：亦即一個不可改變的個體，他的身份／同一性（identity）絕不會被誤認作其他任何人的身份。❶要確認我的身份／同一性，我只能仰賴其他人；對於孤獨之人來說，正是夥伴關係的這種偉大的救命恩典，使他們再度變得「完整」，將他們從總是模糊多變的思想對話中拯救出來，並恢復他們的身份／同一性，以便能夠用穩定人格的單一聲音來言說。

孤獨可以成為孤棄；這發生在我完全是自行被我的自我所拋棄的時刻。當孤獨的人不再能夠找到夥伴關係的救贖恩典，來將他們從二元、曖昧與懷疑中救出來時，他們就總是會處在孤棄的危險當中。❷在歷史上，似乎只有在十九世紀，這種危險才變得夠大，以至於會引起他人的注意

❶ 譯註：這裡涉及“identity”一詞的雙重意涵：當一個人從「一中有二」的狀態中走出，面對他人的時候，他就再度獲得「同一性」（identity），同時也獲得了與他人有所區分的自我「身份」（identity）。另外，鄂蘭在此分析的「孤獨」狀態，尤其關乎她晚期關注的「思考」（thinking）活動，這是以蘇格拉底式的自我對話為模型的一種活動，讀者可對照《心智生命》（LM: 184-187）一書中的相關闡述。

❷ 譯註：鄂蘭在〈論極權主義的本質〉中提到，如果一個人能夠忍受孤獨、能夠忍受自我的陪伴，那麼他就很有機會為他人的陪

並載入史冊。它在這樣一個時刻清楚顯現出來：本來孤獨只有對於哲學家才是一種生活方式、一種工作條件，而當哲學家們不再滿足於「哲學僅是少數人之事」的事實，就會開始堅稱沒有人「理解」他們。在這方面，非常典型的就是關於黑格爾臨終之言的軼聞，這不可能發生在他之前的任何大哲學家身上：「世界上只有一個人理解我；就連他也誤解了我。」反過來說，一個孤棄的人總是還有機會找到自我，並開啟孤獨的思想對話。❸這種情況似乎曾經發生在身在希爾斯—瑪麗亞（譯按：瑞士小鎮，尼采曾在那裡住過）的尼采身上，當時他在構思《查拉圖斯特拉如是說》。在兩首詩（〈希爾斯—瑪麗亞〉、〈來自高山〉）中，他講述了孤棄者如何充滿落空的期待與飢渴的等待，直到忽然間「正午降臨／一成為二……無疑是團結一致的勝利／我們慶祝這節日中之節日／友人查拉圖斯特拉到來／這貴客中之貴客。」

使孤棄變得難以忍受的，是喪失一個人的自我；自我可以在孤獨中獲得，但只有憑著同伴那

伴關係做好準備，反過來說，一個不能忍受他人的人，也常常無法忍受他的自我（EU: 359）。換言之，鄂蘭認為被自我拋棄與被他人拋棄這兩者往往具有連帶關係，在缺乏他人陪伴的狀況下，一個人往往也就會無法忍受自我。鄂蘭在〈論極權主義的本質〉中還特別點明，這尤其是哲學家的職業危險。

❸ 譯註：這裡有一點微妙，鄂蘭似乎在強調了孤獨轉變成孤棄的危險之後，反過來說孤棄者還有機會轉成孤獨者，但我們恐怕不宜由此認為孤棄轉孤獨反而更為容易。鄂蘭在〈論極權主義的本質〉中的說法則是，出於孤棄的絕望需求而找到逃進孤獨的力量，這是極為困難而罕見的，並同樣以尼采為例（EU: 359）。

[477]

被信賴且值得信賴的陪伴，才能在同一性中被鞏固。❶在喪失自我的狀況中，人喪失了對自我作為思想夥伴的信任，也喪失了對這個世界的基本信心，而這對於所有經驗的產生都是必要的。自我與世界，思考與經驗的能力，會在同一時間喪失。

人類心靈唯一既不需要自我也不需要他人與世界就能安然運作，而且既獨立於經驗也獨立於思考的能力，就是邏輯推論的能力，它的前提是不證自明的。無法反駁的基本證明規則，二加二等於四的自明之理，就算在絕對孤棄的狀況下也不會被扭曲。一旦人類喪失了相互保障，喪失了人們用來在一個共同世界中產生經驗、生存、知曉方向的共通感，它就是人類還能夠求助的唯一可靠「真理」。但是這種「真理」是空洞的，或者說它壓根就不是真理，因為它並沒有揭示任何東西（像某些現代邏輯學家那樣將一致性界定為真理，就意味著否定了真理的存在）。因此在孤棄的處境中，不證自明不再僅僅是一種知性上的手段，而是開始變得具有生產性，開始發展出它自己的「思想」路線。這種思想過程具有嚴格的自明邏輯性，顯然沒有什麼東西能夠從中逃離；它與孤棄之間的某種關聯曾被路德（他對孤獨現象與孤棄現象的經驗很可能不輸給任何人，他敢於說出「必須有一個上帝存在，因為人需要一個他能夠信任的存有者」這樣的話）我們注意到，

❶ 譯註：雖然在孤獨的狀態中才會出現與自我對話的狀態，但是鄂蘭又認為唯有一個人能夠同時維持有他人陪伴時所恢復的同一性／身份，才能反過來保障孤獨狀態中的自我。

他對《聖經》中的「人不宜獨居」這句話做出了一則鮮為人知的評註：一個孤棄的人「總是會從一件事推演出另一件事，並且把所有事情都想得糟糕透頂」。[4]極權運動著名的極端主義，與真正的激進主義完全沒有絲毫關係，但是它確實包括這種「把所有事情都想得糟糕透頂」、這種總是得出最壞可能性的演繹過程。

在前極權世界，為實現極權支配而對人們所做的準備，存在於如下事實當中：孤棄一度只是一種邊緣經驗，人們通常是在類似年屆高齡這樣的社會邊緣處境下才會經受，然而現在它已成為本世紀不斷增長之大眾的日常經驗。極權主義將大眾驅趕、組織到其中的那種冷酷無情的進程，就像是一條逃避這種現實的自殺之路。在一個沒有任何人可以信賴、沒有任何事物可以倚靠的世界，「冰冷理性」，以及那像「老虎鉗一樣把你抓牢」的辯證法「強力觸手」，彷彿就像是最後一根支柱。似乎正是這種內在強制性（其唯一內容就是嚴格避免矛盾），確認了一個人在與他人的所有關係之外具有的同一性／身份。甚至連一個人獨處的時候，這種強制性也會將他塞入恐怖的鐵鍊當中，而極權支配則除了單獨監禁這種極端情況外，都努力不讓他獨處。通過摧毀眾人中間的所有空間，並將眾人彼此推擠在一起，甚至連孤立狀態中的生產性潛能都被消滅殆盡了；在孤棄的邏輯論證中，人知道一旦從那讓整個過程得以開啟的最初前提放手，自己就會徹底迷失，而通過教導、讚美這種邏輯論證，甚至連孤棄被轉化成孤獨、邏輯被轉化成思想的微弱機會，也都被抹殺無痕。如果將這種做法與暴政的做法相比較，則彷彿是人們已經發現了一種讓荒漠自己

運作起來的方法，這種方法將會釋放出足以覆蓋地球上所有人居地域的沙塵暴。

今日，我們在政治領域中的生存條件的確受到了這些毀滅性沙塵暴的威脅。它們的危險並不在於它們有可能建立一個持久的世界。就像暴政一樣，極權支配也攜帶著自我毀滅的病原體。恐懼與催生恐懼的無能，都是反政治原則，會將人們拋入與政治行動相對立的情境當中；而孤棄，以及源自孤棄的邏輯—意識形態式的最糟推演，則代表一種反社會的情境，抱持著一種對所有人類的共同生活具有破壞性的原則。儘管如此，被組織起來的孤棄狀態仍相對危險，其程度遠勝於暴虐獨斷的一人意志統治底下，人們那種未被組織的無能。它的危險在於它威脅要荒廢掉我們所知道的這個世界；雖然這個世界的各個地方似乎都已走向終結，但是在從這一終結中誕生的新開端還來不及自己發聲之際，它就會毀掉這個世界。

從預測的角度來說，上述思索沒有多大效用，也不太具有安慰效果，除此之外還存在下述事實：我們時代的危機及其核心經驗，已催生出一種全新的政體，它作為一種潛能、一種始終存在的危險，大有可能會從此伴隨著我們；就如同君主制、共和制、暴政、獨裁、專制這些政體，它們各自出現在不同歷史時刻，建立在不同的基本經驗之上，但它們早已不受限於一時成敗，會如影隨形地伴隨著人類。

但是也還存在這樣一種真理：歷史上的每一個終結都必然包含著一個新的開端；這一開端就是承諾，是終結所能產生的唯一「消息」（message）。在一個新的開端變成歷史事件之前，創造

開端正是最高的人類能力；在政治上，它等同於人的自由。聖奧古斯丁說：「為了產生這樣一個開端，人被造出。」[5]這種開端被每一次的新生所保障；這個開端就是每一個人。

譯者識

本章是本書第二版（一九五八年）增添的，它實際上寫於一九五三年左右，距離本書初版的完成（一九四九）已有三到四年的時間。鄂蘭在完成本書初版之後，轉而因蘇聯的案例而開始思考馬克思主義中的極權元素，並由此探討整個西方政治思想傳統。這一時期她已開始思考跟後來的《人的條件》一書相關的問題，因此我們可以看到本章相較於前面所有章節，其實已經有了理論上的新發展，足以獨立成篇。雖然如此，我們不宜將本章僅僅視作《極權主義的起源》與《人的條件》之間的過渡階段而已，實際上鄂蘭在此通過反思極權現象而闡發的理論架構，不僅涵蓋了她中期在《人的條件》中處理的行動與自由主題，還蘊含著她後期關注的思考與判斷的線索。

本章無疑是全書最具理論深度的部分，其結構頗為緊密清晰，無需多做分析。簡言之，鄂蘭首先探問極權主義是否一種具有自身本質的新政體，繼而提出（全面）恐怖就是它的本質，而它相應的行動原則則是意識形態的邏輯性；最後，這種新政體還建立在一種基本人類經驗之上，就是自十九世紀以來開始在大眾當中盛行的孤棄狀態。

值得注意的是，本章原本是要作為有關馬克思與西方傳統的著作的一章，因此它在西方政治思想傳統的架構下界定極權主義這種新政體。它所援引的主要參照是孟德斯鳩提出的各政體及其行動原則的區分，從而引申出對極權的本質（恐怖）、行動原則（意識形態邏輯性）以及基本經驗（孤棄）的三層次探討。就此而言，鄂蘭暗示我們，極權固然是前所未有的全新現象，但是它已經像君主制、共和制這樣的傳統政體一樣，成為人類歷史上不會輕易消失的現象，隨時可能再次出現。

註釋

前言

1 極權政府縱然公然犯下罪行卻仍建立在大量民眾支持之上的事實，無疑讓人不安。因此學者們與政治家們通常都拒絕予以承認，這就毫不讓人訝異了，前一種人拒絕的方式是相信宣傳與洗腦的魔力，而後一種人則直接否認它，比如艾德諾就一再這麼做。晚近出版了一份關於戰時（從一九三九年到一九四四年）德國公眾輿論的祕密報告，就在這方面非常具有啟示作用，它是由黨衛軍的安全機構所發布的（*Meldungen aus dem Reich. Auswahl aus den Geheimen Lageberichten des Sicherheitsdienstes der SS 1939–1944*, edited by Heinz Boberach, Neuwied & Berlin, 1965）。它首先顯示出，人們不尋常地被善加告知了所有所謂的祕密（在波蘭的猶太大屠殺，攻擊俄羅斯的準備工作等等），其次則是「就宣傳受害者的程度而言，他們仍足以形成獨立意見」（pp. XVIII-XIX）。然而，問題的關鍵在於，這一點也沒有削弱對希特勒政權的廣泛支持。很顯然，對極權主義的大眾支持，既非源自於無知，亦非肇因於洗腦。

2 從一開始，文件材料的研究與出版就被對犯罪活動的關注所主導，選出來的材料常常是服務於起訴戰犯的意

圖。其結果就是，大量非常令人感興趣的材料都被忽視了。註1中提到的那本書是一個頗受歡迎的例外。

3 參見Merle Fainsod, *Smolensk under Soviet Rule*, Cambridge, 1958, pp. 210, 306, 365, etc.

4 *Ibid.*, pp. 73, 93.

5 據估計，大清洗的受害者中有三百萬人被處決，有五百萬到九百萬人被逮捕、驅逐，此外還必須再添加上第一個五年計畫下九百萬到一千二百萬的受害者（參見Robert C. Tucker's important introduction, "Stalin, Bukharin, and History as Conspiracy," to the new edition of the verbatim report of the 1938 Moscow Trial, *The Great Purge Trial*, New York, 1965.）。但是所有這些估計數字似乎都低於實際數字。它們並沒有將直到「德國佔領軍在文尼察發現成千上萬在一九三七年到一九三八年間被處決的屍體」，才得以為人所知的大規模處決納入考量（參見John A. Armstrong, *The Politics of Totalitarianism. The Communist Party of the Soviet Union from 1934 to the Present*,New York, 1961, pp. 65 ff.）。更不用說，這一晚近發現甚至使納粹體系與布爾什維克體系看起來更像是同一個模型的不同變體。關於史達林時代的大規模殺戮在多大程度上是針對當前的反對勢力，我們可以很好地在對Sinyavsky與Daniel的審判中看到，紐約時報（一九六六年四月十七日）為此刊登了一些關鍵選文，我的引用出自於此。

6 Tucker, op. cit., pp. XVII–XVIII.

7 參照Merle Fainsod, *How Russia Is Ruled*, Cambridge, 1959, p. 516. Abdurakhman Avtorkhanov (in *The Reign of Stalin*, published under the pseudonym Uralov in London, 1953) 告訴我們在一九三六年最初的公開審判後召開的一場黨中央委員會祕密會議的情況，據說布哈林在會上譴責史達林將列寧的政黨變成警察國家，並得到超過三分之二的

成員支持。這一故事，尤其布哈林在中央委員會中得到的有所誇大的強大支持，聽起來似乎不太合理；但即使它是真的，就事實來說，這次會議也是發生在大清洗已然火力全開之後，這個故事並沒有指明有組織的反對力量，而更多僅僅是反對者。正如費恩索德正確指出的，問題的真相似乎是，「廣泛傳播的大眾不滿」十分普遍，尤其是在農民中間，而直到一九二八年，「在第一個五年計畫之初，罷工頗為常見」，但是這樣的「反對情緒從未成為任何挑戰體制的有組織形式」，而在一九二九年或一九三〇年，「每一種組織化的選項都從舞台上消失了」，如果它們一度存在的話（參見*Smolensk under Soviet Rule*, pp. 449 ff.）。

8 正如費恩索德（*op. cit.*, p. 38）所指出的：「不僅僅黨獲得了勝利是個奇蹟，而且它居然設法生存下來，這更是個奇蹟。」

9 *Ibid.*, pp. 49 ff. 一份一九二九年的報告詳細講述了在一次會議上爆發猛烈反猶情緒的情形；「觀眾席中的共青團成員都保持沉默……人們由此獲得的印象是，他們都贊同反猶聲明」（p. 445）。

10 源自一九二六年的所有報告都顯示出，「所謂反革命暴動經歷了重大衰落，體制向農民推出了暫時的休戰措施」。相較之下，一九二九年到一九三〇年間的報告「讀起來就像是來自激烈戰事前線的公報」（p. 177）。

11 *Ibid.*, pp. 252 ff.

12 *Ibid.*, especially pp. 240 ff. and 446 ff.

13 *Ibid.* 所有這類陳述均取自國家保衛局（GPU）的報告；尤其參見pp. 248 f. 但是很值得注意的是，這類評論在一九三四之後就變得稀少了許多，該年正是大清洗的開端。

14 *Ibid.*, p. 310.

15 這種選項之所以通常被忽視，是因為人們相信從列寧到史達林的發展過程多少是平順的，這是可理解的，但在歷史上卻站不住腳。史達林確實總是使用列寧式的語彙來說話，因此有時看起來在這兩者之間的唯一差別，就是史達林個性的粗暴或「不正常」。無論這在史達林這方面是否一種有意識的策略，都如Tucker(op. cit., p. XVI)正確指出的，真相在於「史達林在這些舊的列寧式概念中填入了新的獨屬於史達林的內容……其主要特徵是以頗為非列寧的方式強調陰謀構成了當前時代的標誌」。

16 參見Fainsod, *op. cit.*, especially pp. 365 ff.

17 *Ibid.*, p. 93 and p. 71: 很典型的是，各個層面上的信息都關於強調「對史達林同志負有的義務」，而非對體制、黨或國家負有義務。或許最可信地揭示出兩種系統之相似性的，莫過於Ilya Ehrenburg以及其他史達林式知識份子今天不得不盡力為自己的過往辯護，或是只是報告他們在大清洗期間實際想些什麼。「史達林完全不知道對共產黨人、對蘇維埃知識份子犯下的無意義暴力」，「他們向史達林隱瞞了它」，「要是有人告訴了史達林的話」，或是最終犯人完全不是史達林，而是各地警察首長（參照Tucker, *op. cit.*, p. XIII.）。無需贅言，這正是納粹在德國戰敗後不得不說的話。

18 *Ibid.*, pp. 166 ff.

19 這些詞彙取自一九三六年的「異階級元素」呼籲：「不想成為一個沒有罪行的罪犯。」（p. 229）

20 一份一九三一年來自ＯＧＰＵ的有趣報告強調這種新的「完全被動性」，這種因針對無辜民眾的隨機恐怖而產

生的可怖冷漠。該報告提到這樣的差別：以往逮捕體制敵人時，「一個被捕者由兩個民兵來引導」，而進行大規模逮捕時，「一個民兵就可以引導成群結隊的人，後者安靜地走著，沒有人逃跑」（p. 248）。

21 *Ibid.*, p. 135.

22 *Ibid.*, pp. 57-58. 關於在這些大規模揭發中高漲的純然歇斯底里的情緒，尤其可參見pp. 222, 229 ff.，而可愛的故事則參見p. 235，在其中我們會看到，一位同志如何開始認為「史達林同志已對托洛茨基—季諾維也夫集團採取和解態度」，這種指責在當時至少意味著要直接開除黨籍。但是情況並沒有這麼幸運。第二個人指責這個人在「政治上不忠」於史達林，於是前一個人馬上「承認」了自己的錯誤。

23 很奇怪的是，費恩索德自己仍從大量證據中得出了指向相反方向的結論。參見他的最後一章，尤其是pp. 453 ff. 甚至更奇怪的是，該領域如此之多的作者也同樣對事實證據抱有這樣的誤讀。當然，很少有人走得比Isaac Deutcher在其傳記中為史達林做的微妙辯護更遠，但是許多人仍然堅持「史達林的無情行為是一種創造新的力量平衡的方式」（Armstrong, *op. cit.*, p. 64），並企圖為「內在於列寧式迷思中的某些基本矛盾，提供一個粗暴但一貫的解決方案」（見Richard Lowenthal非常有價值的著作*World Communism. The Disintegration of a Secular Faith*, New York, 1964, p. 42）。在這種馬克思主義的宿醉中只有少數例外，比如Richard C. Tucker（*op. cit.*, p. XXVII），他毫不含糊地說，「如果沒有大清洗的話，（蘇維埃）體系將會情況好轉，也能夠遠為充分地為遭遇即將到來的全面戰爭做好準備，而大清洗事實上就是一個在蘇維埃社會中的破壞性活動。」Tucker先生相信這反駁了我的極權主義「圖像」，我則認為這是個誤解。不穩定性的確是全面支配的一個功能性要件，這種支配建立在意識形態

虛構之上，並以有別於政黨的運動掌權為前提。這一體系的標誌性特徵在於，國家的實質權力、物質力量以及人民福祉，往往被組織化的權力犧牲掉，正如所有的事實真理都被意識形態一致性的要求所犧牲。很顯然，在物質力量與組織化權力、或是事實與虛構之間的競賽中，後者將會失敗，而這在二戰期間同樣發生在俄羅斯與德意志。這並非低估極權運動權力的理由。正是持久不穩定性的恐怖，支持組織起衛星國制度，而蘇俄當前的穩定性、去極權化，在一方面要大大歸功於她當前的物質力量，但另一方面則導致她失去對衛星國的控制。

24 一九二九年競選口號提出，要消滅反對黨的聲明的「反動教授」，以及那些覺得「沒有理由要替換掉優秀非黨員」教授的共青團團員與學生團體，這方面的有趣細節參見Fainsod, *op. cit.*, pp. 345-355；於是一個新的委員會當然馬上報告稱「在學生團體中存在大量的異階級份子」。人們通常都知道，大清洗的一個主要意圖就是為年輕一代開闢事業道路。

25 Armstrong（*op. cit.*, p. 319）主張，朱可夫對於黨內鬥爭的介入作用被「高度誇大」了，並主張赫魯曉夫「不需要軍方的干預就取得了勝利」，因為他「被政黨機構所支持」。這似乎並非實情。但是的確有「許多國外觀察者」由於軍方扮演支持赫魯曉夫對抗政黨機構的教授，而得出錯誤結論，認為這是以黨為代價讓軍方增強了權力，彷彿蘇聯將要從一黨獨裁轉變為軍方獨裁。

26 *Ibid.*, p. 320.

27 *See ibid.*, p. 325.

28 *Ibid.*, pp. 339 ff.

29 參見V. Stanley Vardys, "How the Baltic Republics fare in the Soviet Union," in *Foreign Affairs*, April, 1966.

30 Armstrong, *op. cit.*, pp. 235 ff.

31 Fainsod, *op. cit.*, p. 56.

32 Armstrong, *op. cit.*, p. 236.

第十章　無階級社會

1 希特勒對聽眾所施加的「魔法效果」已多次為人所知，近來有關此方面的報導則可參見*Hitlers Tischgespräche*, Bonn, 1951 (*Hitler's Table Talks*, American edition, New York, 1953; quotations from the original German edition)。這種魅力，這種「以如此壓倒一切的方式從希特勒身上放射出來的奇異催眠術」，仰賴於「這個男人對自己的狂熱信仰」（參見Gerhard Ritter, p. 14），仰賴於他對陽光下一切事物所做的偽權威式判斷，也仰賴於如下事實，即他的觀點無論是針對吸煙的有害效果還是拿破崙的政策，都總是適合被整併入一個無所不包的意識形態當中。迷惑力是一種社會現象，而希特勒對其周遭所施加的迷惑力，必須用他所維持的特定交流方式來理解。社會總是傾向於接受一個對自己所假扮的角色進行即席發揮的人，因此一個扮成天才的瘋子就總是有機會被相信。由於現代社會的特徵正是欠缺深思熟慮的判斷，因此在現代社會中，這種傾向也就被強化了，從而一個不僅秉持觀點而且以不可動搖之信念予以呈現的人，無論多少次被證明是錯的，也沒有那麼容易喪失其聲望。希特勒從第一手經驗中了解到現代的意見混亂狀態，於是他發現只要以「不屈不撓的一貫性」來堅持一個流行觀點，就可以

避免在各種意見以及「一切都是胡說八道的信念」（p. 281）之間無助擺盪的情況。這種狂熱的令人毛骨悚然的任意性，對社會具有強大的魅力，因為社會性聚集的過程使它得以擺脫它不斷產生的意見混亂狀態。然而這種魅惑的「天賦」，僅僅在社會層面具有現實意義；它在Tischgespräche中極為突出，因為希特勒在此玩的是社會的遊戲，不是說給同類人聽，而是說給威瑪將軍們聽，而後者都或多或少地屬於「社會」。若相信希特勒的成功建立在他的「魅惑力」之上，則完全是個錯誤；他若僅僅憑藉這些特質，則絕對無法在沙龍顯赫人物的角色之上再有所進境。

2 參見如下頗具啟發性的評述。Carlton J. H. Hayes on "The Novelty of Totalitarianism in the History of Western Civilization," in *Symposium on the Totalitarian State*, 1939. Proceedings of the American Philosophical Society, Philadelphia, 1940, Vol. LXXXII.

3 這的確是「在掌權的時刻，藉由適用既存法律形式規則來實行的首次大型革命」（Hans Frank, *Recht und Verwaltung*, 1939, p. 8）。

4 有關希特勒及其生涯的最佳研究，是Alan Bullock所寫的新的希特勒傳記：*Hitler, A Study in Tyranny*, London, 1952. 在英語的政治傳記傳統中，該書小心謹慎地使用了所有可獲得的材料，並為當代政治背景提供了一個全盤式的圖像。該書的出版足以在細節上取代Konrad Heiden的傑出著作（主要是*Der Fuehrer: Hitler's Rise to Power*, Boston, 1944），雖然後者在對當時事態進行一般性了解方面仍十分重要。有關史達林的生涯，則有Boris Souvarine, *Stalin: A Critical Survey of Bolshevism*, New York, 1939；該書仍是典範之作。而Isaac Deutscher, *Stalin: A

Political Biography, New York and London, 1949，則在豐富的檔案材料與布爾什維克黨內鬥爭的偉大洞見方面無可取代；但它被一種詮釋所累，這就是它將史達林與克倫威爾、拿破崙、羅伯斯比相比較。

5 Franz Borkenau, *The Totalitarian Enemy*, London, 1940, p. 231.

6 引自德文版“Protocols of the Elders of Zion,” *Die Zionistischen Protokolle mit einem Vor- und Nachwort von Theodor Fritsch*, 1924, p. 29.

7 這當然是俄羅斯版極權主義的一項特徵。值得留意的是，在對蘇聯外國工程師進行的早期審判中，對共產主義的同情就已經被用於自我揭發的主張：「當局總是堅持要我承認參與了怠工行為，但我並沒有。我拒絕承認。我就被告知說：如果你就如你所假裝的那麼欣賞蘇聯政府，那麼就用你的行動來證明；政府需要你的坦白。」相關報導參見Anton Ciliga, *The Russian Enigma*, London, 1940, p. 153. 托洛茨基為這種行為提供了一個理論辯護：「我們只有與黨站在一起、並依靠黨，才有可能正確，因為歷史並沒有提供其他的正確道路。英國人有句諺語，『這是我的祖國，無論對錯』……我們則有好得多的歷史正當性，我們會說無論這在個人具體情形中是對是錯，這就是我的黨」（Souvarine, *op. cit.*, p. 361）。在另一方面，不屬於運動的紅軍軍官則不得不被閉門審判。

8 納粹作家Andreas Pfenning明確拒絕衝鋒隊是為某個「理念」而戰，或是由「理想主義經驗」所推動。他們的「基本經驗在戰鬥過程中形成」。“Gemeinschaft und Staatswissenschaft,” in *Zeitschrift für die gesamte Staatswissenschaft*, Band 96. Translation quoted from Ernst Fraenkel, *The Dual State*, New York and London, 1941. 從大量討論黨衛軍的主要教化中心所印行的小冊子形式的文獻來看，「理想主義」一詞明顯被努力避免使用。對黨衛軍成員

的要求並非理想主義，而是「在所有意識形態問題上的徹底的邏輯一致，以及對政治鬥爭的無情追求」（Werner Best, *Die deutsche Polizei*, 1941, p. 99）。

9 在這方面，戰後德國提供了許多具有啟發性的例子。儘管納粹進行了大規模的種族主義教育灌輸，但美國的黑人部隊並未感受到敵意。這件事已經足夠讓人震驚了，但同樣讓人訝異的是，「武裝黨衛隊在德國對抗盟軍的最後階段，並沒有奮戰到『最後一個人』」，而且這個特殊的納粹戰鬥單位「在早先幾年間犧牲慘重，其比例遠超國防軍，而在最後幾個禮拜卻表現得像是平民中的隨意一個單位，向處境的無望低頭」（Karl O. Paetel, "Die SS," in *Vierteljahreshefte für Zeitgeschichte*, January, 1954）。

10 莫斯科所支配的東歐政府是為莫斯科而進行統治的，並扮演第三國際代理人的角色；它們就是莫斯科—取向的極權運動的傳播範例，而非本土發展的範例。唯一的例外似乎是南斯拉夫的鐵托，他恐怕已跟莫斯科決裂，因為他意識到俄羅斯啟發之下的極權方法會讓他損失大比重的南斯拉夫人口。

11 法西斯獨裁之非極權本質的證據，就是受到處罰的政治犯少得驚人，且判決也相對溫和。在從一九二六年到一九三二年這段特別活躍的階段中，針對政治犯的特別法庭宣布了七件死刑判決，二百五十七件十年或以上的徒刑，一千三百六十件十年以下的徒刑，並將更多的人判處流放；此外，有一萬兩千被逮捕但無罪釋放，這是在納粹或布爾什維克的恐怖下無法設想的程序。參見E. Kohn-Bramstedt, *Dictatorship and Political Police: The Technique of Control by Fear*, London, 1945, pp. 51 ff.

12 納粹政治理論家們總是強調說，「墨索里尼的『倫理國家』與希特勒的『意識形態國家』（Weltanschauungsstaat）

是不能相提並論的」（Gottfried Neesse, "Die verfassungsrechtliche Gestaltung der Ein-Partei," in *Zeitschrift für die gesamte Staatswissenschaft*, 1938, Band 98.）。

戈培爾則這樣評論法西斯主義與國家社會主義之間的差別：「（法西斯主義）跟國家社會主義完全不是一回事。後者深入根部，而法西斯則僅僅是表面工夫」（*The Goebbels Diaries 1942–1943*, ed. by Louis Lochner, New York, 1948, p. 71）。「（墨索里尼元首）並非元首或史達林那樣的革命者。他與自己的義大利人民緊密捆綁在一起，從而缺乏世界範圍的革命者與起義者的寬廣胸襟」（*Ibid.*, p. 468）。

希姆萊在一九四三年一場指揮官會議的演講中，表達了同樣的觀點：「法西斯主義與國家社會主義在根本上是全然不同的東西⋯法西斯主義與作為精神性意識形態運動的國家社會主義之間，絕對不具有任何可比性」。參見 Kohn-Bramstedt, *op. cit.*, Appendix A.

希特勒在二十年代初期承認納粹與共產主義運動之間的親緣性：「在我們的運動中，兩種極端匯聚在一起：來自左翼的共產黨人與來自右翼的軍官與學生。這兩者總是最具活力的元素⋯⋯共產黨人是抱持社會主義的理想主義者⋯⋯」。參見 Heiden, *op. cit.*, p. 147. 衝鋒隊首腦羅姆在二〇年代後期所重複的不過是當時一種流行觀點：「在我們與共產黨人之間存在許多阻隔，不過我們尊敬他們信念的真誠，以及甘願為其事業而犧牲的志願，正是這些將我們與他們聯繫在一起」（Ernst Röhm, *Die Geschichte eines Hochverräters*, 1933, Volksausgabe, p. 273）。

在最近的世界大戰中，納粹黨人更加承認俄國人比其他民族更是他們的夥伴。希特勒在一九四三年五月的全國領袖（Reichsleiter）與大區領導（Gauleiter）會議上說：「首先是這樣一個事實，在這場戰爭中，布爾喬亞國家

與革命國家彼此面對著。擊倒布爾喬亞國家對我們是件易事，因為他們在教養與態度上比我們低級許多。擁有一種意識形態的國家則稍稍強過布爾喬亞國家……」（*Goebbels Diaries*, p. 335）。這種評價建立在意識形態而非軍事考量之上。Gottfried Neesse（*Partei und Staat*, 1936）提供了運動為權力而鬥爭的官方版本：「對我們來說，系統的聯合戰線從德意志人民黨（亦即極端右翼）一直延伸到社會民主黨。共產黨則是系統之外的敵人。因此在一九三三年的頭幾個月，當系統的命運已然確立，我們也仍不得不與共產黨進行決定性的戰鬥。」（p. 76）

13 *Hitlers Tischgespräche*, p. 113. 我們也可以找到不少例子，它們顯示與某些戰後傳說相反，希特勒從未打算為了對抗布爾什維克而捍衛「西方」，而是始終準備聯合「紅色力量」來摧毀西方，甚至在與蘇聯作戰期間仍是如此。尤其可參見pp. 95, 108, 113 ff., 158, 385.

14 我們如今知道，史達林一再被警告說希特勒即將對蘇聯發動攻擊。甚至當蘇聯軍方在柏林的特派員通知史達林納粹發動攻擊的日期時，他仍拒絕相信希特勒會違背互不侵犯條約（參見 Khrushchev's "Speech on Stalin," text released by the State Department, New York *Times*, June 5, 1956.）。

15 以下這一則由Souvarine (*op. cit.*, p. 669) 提供的資訊似乎是頗為出色的描述：「根據 W. Krivitsky 源自國家保衛總局的傑出可信消息：『雖然根據一九三七的統計，應有一億七千一百萬居民，但只發現一億四千五百萬人；於是幾乎有三千萬的蘇聯人民失蹤了。』」而且我們需要留意，這是發生在三〇年代早期的去富農化運動之後，該運動已犧牲了八百萬人的生命。參見 *Communism in Action*. U. S. Government, Washington, 1946, p. 140.

16 根據原始檔案可以了解這些計畫的一大部分，見於Léon Poliakov's *Bréviaire de la Haine*, Paris, 1951, chapter 8（美

國版名為 *Harvest of Hate*, Syracuse, 1954：我們在此引用的是法文原版）；但僅僅涉及滅絕非德意志民族的，其中也包括了具有斯拉夫血統者。納粹的破壞性機器甚至在德國人民面前也不會停住，這一點可以明顯從希特勒本人所草擬的帝國健康法案看出。他在其中建議要將所有具心臟或肺部疾病的家族與其他居民相隔離，而在這項規劃中，下一步顯然就是對這些人進行物理性清除。上述規劃連同其他七個為勝利的戰後德國提出的項目，都包含在發送給黑森—拿紹的地區領袖（Kreisleiter）的一封通告中，其呈現形式是報告了元首總部關於「戰爭結束前後」該採取何種措施的討論。檔案材料的收集參見：*Nazi Conspiracy and Aggression*,Washington, 1946, *et seq.*, Vol. VII, p. 175. 同屬這一脈絡的，是計劃要頒布的「外籍人士全面法案」，該法案將會使警察的「機構權威」（亦即將沒有任何犯罪行為者送入集中營的權威）得以合法化、擴大化（See Paul Werner, SS-Standartenführer, in *Deutsches Jugendrecht*, Heft 4, 1944）。這種旨在堅定滅絕的「負向人口政策」，可與布爾什維克的大清洗相提並論，而與此相關的重要事情則是，我們要記得「在篩檢的過程中絕不能有任何耽擱」（Himmler, "Die Schutzstaffel," in *Grundlagen, Aufbau und Wirlschaftsordnung des nationalsozialstischen Staates*, No. 7b）。「元首與黨的戰鬥就是一場迄今尚未達成的篩檢……在表面上，這一篩檢與戰鬥已在一九三三年一月三十日完成……但元首與其老衛兵們都知道真正的戰鬥才剛剛開始」（Robert Ley, *Der Weg zur Ordensburg*, o. D. Verlag der Deutschen Arbeits-front. "Not available for sale"）。

17 F. Borkenau正確地描繪了這種情況：「當共產黨人試圖在工人階級中獲得影響力時，只取得了十分有限的成功；因此如果他們有任何大眾基礎的話，那麼這種基礎也越來越遠離無產階級了。」（("Die neue Komintern," in *Der*

Monat, Berlin, 1949, Heft 4）

18 William Ebenstein, *The Nazi State*, New York, 1943, p. 247.

19 正如 Maxim Gorky 所描述者。See Souvarine, *op. cit.*, p. 290.

20 希姆萊題為"Organization and Obligation of the SS and the Police"演講，出版於*National-politischer Lehrgang der Wehrmacht vom 15–23. Januar 1937*. 譯文引自*Nazi Conspiracy and Aggression*。美利堅軸心國罪行起訴委員會辦公室。華盛頓，1946, IV, 616 ff.

21 Gustave Lebon（*La Psychologie des Fotles*, 1895）提到大眾這種獨特的無私特質。參見 chapter ii, paragraph 5.

22 甚至在希特勒將納粹黨掌控為「左翼政黨」之前，該黨的創立者們就已經偶然才會提到它。在一九三二年議會選舉之後發生的一個意外事件同樣有趣：「Gregor Strasser 苦澀地向其領袖指出，在選舉前，國家社會黨若聯合中央黨將構成議會多數；如今這種可能性已經消失，兩黨的票不到議會半數；……希特勒回答說，但聯合共產黨則他們仍可以贏得多數席；沒有人能夠在反對我們的情況下進行統治」（Heiden, *op. cit.*, pp. 94 and 495, respectively）。

23 對照 Carlton J. H. Hayes（*op. cit.*）的說法，他不區分暴民與大眾，並且認為極權獨裁者「來自大眾而非各個階級」。

24 這是K. Heiden的核心理論，他對納粹運動的分析仍是極為傑出的。「從消亡階級的殘骸中誕生了新的知識階層，而走在前面的是最無情之輩，他們最沒有什麼可失去，因此是最強有力的：對於武裝的波希米亞人來說，

戰爭就是家園，內戰則是祖國」（*op. cit.*, p. 100）。

25 在帝國國防軍將軍Schleicher與衝鋒隊首腦羅姆之間的陰謀中，包含有一個將所有準軍事組織收歸國防軍的軍事權威之下的計畫，這一計畫會立馬為德國軍方增加上百萬人。這當然不可避免地會導致軍事獨裁。在一九三四年六月，希特勒清算了羅姆與Schleicher。最初的協商始於希特勒的全盤掌握，在有關他真實意圖這方面，他利用羅姆與國防軍的關係來欺騙德國軍方圈子。在一九三二年四月，羅姆在希特勒的一件法律訴訟案件中作證說，衝鋒隊的軍事地位建立在對國防軍的充分的了解之上（有關Röhm-Schleicher計畫的檔案證據，參見*Nazi Conspiracy*, V, 456 ff. See also Heiden, *op. cit.*, p. 450.）。羅姆自己驕傲地報告他與Schleicher之間的協議，據他所說，該協議始於一九三一年。Schleicher已承諾一旦發生緊急狀況，就會將衝鋒隊置於國防軍的管轄之下（參見*Die Memoiren des Stabschefs Röhm*, Saarbrücken, 1934, p. 170）。衝鋒隊的軍事性質由羅姆所塑造，並持續為希特勒而打拼，這種性質甚至在羅姆集團被清算之後仍決定了它的語彙。與親衛隊相反，衝鋒隊成員總是堅持要成為「德意志軍方意志的代表」，對他們來說，第三帝國就是「一個由黨與國防軍這兩大支柱所支撐的軍事共同體」（參見*Handbuch der SA*, Berlin, 1939, and Victor Lutze, "Die Sturmabteilungen," in *Grundlagen, Aufbau und Wirtschaftsordnung des nationalsozialistischen Staates*, No. 7a）。

26 在這類文獻中，羅姆的自傳尤其是一部可信的經典之作。

27 眾所周知，反史達林小團體以這一馬克思的提法，來建立他們對蘇聯發展方式的批評，而且實際上從未擺脫它。對蘇維埃官僚的反覆「清洗」，等同於是清洗作為一個階級的官僚集團，但這從未讓他們不再將它視作蘇聯

的支配統治階級。以下是Rakovsky在流亡西伯利亞期間所寫的評斷：「在我們的眼皮底下形成且正在形成一個指導者的偉大階級，其內部還有更多的分支，它通過持續的共同遴選與直接或間接的任命而增長……最初將這一階級聯合起來的元素，乃是一種私人財產（亦即國家權力）的形式」（引自Souvarine, *op. cit.*, p. 564）。這一分析對於前史達林時期的發展過程來說的確頗為精準。黨與蘇維埃之間關係的發展，對於十月革命的進程具有決定性意義，有關這方面的討論，參見I. Deutscher, *The Prophet Armed: Trotsky 1879–1921*, 1954.

28 在一九二七年，有百分之九十的農村蘇維埃成員，以及百分之七十五的主席並非黨員；國家的執行委員會則由一半黨員與一半非黨員所組成，然而在中央委員會則有百分之七十五的委員都是黨員。參見Maurice Dobb為「布爾什維克主義」撰寫的詞條，收於*Encyclopedia of Social Sciences*關於蘇維埃中的黨員如何通過「依從黨的永久辦公室發出的指示」投票，而從內部摧毀了蘇維埃系統，可參見A. Rosenberg, *A History of Bolshevism*, London, 1934, chapter vi.

29 這些數據取自Victor Kravchenko's Book / *Chose Freedom: The Personal and Political Life of a Soviet Official*, New York, 1946, pp. 278 and 303. 這當然是很有問題的來源。但是在有關蘇聯的情況方面，我們基本上只能仰賴有問題的資料來源（這意味著我們不得不完全依賴各種新的故事、報導與評價），我們所能做的唯有利用任何至少看起來具有高可信度的資訊。有些歷史學者似乎認為相反的方法（也就是專門利用任何由俄國政府所製造的材料）更為可靠，但並非如此。確切來說，官方材料只是宣傳而已。

30 史達林在第十六屆黨代表大會上指責這些偏離，認為它們「反映」出黨內農民階級與小資產階級的反抗（參見

Leninism, 1933, Vol. II, chapter iii.）。對於這種攻擊，反對派奇特地無法辯護，因為他們同樣（尤其是托洛茨基）「總是渴望在集團鬥爭背後發現階級鬥爭」（Souvarine, *op. cit.*, p. 440）。

31 Kravchenko, *op. cit.*, p. 187.

32 Souvarine, *op. cit.*, p. 575.

33 親衛隊的口號是由希姆萊本人所編，其開頭的句子是：「不存在為自身之故而存在的任務」。參見Gunter d'Alquen, "Die SS," in *Schriften der Hochschule für Politik*, 1939. 親衛隊純為內部發行的小冊子一再強調，「理解任何以其自身為目的的事物皆為徒勞，乃是絕對必要之事」（參見*Der Reichsführer SS und Chef der deutschen Polizei*，未署日期，「僅供警方內部使用」）。

34 這種實踐操作本身被大量檔案所記錄。W. Krivitsky在*In Stalin's Secret Services* (New York, 1939) 一書中，將它直接追溯到史達林。

35 希特勒在《我的奮鬥》（兩卷本，第一版，分別出版於一九二五年與一九二七年。未刪節譯本，New York, 1939）中陳述說，寧願擁有一個過時的規劃，也好過討論規劃（Book II, chapter v）。他很快就公然宣稱：「一旦我們掌控了政府，計劃就會自己冒出來……最首要的事情必須是一個讓人無法想像的宣傳浪潮。這是一個當時其他問題不太有關聯的政治行動。」參見Heiden, *op. cit.*, p. 203.

36 以我們的觀點來說，Souvarine提出列寧已廢除黨綱角色的說法是錯誤的：「再沒有什麼東西能夠更清楚地顯示出，作為教條的布爾什維克主義僅僅存在於列寧的頭腦中；每個布爾什維克都沿著本集團的路線遊蕩……因為

將這些人聯繫在一起的不是理念，而是他們的脾性與列寧的權勢。」（*op. cit.*, p. 85）

37 Gottfried Feder那包含二十五條著名綱領的納粹黨綱，在有關運動的文獻中發揮了比在運動本身中更大的作用。

38 由希姆萊本人所編的口號的效力不容易呈現。其德文 “Meine Ehre leisst Treue”，揭示出一種超越了純粹的紀律或個人信念的絕對獻身與服從。Nazi Conspiracy一書對德文檔案與納粹文獻的翻譯，乃是不可或缺的材料來源，但不幸地在呈現親衛隊口號上有所未逮：「我的榮譽代表我的忠誠」（V, 346）。

39 墨索里尼很有可能是最早有意識地拒絕形式化黨綱並代之以純粹的領導與行動的政黨領袖。在這一行為背後存在這樣一種觀念：運動本身的現實性才是主要的鼓舞因素，黨綱只會對之造成阻礙。義大利法西斯主義的哲學已在被Gentile的「現實主義」而非Sorel的「神話」所傳達。同樣可對照「法西斯主義」詞條，the *Encyclopedia of the Social Sciences*。一九二一年的黨綱草擬之時，運動才存在了不過兩年，而且其中包含的大部分是民族主義哲學。

40 Ernst Bayer, *Die SA*, Berlin, 1938. Translation quoted from *Nazi Conspiracy*, IV, 783.

41 首次出現在柏拉圖的《政治家篇》（305），在其中行動被以開端（*archein*）與實踐（*prattein*）來理解，亦即以組織一個行動的開啟與執行這一命令來詮釋。

42 *Hitlers Tischgespräche*, p. 198.

43 *Mein Kampf*, Book I, chapter xi. 亦可參：Dieter Schwarz, *Angriffe auf die nationalsozialistische Weltanschauung*: Aus dem Schwarzen Korps, No. 2, 1936. 作者回答了那種明顯的批評，亦即國家社會主義者在掌權之後繼續談論「一場

鬥爭」：「國家社會主義作為一種意識形態不會放棄鬥爭，直到每個德國人的生活方式都被其基本價值所形塑，且每天都不斷更新地實現為止。」

44 參見希特勒描述自己對一戰爆發的反應，*Mein Kampf*, Book I, chapter v.

45 參見有關「一戰內部編年表」的材料收集，Hanna Hafkesbrink, *Unknown Germany*, New Haven, 1948, pp. 43, 45, 81, respectively. 這一對歷史氛圍中無可估量之物的材料收集具有巨大價值，它使得同樣的研究在法國、英國與義大利的匱乏，顯得更為讓人惋惜。

46 *Ibid.*, pp. 20–21.

47 這始於一種與正常生活完全疏離的感覺。例如Rudolf Binding寫道：「我們越來越屬於已死者、疏離者之列（因為偉大時間的發生讓我們疏離、將我們分離），而非有可能返回的流亡者之列」（*ibid.*, p. 160）。前線時代菁英的奇特懷舊，仍可以在希姆萊解釋他最終如何為重組親衛隊而訂立「遴選形式」的陳述中看到：「戰爭這種生與死的鬥爭，會為我們帶來最嚴格的遴選程序。在這一程序中，血的價值是通過功業來展現的。然而戰爭畢竟是一種例外處境，在和平時代我們不得不找到另一種遴選方式。」（*op. cit*）

48 See, for instance, Ernst Jünger, *The Storm of Steel*, London, 1929.

49 Hafkesbrink, *op. cit.*, p. 156.

50 Heiden (*op. cit.*) 展示了希特勒在運動早期如何一貫站在災禍這一邊，如何恐懼德國有可能會恢復過來。「他多次以不同說法向他的衝鋒隊宣稱德國正在沉沒。『我們的工作就是確保我們的運動成功』」（p. 167）；在當時，這

種成功建立在魯爾起義的失敗之上。

51 Hafkesbrink, *op. cit.*, pp. 156–157.

52 這種感覺在戰爭期間普遍流行，當時Rudolf Binding寫道：「沒有人將（這場戰爭）比作競賽。因為在競賽中，是一位領袖與另一位領袖的意志對抗。但是在這場戰爭中，兩位對手都躺在地上，只有戰爭擁有自身的意志。」（*ibid.*, p. 67）

53 出自巴枯寧寫於一八七〇年二月七日的一封信。參見Max Nomad, *Apostles of Revolution*, Boston, 1939, p. 180.

54 「革命者問答錄」是由巴枯寧自身或其門徒涅恰耶夫所撰寫的。有關作者問題，以及全文的翻譯，參見Nomad, *op. cit.*, p. 227 ff. 無論如何，「在革命者對待其他人類的態度中，那種全然無視任何得體、公正之信條的系統，在俄國革命歷史中以『涅恰耶夫份子』的名義走了下去」（*ibid.*, p. 224）。

55 在這些帝國主義政治理論家中最為傑出的是，Ernest Seillière, *Mysticisme et Domination: Essais de Critique Impérialiste*, 1913. 也可參見Cargill Sprietsma, *We Imperialists: Notes on Ernest Seillière's Philosophy of Imperialism*, New York, 1931; G. Monod in *La Revue Historique*, January, 1912; and Louis Estève, *Une Nouvelle Psychologie de l'Impérialisme: Ernest Seillière*, 1913.

56 自一九三〇年以來，薩德已在法國成為頗受前衛文學喜愛的作家之一。Jean Paulhan在為薩德的*Les Infortunes de la Vertu* (Paris, 1946) 新版所寫的導論中評論道：「當我看到今日許多作家為了那無法表達之物（un événement indicible），而有意識地試圖否定人為與文字遊戲，渴望在傷風敗俗之事中追尋崇高，在顛覆破壞中追尋偉

大……我不禁自問，我們的現代文學，就其看起來最有活力，或最有侵略性的部分來說，是否尚未全然轉向過去，難道不是恰恰由薩德所決定。」亦參見Georges Bataille, “Le Secret de Sade,” in *La Critique*, Tome III, Nos. 15–16, 17, 1947.

57 Goebbels, *op. cit.*, p. 139.

58 包豪斯的藝術理論在這方面堪稱典範。亦可參見布萊希特對戲劇的評論，*Gesammelte Werke*, London, 1938.

59 以下由羅姆所說的話典型反映出幾乎整個年輕時代（而非僅菁英）的感受：「偽善與法利賽人的統治。他們是今日社會最顯著的特徵……再沒有什麼東西迴避所謂社會道德更會說謊了。」這些男孩「並沒有在布爾喬亞的市儈世界中找到雙重道德，也不再知道如何去分辨對錯」（*Die Ceschkhle eines Hochverräters*, pp. 267 and 269）。這些圈子中的同性戀行為也部分是他們反抗社會的一種表達方式。

60 希特勒本人已多次強調，世界觀在納粹運動的形成中具有重要作用。在《我的奮鬥》中，值得注意的是他詐稱自己是通過馬克思主義政黨的優越性，而理解到將政黨建立在世界觀之上的必要性。參見該書Book II, chapter i: “Weltanschauung and Party.”

61 Nicolai Berdyaev, *The Origin of Russian Communism*, 1937, pp. 124-125.

62 例如明斯克的總委員長Welhelm Kube就做出了奇特的干涉，作為最老資格的黨員之一，他在一九四一年，以及大屠殺剛開始的時候，給其上司寫道：「我當然堅定不移地有意願在猶太問題的解決上進行合作，但是那些在我們自己文化中長大的人，畢竟跟當地那些獸性游牧民不一樣。我們是否要將殺害他們的人物發派給那些甚至

連本土居民都予以歧視的立陶宛人與拉脫維亞人呢？我是做不到的。為了我們的帝國與黨的聲譽，我請求你給我明確的指示，以便用最人性的方式來處理這件事」。這封信出版於in Max Weinreich, *Hitler's Professors*, New York, 1946, pp. 153-154. Kube的干預很快就被壓制下來，但是帝國在丹麥的全權代表、一位知名的納粹黨人W. Best卻做出了幾乎一致的嘗試，來拯救丹麥猶太人的生命，而且更為成功。參見*Nazi Conspiracy*, V, 2. 同樣的，鼓吹斯拉夫民族是低等民族的Alfred Rosenberg則顯然從未意識到，有朝一日，他的理論會意味著要消滅他們。被委派管理烏克蘭期間，他先是試圖從希特勒本人那裡獲得直接的干預，之後則寫下了有關一九四二年秋當地狀況的憤怒報告。參見*Nazi Conspiracy*, III, 83 ff., and IV, 62. 這些當然是常態之外的一些例外。拯救巴黎免於毀滅的是von Choltitz將軍，然而他仍然「害怕他會因為沒有執行命令而被剝奪軍銜」，哪怕他知道「戰爭早在幾年前就已經打輸了」。根據他在針對Abetz的巴黎審判中的證詞，如果沒有駐巴黎大師Otto Abetz這位老資格納粹黨人的大力支持，則他是否還會有勇氣抵抗「將巴黎變成一堆廢墟」的命令，就頗成問題了。參見New York *Times*, July 21, 1949.

63

英國人Stephen H. Roberts在*The House that Hitler Built* (London, 1939)中，將希姆萊描述為「一個具有優雅的禮儀，且仍對生活中的簡單事物充滿興趣的人。他沒有擺出那些表現得好像自己是半神的納粹黨人的姿態……沒有人比這位德國警方獨裁者看起來更不適合這項工作，而且我相信我在德國遇到人都沒有比較正常……」（pp. 89-90）。這以奇特的方式讓人們想到，根據布爾什維克的宣傳，史達林的母親曾這樣評價史達林：「一個模範兒子。我希望所有人都能像他一樣。」（Souvarine, *op. cit.*, p. 656）

64 這一評價出自Robert Ley。參見Kohn-Bramstedt, *op. cit.*, p. 178.

65 在這方面布爾什維克的政策具有令人訝異的一貫性，此事已是眾所周知，無需贅述。就舉最著名的例子來說，即便畢加索成為了共產黨員，也在俄羅斯不受喜愛。而紀德在一九三六年目睹了蘇聯的布爾什維克現實（Retour de l'URSS）後，則忽然發生了態度上的翻轉，此事絕對會讓史達林確信，具有創造力的藝術家即便是同路人，也毫無用處。納粹的政策與布爾什維克的差別僅僅在於，它還不至於會殺害本國第一流的天才。值得仔細研究的是相對少數的某一些學者的經歷，他們超出了單純合作範圍並自願提供服務，因為他們是堅定的納粹份子（Weinreich, *op. cit.* 是唯一可取的研究，但仍然具有誤導性，因為他並沒有在那些接受了納粹教條的教授與那些將自己的事業完全獻給體制的人之間，做出區分，而且他還忽視了相關學者的早年生涯，從而不加區辯地將成果豐碩的知名人士與瘋子們歸入同一範疇）。最讓人感興趣的例子是法學家史密特（Carl Schmitt），他有關民主與法定政府之終結的富有才智的理論學說，至今仍吸引著讀者；早在三〇年代中期，他就被納粹自己的政治、法律理論家，比如Hans Frank（後來的波蘭管理者），Gottfried Neesse，Reinhard Hoehn這些人所取代。最後一個蒙受恥辱的是歷史學家Walter Frank，他早在納粹掌權之前就是堅定的反猶主義者，還是納粹黨員，他在一九三三年成為新創立的擁有猶太問題研究部門的新德國歷史研究中心的主任，而且還是九卷本的《猶太問題研究》（1937-1944）的編撰者。在四〇年代初，Frank不得不將自己的位置與權勢拱手讓給臭名昭著的Alfred Rosenberg，後者的*Der Mythos des 20. Jahrhunderts*無疑在「學術」上毫無建樹。Frank之所以明顯不受信任，完全就是因為他並非招搖撞騙之徒。無論是菁英還是暴民，一旦以這樣的熱情「擁抱」國家社會主義，就都會明

白的是，「一個人無法僅憑偶然地擁抱這一秩序。在意願之上毫不妥協地樹立著既不考慮量刑情節也不會展示寬大的揀選必要性」（*Der Weg der SS*, issued by the SS Hauptamt-Schulungsamt, n.d., p. 4）。換言之，在選擇哪些人可以隸屬於他們這件事上，納粹打算做出自己的決定，而全然不會顧及任何「偶然」意見。布爾什維克在遴選祕密警察的情形似乎同樣如此。F. Beck and W. Godin 在 *Russian Purge and the Extraction of Confession* (1951, p. 160) 中報導說，內務人民委員會成員都是從黨員之中索要過來的，完全沒有自願加入這一「職業」的任何機會。

第十一章　極權運動

1 比如可參見E. Kohn-Bramstedt, *Dictatorship and Political Police: The Technique of Control by Fear*, London, 1945, p. 164 ff. 其中的解釋是「若沒有宣傳，恐怖就會喪失它大部分的心理效果，而若是沒有恐怖，則宣傳就無法具備充分的力量」（p. 175）。對於這些類似的主要在各個小圈子裡流傳的陳述，人們很容易一個事實（？），就是包含恐嚇元素的不僅僅是政治宣傳，而是整個現代大眾出版界；在另一方面，只要仍是關乎暴政的常規性政治恐怖，則就算沒有宣傳，恐怖也能達成充分效果。只有當恐怖打算不僅僅從外部進行脅迫，還打算從內部進行脅迫時，只有當政治體制想要的不止於權力時，恐怖才需要宣傳。正是在此意義上，納粹理論家Eugen Hadamovsky才會在*Propaganda and nationale Macht* (1933) 中提出：「宣傳與暴力從不矛盾。暴力的使用可以是宣傳的一部分。」（p. 22）

2 「當時官方宣稱失業在蘇聯已被『清除』。這一宣稱所造成的結果就是，所有的失業福利也同樣被『清除』

了。」（Anton Ciliga, *The Russian Enigma*, London, 1940, p. 109）

3 所謂的「割草運動」（Operation Hay）始於一九四二年二月十六日由希姆萊發布的一項命令，該命令「涉及波蘭具有德國血統的人」，它規定這些人的孩子應該被送到那些「出於對其優良血統的愛，而毫無保留地願意收養他們」的家庭（Nuremberg Document R 135, photo-stated by the Centre de Documentation Juive, Paris）。一九四四年六月，第九軍似乎真的綁架了四萬到五萬的兒童，並將他們運往德國。有一個叫做Brandenburg的人給柏林的國防軍總參謀部遞交了一份關於此問題的報告，其中提到要在烏克蘭進行同樣的計畫（Document PS 031, published by Léon Poliakov in Bréviaire de la Haine, p. 317）。希姆萊自己也多次提到這一計畫（參見*Nazi Conspiracy and Aggression*, Office of the United States Chief of Counsel for the Prosecution of Axis Criminality, U.S. Government, Washington, 1946, III, 640，其中包含希姆萊一九四二年三月在克拉科夫的演講的一些摘錄；也可參見對希姆萊在巴特沙亨的演講的評論，Kohn-Bramstedt, *op. cit.*, p. 244.）。有關這些兒童如何被選出的資訊，可以通過明斯克第二醫院在一九四二年八月十日開出的醫學證明來獲取：「對Natalie Harpf進行種族檢查，她生於一九三〇年二月十九日，是一個發育正常的女孩，具有北歐民族特徵，以及明顯的東波羅的海血統」。「對Arnold Cornies進行種族檢查；他生於一九三〇年二月十九日，一個發育正常的男孩，十二歲，具有北歐民族特徵及明顯的東歐特質。」簽名：N. Wc.（意第緒科學研究中心的檔案文獻，New York, No. Occ E 3-17）。至於在希特勒看來可以被「毫無疑慮地清除」的波蘭知識份子的滅絕，則參見Poliakov, *op. cit.*, p. 321, and Document NO 2472.

4 參見*Hitlers Tischgespräche*，在一九四二年夏，希特勒仍在說「要將最後的猶太人踢出歐洲」（p. 113），以及要

將猶太人安置在西伯利亞、非洲（p. 311）或馬達加斯加，然而他實際上早在入侵俄國之前就已經決定了「最終解決方案」，並在一九四一年秋命令開始設立毒氣爐（see *Nazi Conspiracy and Aggression*, II, pp. 265 ff.; III, pp. 783 ff. Document PS 1104; V. pp. 322 ff. Document PS 2605）。希姆萊在一九四一年春就已經知道「在戰爭結束時，必須將猶太人消滅到一個不留。這是元首毫不含糊的慾望與命令」（Dossier Kersten in the Centre de Documentation Juive）。

5 在這一方面，有一份非常有趣的報導，時間為一九四〇年七月十六日，其內容是元首總部的一場討論，在場者有Rosenberg、Lammers、Keitel，希特勒開場就指出了如下「基本原則」：「現下最緊要的事情，就是不要在全世界面前展示我們的終極目標；……因此〔在佔領地區維持和平與秩序的命令〕顯然並非明顯指向最終安置。儘管如此，所有的必要措施（處決、重新安置）都可以且將會執行。」在這之後的討論中，沒有人任何提到希特勒的話，而希特勒也不再參與。很顯然，他還沒有被「理解」（Document L 221 in the Centre de Documentation Juive）。

6 有關史達林對希特勒不會攻擊俄國一事所抱持的信心，參見Isaac Deutscher, *Stalin: a Political Biography*, New York and London, 1949, pp. 454 ff. 尤其是第四百五十八頁的註解：「只要到了一九四八年，國家計畫委員會主席，N. Voznesensky副總理才披露出，一九四一年第三季度的經濟計畫乃是建立在和平的假設之上，而只有在敵對意識爆發之後，才匆匆起草了一份新的適用於戰爭的計畫」。Deutscher的這一評估，如今已被赫魯雪夫所報告的史達林對德國攻擊蘇聯的反應所有力證實。參見他在第二十屆黨代表大會的「有關史達林的講話」，由國家部門發

布，New York *Times*, June 5, 1956.

7 「[集中營]中的教育由對囚犯的規訓所組成，它們主要旨在培養奴隸式的靈魂，其中不包含任何建立在意識形態之上的教導」（Heinrich Himmler, *Nazi Conspiracy*, IV, 616 ff.）。

8 Eugen Hadamovsky *(op. cit)* 在有關極權宣傳的文獻中頗為突出。Hadamovsky雖然沒有公然表態，但他為希特勒自己對於「宣傳與組織」方面的解說，提供了一個才氣橫溢且頗具啟發性的親納粹式詮釋；希特勒本人說法見於，Book II, chapter xi of *Mein Kampf* (2 vols., 1st German edition, 1925 and 1927 respectively. Unexpurgated translation, New York, 1939). 同樣可參考F. A. Six, *Die politische Propaganda der NSDAP im Kampf um die Macht*, 1936, pp. 21 ff.

9 希特勒對「戰爭宣傳」的分析（*Mein Kampf*, Book I, chapter vi）強調宣傳的商業視角，並使用了肥皂廣告的例子。其重要性已被普遍高估，而他後來對於「宣傳與組織」的積極性觀點則被人們忽視。

10 參見Martin Bormann有關「國家社會主義與基督教之關係」的重要備忘錄，收於*Nazi Conspiracy*, VI, 1036 ff. 人們可以一再在親衛隊為對其學員進行「意識形態教化」而刊行的小冊子中看到類似的構想。「自然法則從屬於不會受任何事物影響的不變意志。因此有必要認識這些法則」（("SS-Mann und Blutsfrage," *Schriftenreihe für die weltanscluudiche Schulung der Ordnungspolizei*, 1942）。這些都不過是希特勒《我的奮鬥》中某些措辭的變體，其中有一句話被上述小冊子引以為銘言：「當人們試圖對抗自然的鋼鐵邏輯時，就開始與自己作為人之存在的唯一規則相衝突。」

11 J. Stalin, *Leninism* (1933), Vol. II, chapter iii.

12 Eric Voegelin, "The Origins of Scientism," in *Social Research*, December, 1948.

13 參見 F. A. v. Hayek, "The Counter-Revolution of Science," in *Economica*, Vol. VIII (February, May, August, 1941), p. 13.

14 *Ibid.*, p. 137. The quotation is from the Saint-Simonist magazine *Producteur*, I, 399.

15 Voegelin, *op. cit.*

16 William Ebenstein（*The Nazi Slate*, New York, 1943）對納粹國家「永久戰爭經濟」的討論，幾乎是唯一意識到「有關納粹政體下的德國經濟究竟屬於社會主義還是資本主義的無盡討論，在很大程度上是刻意武斷的……因為它傾向於忽視資本主義與社會主義乃是關聯於西方福利經濟的範疇」（p. 239）。

17 在此脈絡中，作為被希特勒委派去執行安樂死項目的醫生之一，Karl Brandt的見證就頗具代表性（*Medical Trial. US against Karl Brandt et al. Hearing of May 14, 1947*）。對於這一項目是啟動來消滅多餘的食物消耗者的猜疑，Brandt進行了激烈的駁斥；他強調，在討論中持有這種觀點的黨員總是會被嚴厲譴責。按照他的觀點，這一措施完全是基於「倫理考量」。驅逐遣返的措施當然也是如此。檔案中充滿了軍方所寫的絕望的記錄，它們都抱怨遣返數百萬猶太人與波蘭人的舉措，是全然罔顧一切「軍事、經濟之所需」。參見 Poliakov, *op. cit.*, p. 321，以及已出版的檔案材料。

18 開啟後續所有大屠殺的決定性命令，是希特勒於一九三九年九月一日（戰爭爆發當日）簽署的，其中不僅僅涉及精神病患者（就如人們通常錯誤預設的），而是囊括了所有身患「不可治癒之疾病」的人。精神病患僅僅是最早被清理的一批人。

19 See Friedrich Percyval Reck-Malleczewen, *Tagebuth eines Verzweifelten*, Stuttgart, 1947, p. 190.

20 希特勒將意識形態運動凌駕於各政黨之上的優越地位，建立在意識形態總是「宣稱其永遠無誤」的事實上（*Mein Kampf*, Book II, chapter v, "Weltanschauung and Organization"）。為希特勒青年團撰寫的官方手冊（*The Nazi Primer*, New York, 1938）的頭幾頁，就強調所有意識形態問題，雖然先前都被認為是「不現實」且「不可理解的」，「卻已變得如此清晰、簡明、**確定**（粗體為作者所加），以至於每一位同志都能夠理解它們，並在它們解決道路上通力合作」。

21 列在納粹黨組織手冊中的〈黨員公約〉第一條就是：「元首總是正確的」。見於一九三六年版，頁8。但一九三二年的黨員規約（頁38）則是這樣說的：「希特勒的決定就是最終決定！」我們要注意到措辭上顯著的差異。「他們的主張永遠無誤，他們沒有任何一個會真誠地承認錯誤」，這句話揭示出史達林、托洛斯基這一邊與列寧那一邊之間的決定性差異。參見 Boris Souvarine, *Stalin: A Critical Survey of Bolshevism*, New York, 1939, p. 583.

22 黑格爾式辯證法應該可以為永遠正確提供一個很棒的工具，因為它允許將所有失敗詮釋為勝利的開端，這一點顯而易見。這類詭辯最優美的例子之一，就出現在一九三三年之後，當時德國共產黨幾乎長達兩年都拒絕承認希特勒的勝利已成為德國共產黨的失敗。

23 引自 Goebbels: *The Goebbels Diaries (1942–1943)*, ed. by Louis Lochner, New York, 1948, p. 148.

24 Stalin, *op. cit.*, *loc. tit.*

25 在一九四二年九月，當猶太人滅絕計畫已充分展開之時，希特勒在一場演講中明確提及自己在一九三九年一月

三十日的演講（出版為一本小冊子*Der Führer vor dem ersten Reichstag Grossdeutschlands,* 1939），也提到一九三九年九月一日的帝國國會會議，當時他就已經宣稱「如果猶太人挑起國際世界大戰來消滅歐洲雅利安民族，那麼不是雅利安民族，而是猶太人會（後面的文句被掌聲打斷）」（參見*Der Führer zum Kriegswinterhilfswerk,* Schriften NSV, No. 14, p. 33）。

26 出自一九三九年一月三十日的演講，頁19，如前所引。

27 Konrad Heiden (*Der Fuehrer: Hitler's Rise to Power,* Boston, 1944) 強調希特勒「在現象上的不真實」，「他幾乎所有的表述都缺乏清楚的現實基礎」，而且他「對他不認為具有重要意義的事實都保持冷漠態度」（頁368, 374）。—赫魯雪夫以幾乎相同的詞彙，來描述「史達林不情願考慮生命現實的態度」，以及他對於「真實事態」的冷漠態度，*op. cit.* 最能體現史達林對於事實重要性所抱持的觀點的例子，就是他對俄羅斯歷史的定期修訂。

28 *Nazi Primer.*

29 值得注意的是，史達林時代的布爾什維克累積陰謀論的方式，並不是發現一個新的陰謀論就會拋棄舊的。托洛斯基陰謀論始於一九三〇年左右，三百家族陰謀論則是在自一九三五年以降的人民戰線時期出現，大英帝國主義是在史達林與希特勒結盟時成為一種實際存在的陰謀，而「美國情報機構」則是在戰後迅速出現；最後，有關猶太世界主義的說法，則與納粹的宣傳之間具有明顯且令人不安的類似之處。

30 參見Chaim Weizmann's autobiography, *Trial and Error*, New York, 1949, p. 185.

31 可參見Otto Bonhard, *Jüdische Geld- and Weltherrschaft?*, 1926, p. 57.

32 希特勒在一九二二年首次使用這種圖像：「Moses Kohn 一方面鼓動他的協會拒絕工人的訴求，但另一方面他的兄弟 Isaac 卻在工廠裡號召群眾」去罷工（*Hitler's Speeches: 1922–1939*, ed. Baynes, London, 1942, p. 29.）。值得注意的是，在納粹德國從未出版完整的希特勒演講集，因此我們不得不求助於英文版本。我們從 Philipp Bouhler (*Die Reden des Führer's nach der Machtübernahme*, 1940) 所編的文獻目錄中可得知這並非偶然：只有公開演講被逐字逐句地出版在 *Völkischer Beobachter*；至於對元首軍團以及其他黨內單位所做的講話，則僅僅在報紙上被「提及」。它們並不總是用來出版的。

33 Feder的二十五條綱領僅僅包含所有反猶團體都會訴諸的標準措施：驅逐已歸化的猶太人，將本地猶太人視作外國人。納粹的反猶修辭總是比它的綱領激進許多。Waldermar Gurian ("Antisemitism in Modern Germany," in *Essays on Antisemitism*, ed. by Koppel S. Pinson, New York, 1946, p. 243) 強調納粹反猶主義的缺乏原創性：「所有這些訴求與觀點都在原創性方面並不突出——它們在所有民族主義圈子裡都是不證自明的觀念；值得注意的是它們在呈現上的煽動、修辭技巧。」

34 內在於納粹運動本身的純粹民族主義式反猶主義的典型例子就是羅姆，他曾寫道：「在此我的觀點再次跟民族市儈有所不同。並不是猶太人應該為一切事情而遭到譴責！而是我們應該為猶太人今日能夠統治這一事實，而遭到譴責」（Ernst Rohm, *Die Geschichte eines Hochverräters*, 1933, Volksausgabe, p. 284）。

35 親衛隊申請者必須將其家系回溯到一七五〇年。申請黨內領導職位則只需要回答三個問題：一、你為黨做過什麼？二、你在身體上、心態上、道德上是否絕對健全完備？三、你的家系是否符合規定？參見 *Nazi Primer*。

布爾什維克的菁英與警察組織（NKVD）這兩個系統之間的親緣關係，同樣要求要求其成員的家系證明。參見 F. Beck and W. Godin, *Russian Purge antl the Extraction of Confession*, 1951.

36 於是美國麥卡錫主義中的極權傾向最明顯的跡象，不僅僅在於迫害共產黨人，更在於強迫每個公民都要出示自己不是共產黨人的證明。

37 「人們不應高估出版界的影響力……它正普遍衰退，而組織的影響力則在增長」（Hadamovsky, *op. cit.*, p. 64）。「當報紙被認為是在反對活生生組織的攻擊性力量時，它就是孤立無助的」（*ibid.*, p. 65）。「僅僅建立在宣傳之上的權力組織是不安穩的，它們很快就會消亡，除非有組織暴力來支持宣傳」（*ibid.*, p. 21）。

38 「大眾聚會是最強的宣傳形式……因為每個人都在大眾的聯合體中覺得更有自信、更強大」（*ibid.*, p. 47）。「剎那間的熱情通過組織與系統化訓練、規訓，而成為一種原則、一種精神態度」（*ibid.*, p. 21–22）。

39 在少數希特勒涉及這一問題的例子中，他通常強調：「順帶一提，我並不是獨裁者或君主意義上的國家首腦，我是德意志人民的領袖」（參見 *Altsgewählte Reden des Führers*, 1939, p. 114）。Hans Frank也表達了同樣的精神：「國家社會主義帝國並不是一個獨裁體制，更不用說專斷的體制。國家社會主義帝國依靠的是元首與人民之間的相互忠誠。」（in *Recht und Verwaltung*, Munich, 1939, p. 15）

40 希特勒多次重複：「國家僅僅是達成目的的手段。目的乃是種族的保存」（*Reden*, 1939, p. 125）。他也強調他的運動「並不依靠國家的觀念，而是主要建立在封閉的人民共同體之上」（參見*Reden*, 1933, p. 125，也可參見面對新一代政治領袖們（Führernachwuchs）的講話，一九三七年，後者作為附錄出版在*Hitlers Tischgespräche*, p.

446）。如做必要修正，這也正是作為史達林所謂「國家理論」的複雜雙重談話的核心：「我們樂意看到國家消失，同時我們也主張要強化無產階級專政，後者代表著存活至今的所有國家形式中最強大有禮的權威力量。國家力量發展的最高可能性就是以為國家的消亡做準備為目標；這正是馬克思主義的構想。」（*op. cit., loc. cit.*）

41 Alexander Stein, *Adolf Hitler, Schüler der "Weisen von Zion,"* (Karlsbad, 1936)，乃是第一個對納粹與「錫安長老紀要」在意識形態上的一致教條進行文獻學上的對比分析的研究。也可參見R. M. Blank, *Adolf Hitler et les "Protocoles des Sages de Sion,"* 1938. 第一個承認受益於長老書教導的人是Theodor Fritsch，一戰後德國反猶主義的「偉大老人」。他在為他的長老書版本（一九二四年）寫的後記中說道：「我們未來的政治家與外交家甚至連治理的基本ＡＢＣ都不得不從罪惡的東方主子那裡學習，基於此種意圖，「錫安長老書」提供了一項傑出的準備性訓練」。

42 有關長老書的歷史，參見John S. Curtiss, *An Appraisal of the Protocols of Zion*, 1942. 長老書係屬偽造這一事實，在宣傳宗旨上無關緊要。俄國出版家S. A. Nilus在一九〇五年出版了該書的俄文第二版，他已充分意識到該「檔案」的可疑之處，並補充道：「但是如果有可能通過檔案材料或值得信賴的證詞來顯示其真實性，如果有可能揭露出站在世界陰謀最前列的那些人，那麼早就足以瓦解『這種祕密罪惡』了」，譯文引自Curtiss, *op. cit.*。希特勒不需要靠Nilus來使用同樣的詭計：對其真實性的最佳證明，就是它們已經被證明是偽作。而且他還為它們補充了「合理性」論證：「許多猶太人或許是在無意識下做出的事情，在此被有意識地搞清楚了。這才是緊要之事。」（*Mein Kampf*, Book I, chapter xi）

43 Fritsch, *op. cit.*：「（猶太人）的最高原則就是：『一切有利於猶太民族的，就都是道德的、神聖的』。」

44 「世界帝國源自某種民族基礎，但它們很快就遠遠超越了它。」（*Reden*）

45 Henri Rollin (*L'Apocalypse de Notre Temps*, Paris, 1939) 認為紀要書的流行程度僅次於聖經（頁40），他還展示出這兩者與出版於一六一二年卻直到一九三九年仍在巴黎街頭販售的《祕密指示》之間具有相似性，後者宣稱要揭露一種耶穌會陰謀，「它為所有的罪惡、所有的暴力使用辯護……這是一場真正的針對既存秩序的出征。」（頁32）

46 這整個文獻都被很好地再現在Chevalier de Malet, *Recherches politiques et historiques qui prouvent l'existence d'une secte révolutionnaire*, 1817；該書廣泛徵引了先前的眾多作者。法國大革命中的英雄角色們對他來說，就是「祕密機構」的「模型」，是共濟會的代理人。但是共濟會僅僅是他同時代的人所使用的一種名稱，用來指稱存在於所有時代的「革命集團」，它們的路線向來就是「隱藏在幕後發動攻擊，並操控著它們認為方便放在前台的傀儡。」他一開始就指出：「人們可能會很難相信有這麼一個在古代形成，且總是維持著同等恆定狀態的計畫……法國大革命的始作俑者們不見得只是法國人，他們也可以是德國人、義大利人、英國人等等。他們構成了一個特殊的民族，這個民族出生、成長在黑暗之中，在所有已開化民族中間，其宗旨是讓所有民族都屈服於它的支配。」

有關這一文獻更詳盡的探討，可參見E. Lesueur, *La Franc-Maçonnerie Artésienne au 18e siècle*, Bibliothèque d'Histoire Révolutionnaire, 1914. 至於這些陰謀論傳說甚至在正常環境下也歷久不衰，可以參看法國大量反共濟會的瘋狂文

獻，這些文獻之詳盡廣博幾乎不比它的反猶主義版本遜色。有關所有將法國大革命視作祕密陰謀團體的造物的理論，我們可以找到一份參考性概述：G. Bord, *La Franc-Maçonnerie en France dès origines à 1815*, 1908.

47 參見親衛隊柏林總部在一九四三年一月十二日，針對勞工問題召開的委員會會議的紀錄副本（*Reden*），在會上有人建議「民族」這個詞背負著影射自由主義的負擔，因此不適用於日耳曼人民，應當被消滅掉（Document 705—PS in *Nazi Conspiracy and Aggression*, V, 515）。

48 *Hitler's Speeches*, ed. Baynes, p. 6.

49 Goebbels, *op. cit.*, p. 377. 這一承諾隱含在納粹的所有反猶宣傳之中，而希特勒「猶太人是雅利安人最極端的對立面」（*Mein Kampf*, Book I, chapter xi）這一說法，早已為它鋪好了道路。

50 Dossier Kersten, in the Centre de Documentation Juive.

51 希特勒早期的承諾（*Reilen*）「我絕不會承認其他民族擁有跟德意志人同等的權利」，成為了一項官方學說：「國家社會主義的生命前景基礎，就是覺察到眾人之中的不同之處」（*Nazi Primer*, p. 5）。

52 例如希特勒在一九二三年就宣稱：「德國人民中有三分之一是英雄、三分之一是懦夫，剩下的都是叛徒。」（*Hitler's Speeches*, ed. Baynes, p. 76）

在奪取了政權之後，這一趨勢變得更為粗暴顯著。比如可參見戈培爾在一九三四的說法：「誰是要被批判的人？是黨員嗎？不。是其他德國人嗎？他們應當將自己仍活著視為幸事。如果准許去批判那些活在我們的恩典之下的人，這是再好不過的事情。」引自Kohn-Bramstedt, *op. cit.*, pp. 178–179。希特勒在戰爭期間曾宣稱：「我

不過是一塊不斷在德意志民族中穿梭移動並從中提煉出鋼鐵的磁石。我經常指出，終有一天，德國所有有價值的人都會入我營中。而那些不入我營中的人都是沒有價值的。」即便那時，在希特勒直接掌控的環境中，那些「沒有價值的人」會遭遇什麼樣的命運，已是顯而易見（參見*Der grossdeutsche Freiheitskampf. Reden Hitlers vom J. 9. 1939—10. 3. 1940*, p. 174）。希姆萊也曾說出同樣的意思：「元首考慮的不是德意志人，而是德意志概念。」（Dossier Kersten, cf. above），除此之外，我們也從*Hitlers Tischgespräche* (p. 315 ff.) 得知，當時希特勒已經開始用「雅利安語彙」來取笑德意志的「叫囂」與思想了。

53 希姆萊一九四三年四月在Kharkov對親衛隊領袖們做的演講（Nazi *Conspiracy*, IV, 572 ff.）：「我很快就會在各個國家建立一支德意志親衛隊……」在更早的掌權前階段，則是希特勒揭示了這種非國族的政策（*Reden*）：「我們無疑也應接納其他民族的新的主人階級代表，也就是那些因參與了我們的戰鬥而值得尊重的人。」

54 Hadamovsky, *op. cit.*

55 Heiden, *op. cit.*, p. 139：宣傳並非「將觀點灌輸給群眾的藝術。實際上，它一種從群眾那裡接受觀點的藝術」。

56 Hadamovsky, *op. cit., passim.* 這個概念取自希特勒《我的奮鬥》（Book II, chapter xi），在其中運動的「有活力的組織」正對立於官僚式政黨那「已死的機械結構」。

57 用韋伯的「魅力性領袖」概念來詮釋極權領袖，會是一個嚴重的錯誤。參見Hans Gerth, "The Nazi Party," in *American Journal of Sociology*, 1940, Vol. XLV.（同樣的誤解也構成了Heiden傳記的短處）按照他的觀點，單單是這一點就能夠解釋下述事實：「無論行動與言詞之間發生了多麼真確的矛盾，也沒有什麼東西能夠打亂紀律

嚴明的組織」。（順便一提，這種矛盾在史達林那裡更為典型，史達林「向來留意不要說與其行為相反的話，也不要做與他說的相反的事」。（Souvarine, *op. cit.*, p. 431.）

有關這種誤解的材料，可參見Alfred von Martin, "Zur Soziologie der Gegenwart," in *Zeitschrift für Kulturgeschichte*, Band 27, and Arnold Koettgen, "Die Gesetzmässigkeit der Verwaltung im Führerstaat," in *Reichsverwaltungsblatt*, 1936：這兩者都將魅力型領袖的官僚制視為納粹國家的特點。

58 Hadamovsky, *op. cit.*, p. 21. 對於極權主義的宗旨而言，通過教導或說服來宣傳其意識形態是錯誤的。用Robert Ley的話來說，這不能夠被「教導」或「學習」，只能夠被「演練」與「練習」（參見*Der Weg zur Ordensburg*, undated）。

59 作為一個傑出的納粹政治理論家，R. Hoehn解釋了運動中這種缺乏學說，甚至缺乏普通理念與信念的現象，其著作*Reichsgemeinschaft and Volksgeme'mschaft* (Hamburg, 1935) 說道：「從人民共同體的角度來說，每個價值共同體都是破壞性。」（頁83）

60 希特勒在討論到意識形態與組織的關係時，理所當然地承認納粹黨人從其他團體與政黨那裡接掌了「種族觀念」，並表現像是他們乃是該觀念的唯一代表，因為他們是將戰鬥性組織建立在它之上的第一人，而且還基於實踐上的目標來構想它。*Op. cit.*, Book II, chapter v.

61 參見Hitler, "Propaganda and Organization," in *op. cit.*, Book II, chapter xi.

62 希姆萊一個極為迫切的要求，亦即「不要發出任何涉及界定『猶太人』一詞的命令」，就正是這方面的案例；因

為「這些愚蠢的負擔只會幫助我們的雙手」。（Nuremberg Document No. 626, letter to Berger dated July 28, 1942, photostatic copy at the Centre de Documentation Juive）

63 我們可以在所有規定黨及親衛隊行為的官方規則與守則中，發現「元首的意志就是最高法律」這一表述。有關這一主題，最好的參考是：Otto Gauweiler, *Rechtseinrichtungen und Rechtsaufgaben der Bewegung*, 1939.

64 Heiden (*op. cit.*, p. 292) 報導《我的奮鬥》的第一版與之後的版本間存在如下差異：第一版提出在黨內官員的遴選方面，他們唯有經過遴選才能夠被委以「無限制的權力與權威」；後來所有的版本都設立了由上一層領導來任命黨內官員的制度。自然地，對於極權體制的穩定性來說，從上而下的任命是一個比既任官員的「無限制權威」更重要許多的原則。在實踐上，下層領袖的權威恰恰是通過領導人的絕對主權來予以限制。參見下述。史達林出身於布爾什維克的陰謀機構，他很有可能從未把這當作一個問題。對於他來說，黨機器內的人員任命乃是一個累積個人權力的問題（只有在三〇年代，在他學習了希特勒的範例之後，他才讓自己被稱作「領袖」）。然而必須承認，他可以輕易通過援引列寧的理論來為這些方法辯護，也就是「所有國家的歷史都顯示出，工人階級只需要依靠自己的努力，就足以發展出貿易聯盟意識」，因此其領導層必然要自外部而來（參見 *What is to he done?*, first published in 1902, in *Collected Works*, Vol. IV, Book II.）。關鍵在於，列寧將共產黨視為工人階級中「最進步」的一部分，同時也是「引導整個無產階級群眾」的「政治組織操縱桿」，也就是一個外在且超越於該階級之上的組織（參見 W. H. Chamberlin, *The Russian Revolution, 1917–1921*, New York, 1935, II, 361.）。儘管如此，列寧並沒有質疑黨內民主的有效性，即便他傾向於將民主限制在工人階級自身的範圍內。

65 Hitler, *op. cit.*, Book II, chapter xi.

66 Ibid. 納粹一奪取政權，就馬上嚴格推行了這一原則。一九三七年，在七百萬的希特勒青年團成員中，只有五萬人被接納為黨員。參見H. L. Childs為*The Nazi Primer*所寫的前言。也可對照Gottfried Neesse, "Die verfassungsrechtliche Gestaltung der Ein-Partei," in *Zeitschrift für die gesamte Staalswissenschaft*, 1938, Band 98, p. 678:「就算是一黨專政，也必須避免發展到接納所有人口的地步。它之所以是『全面的』，是因為它對國家施加的意識形態影響力。」

67 參見希特勒對「激進者」與數十萬同情者之間的區分，只有前者已被準備接納為黨員，而後者則在做出必要犧牲方面過於怯懦。op. cit., loc. cit.

68 參見希特勒有關衝鋒隊的章節，Book II, chapter ix, second part.

69 對於Verfugungstruppe，也就是最初被認為是基於希特勒的特殊安排（比如突擊隊）而產生的特殊親衛隊單位，我的翻譯是根據：O. C. Giles, *The Gestapo*. Oxford Pamphlets on World Affairs, No. 36, 1940.

70 關於親衛隊的組織與歷史，最重要的參考資源就是希姆萊的"Wesen und Aufgabe der SS und der Polizei," in *Sainmelliefle ausgewahlter Vortrage und Reden*, 1939. 在戰爭的進程中，當武裝親衛隊部隊由於在前線損失慘重，而不得不靠服役者來填補的時候，它在親衛隊內部的菁英特質也就喪失了，以至於一般親衛隊，也就是高層元首部隊再度代表了運動真正的核心菁英。

有關親衛隊這一最後階段，頗具啟發性的檔案材料可參見Hoover Library的檔案，Himmler File, Folder 278. 它顯

示出，親衛隊開始通過審慎地摹仿法國外籍軍團的方式，來同時在外籍工人與本地民眾中招募成員。在德國人進行徵兵的舉措，是基於希特勒在一九四二年十二月的一項命令，根據這一命令「一九二五階級應當被劃歸武裝親衛隊」（見於希姆萊寫給Bormann的一封信）。表面上，兵員招募建立在自願的基礎上。要一窺這其中的意味，可以參看被委派此一任務的親衛隊領袖的眾多報導。一份標示為一九四三年七月二十一日的報告，描述了警察如何將被徵兵的法國工人包圍在一個會場裡，而法國人則是如何先是唱著馬賽曲，接著嘗試跳出窗戶。在德國青年中的徵兵活動很少會更令人鼓舞。即便他們承受著巨大的壓力，並且被告知說「他們一定不想要加入軍隊那污濁灰暗的游牧部隊」，但是希特勒青年團的兩百二十位成員中只有十八人前往崗位報到（根據一九四三年四月三十日Häussler提交的一份報告，他是武裝親衛隊西南兵役中心的指揮官）；其他所有人更願意加入國防軍。這可能是因為親衛隊比國防軍更慘烈的人員損傷影響了他們的決定（參見Karl O. Paetel, "Die SS," in *Vierteljahreshefte für Zeitgeschichte*, January, 1954）。但是下述事實可以證明，單單是這一因素，尚不具有決定性：早在一九四〇年一月，希特勒就曾命令將衝鋒隊隊員劃入武裝親衛隊，而根據一份保留至今的報告，這一舉措在柯尼斯堡的結果是：有一千八百零七為衝鋒隊隊員被徵召去「警察機構服務」；其中有一千零九十四人沒有報到；六百三十一人被判為不適任；只有八十二人適合在親衛隊服務。

71 Werner Best, *op. cit.*, 1941, p. 99.

72 然而這不是希特勒的錯，他向來堅持衝鋒隊的名稱本身就表明它只是「運動的一部分」，就如同宣傳部、報紙、科研中心等其他黨組織。他也努力要驅除準軍事組織可能具有軍事價值的幻覺，並希望根據黨的需求而非軍方

原則來對其進行訓練。*Op. cit., loc. cit.*

73 創建衝鋒隊的官方理由是保護納粹的集會，而親衛隊的原初任務則是保護納粹領袖。

74 Hitler, *op. cit., loc. cit.*

75 Ernst Bayer, *Die SA*, Berlin, 1938. 'Translation quoted from *Nazi Conspiracy*, IV.

76 羅姆的自傳清楚顯示出他在政治信念上與納粹黨人契合之處甚少。他總是渴望一個「軍人國家」，也總是堅持「軍人高於政治家」(*op. cit.*, p. 349)。下述文句尤其清楚地反映其非極權態度，以及他甚至無法理解極權主義及其「全面」主張：「我看不出下述三件事為何會無法相容：我對維特爾斯巴赫王朝血統與巴伐利亞王室的忠誠；我對世界大戰總舵手（魯登道夫）的敬佩，他在今日體現了德國人民的良知；我與政治鬥爭的先驅者、承擔者希特勒的同志情誼。」（頁348）最終讓羅姆賠上性命的，是他在納粹奪取政權之後，憧憬一個效仿義大利政體的法西斯獨裁模式，在此模式中納粹黨將會「打斷政黨的鎖鏈」且「自身就成為了國家」，而這正是希特勒無論如何都可以避免的事情。參見羅姆一九三三年十二月為外交部隊做的演講（Warum SA?）。在納粹黨內部，衝鋒隊與國防軍有可能聯合起來反對親衛隊與警察統治的陰謀，從未被忘記。在羅姆與史萊歇將軍被害八年之後的一九四二年，波蘭總督Hans Frank被懷疑希望「在戰爭結束後……開始在武裝力量與衝鋒隊的幫助下，進行最偉大的正義之戰（反對親衛隊）。」（Nazi Conspiracy, VI, 747）

77 希特勒（*op. cit.*, Book II, chapter xi）表示，宣傳是試圖將一套學說強加於全體人民，而組織則僅僅旨在整合其中較有戰鬥性的一小部分人。也可對照G. Neesse, *op. cit.*

78 Hitler, *op. cit., loc. cit.*

79 Hadamovsky, *op. cit.*, p. 28.

80 親衛隊的敢死隊單位被下述規定所規定：一、沒有任何部隊會在原生地區服役；二、每一單位服務三個星期後都會更換；三、其成員從未被單獨派往街頭，或公開展示其敢死隊標誌。參見*Secret Speech by Himmler to the German Army General Staff 1938*（而發表於一九三七年的演講可參見*Nazi Conspiracy*, IV, 616；其中只收錄了一些摘要）。由美國反納粹文獻委員會出版。

81 Heinrich Himmler, *Die Schutzstaffel ats antibolschewistische Kampforganisation:* Aus dem Schwarzen Korps, No. 3, 1936, 公開表示：「我知道德國有些人一看到這種黑色外套就會患病。我們了解這一情況，但不期待被太多人愛戴。」

82 希姆萊在對親衛隊的講話中，總是強調他們犯下的罪行、強調它們的重要性。例如關於猶太人的清算，他會說：「我也想要很坦率地跟你們談論一個非常重要的問題。我們之間應該要坦率地談論它，但是我們絕不應該公開提到它。」論及對波蘭知識份子的清算時，則是：「……你們應當聽到它，卻要同時馬上忘掉它……」（*Nazi Conspiracy*, IV, 558 and 553, respectively）。戈培爾 (*op.cit.*, p. 266) 用一種類似的語調記錄：「尤其在猶太問題上，我們已佔據了一個無從逃避的位置……經驗告訴我們，毀掉吊橋的運動與民族，會懷抱比那些仍有退路者更大的決心來戰鬥」。

83 極權運動將其領袖（希特勒與史達林）的私人生活保持為絕對祕密的方式，與所有民主國家都會將總統、國

王、首相等領袖的私人生活公開展示的價值觀相矛盾（Souvarine, *op. cit.*, p. 648.）。極權主義的身份界定方式並不允許出現如下信念：即便我們中間的最高者，也不過是個人類。Souvarine (*op. cit.*, p. xiii) 援引了最經常用來形容史達林的一些標籤：「史達林，克里姆林宮的神祕主人」；「史達林，不可捉摸的人格」；「史達林，共產黨中的斯芬克斯」；「史達林，一個謎」，「不可解的神祕者」等等。

84 「如果（托洛斯基）選擇發動一場軍事政變，那麼他或許會擊敗三巨頭。但他就這樣卸任了，甚至沒有一點要召集他一手創立且統領七年的軍隊來自我捍衛的意思。」（Isaac Deutscher, *op. cit.*, p. 297）

85 托洛斯基領導下的戰時軍需部「是個模範機構」，其他部門一旦出現失序狀況，就會召喚托洛斯基。Souvarine, *op. cit.*, p. 288.

86 圍繞史達林之死所出現的各種形勢，似乎與這些方法的永不失敗性相矛盾。有一種可能性是：史達林死前無疑仍正在籌劃另一場普遍大清洗，而他是自己身邊的某個人所殺害，因為沒有任何人還有辦法覺得安全；雖然有大量的間接證據，但這種說法仍無法證實。

87 於是希特勒在一九三二年會個人性地發電報給衝鋒隊兇手們，宣稱為普特姆帕謀殺案負責，即便他大概並沒有參與這件事情。在這裡的關鍵是建立一套認同化原則，或是用納粹的語言來說，就是「帝國賴以生存的領導人與人民之間的相互忠誠」（Hans Frank, *op. cit.*）。

88 「史達林的一項突出特質……就是有系統地將自身的惡行與罪行，還有他在政治上的錯誤，都丟到他正策劃剝奪名譽並予以毀滅的人身上」（Souvarine, *op. cit.*, p. 655）。很顯然，極權領袖可以自由選擇他想要轉移自己錯誤

的對象，因為下層領袖的所有行為都被認為是由他授意，從而任何人都可以被迫扮演頂替者的角色。

89 總是實際提出「激進」措施的是希特勒本人，而非希姆萊、波曼或戈培爾；這些措施總是比他身邊的人所提出的建議更加激進；當希姆萊被委以執行對猶太問題的「最終解決方案」時，甚至連他都嚇到了。上述這一切如今都已經被許多檔案所證實。至於史達林比布爾什維克內部左翼集團更溫和的童話，也同樣無法採信。至關重要的是，要記住極權領袖總是會試圖對外部世界表現得更為溫和，而他們真正的角色，亦即不惜一切代價、憑藉一切助力來驅使運動前進，則被小心翼翼地隱藏了起來。比如可參見Erich Reader有關「我與希特勒、與黨的關係」的回憶錄，*Nazi Conspiracy*, VIII, 707 ff.「每當關於黨與蓋世太保的激進措施的消息或謠言出現，人們會根據元首的行為斷定這樣的措施不會是出自元首本人的命令……在後來的歲月中，我逐漸得出一個結論，就是元首本人向來偏好更為激進的解決方案，卻從不對外洩露這一點。」史達林在掌權前的黨內鬥爭中，總是小心翼翼地裝成「中庸之人」（參見Deutscher, *op. cit.*, pp. 295 ff）；雖然他無疑並非「妥協之人」，但是他從未完全放棄這一角色。例如，當一九三六年一名外國記者就世界革命的運動目標向他提問時，他回答：「我們從未有過這樣的計畫與意圖……這是一場誤會……一個喜劇性的，或更是悲喜劇式的誤會。」（Deutscher, *op. cit.*, p. 422）

90 參見Alexandre Koyré, "The Political Function of the Modern Lie," in *Contemporary Jewish Record*, June, 1945. 希特勒 (*op. cit.*, Book II, chapter ix) 詳盡討論了祕密社團作為極權運動模型的利與弊。他的考慮實際上將他導向Koyré的結論，也就是採納祕密社會的原則，卻同時不保留其祕密性質，而是要在「光天化日下」創建它們。在

運動的戰前階段，納粹黨人幾乎不會在任何事情上維持保密。只有在戰爭期間，當納粹體制已完全極權化，而且黨領導層發覺自己周圍各個方面都已經被它用來指揮戰爭的軍事團體所包裹，菁英組織才被明確的語彙指示，要對與「最終解決方案」（亦即驅逐與大規模滅絕）相關的一切絕對保密。也正是在這個時候，希特勒開始表現得像是一個陰謀幫派的首領，但也不乏有關這一事實的明確個人宣言與散佈。希特勒在一九三九年五月與總參謀部的一場討論中，設立了如下規定，它們聽起來就像是抄襲自一本祕密社團入門：「一、無需知情者不得告知；二、任何人都不得知道超出必要範圍的東西；三、沒有人需要被提前告知」（引自Heinz Holldack, *Was wirklich geschah*, 1949, p. 378）。

91 下面的分析將緊密依照Georg Simmel's "Sociology of Secrecy and of Secret Societies," in *The American Journal of Sociology*, Vol. XI, No. 4, January, 1906；該文構成其*Soziologie* (Leipzig, 1908) 的第五章，該書的節譯可見Kurt H. Wolff under the title *The Sociology of Georg Simmel*, 1950.

92 「正是由於社會下層階級構成了通往實際祕密中心的中介轉換，他們才帶來了圍繞同一中心的逐漸壓縮的斥力場，比起全然自外而內或自內而外那種激進的突兀立場，它提供了更安全的保障」（*ibid.*, p. 489）。

93 在納粹文獻中，「結義兄弟」、「生死同志」、「血盟共同體」等詞彙令人作嘔地重複出現，這部分是因為它們對於遍佈德國青年運動之中的青年浪漫派具有吸引力。在某個更明確的意義上使用這些詞彙，並將它們引入親衛隊「核心標語」的，主要是希姆萊（「於是我們就步伐一致地朝遙遠的未來前進，依循作為北歐國家社會主義秩序、作為眾部族之血盟共同體的不變法則」，參見D'Alquen, *op. cit.*）；而且他還為他們提供了對抗其他所有人

中「絕對敵意」的清楚意涵（參見Simmel, *op. cit.*, p. 489）：「接著，當十億到十五億的人聯合起來對抗我們，德國人民將……」參見希姆萊一九四三年十月四日，在波森召開的親衛隊重要將領會議上的講話，*Nazi Conspiracy*, IV, 558.

94 Simmel, *op. cit.*, p. 490. 就像其他許多原則一樣，納粹在仔細思考過「錫安長老會紀要」的意涵後，採納了這一原則。希特勒早在一九二二年就說過：「右派紳士們從來都不曾理解，要遭受某一天被送上斷頭台的命運，並不必然需要成為猶太人的敵人……只要不是猶太人就很足夠了：這就足以為你確保走上斷頭台的命運。」(*Hitler's Speeches*, p. 12)。在當時沒有人猜想得到，這種獨特的宣傳方式實際上意味著什麼：有朝一日，被送上斷頭台的不必然是我們的敵人；只要是猶太人，或是某個被健康委員會宣布為「徹底不合格者」，就已足夠。希姆萊相信並宣揚整個親衛隊的原則就是：「我們必定會對血緣同胞誠實、鄭重、忠誠，並充滿同志情誼。」（*op. cit., loc. cit.*）

95 參見Simmel, *op. cit.*, pp. 480–481.

96 Souvarine, *op. cit.*, p. 319, 依循的是巴枯寧的構想。

97 Souvarine (*op. cit.*, p. 113) 提到，史達林「總是會對成功完成『一項事務』的人印象深刻。他將政治視作一項需要技巧的『事務』」。

98 在二〇年代的黨內鬥爭中，「國家政治保衛總局的合作者們，幾乎無一例外都是狂熱的右派支持者與史達林追隨者。國家政治總局的各種機構也同時就成為了史達林集團的堡壘」（Ciliga, *op. cit.*, p. 48）。Souvarine (*op. cit.*, p.

289）報導說，史達林甚至在早先就「延續了他在內戰期間開展的警察活動」，而且成為了國家政治總局在政治局的代表。

99 在俄羅斯內戰結束之後，Pravda馬上表示「『所有權力歸於蘇維埃』的公式，已被『所有權力歸於契卡』取代……敵對武裝力量的終結削弱了軍方的控制力……卻遺留下一個通過簡化運作機制而遍布各地的契卡。」（Souvarine, *op. cit.,* p. 251）

100 蓋世太保在一九三三年由戈林創立；希姆萊在一九三四年被任命為蓋世太保的首領，並立即開始用自己的親衛隊來取代原班人馬；在戰爭末期，蓋世太保中有百分之七十五都是親衛隊的人。我們必須考慮到，親衛隊各單位由於希姆萊的組織方式，而尤其適合於這項工作，甚至在掌權之前的階段，就適合於黨員間的監察工作（Heiden, *op. cit.*, p. 308）。有關蓋世太保的歷史，參見Giles, *op. cit.*，也可參見*Nazi Conspiracy*, Vol. II, chapter xii.

101 這很有可能是Rosenberg所犯下的最關鍵的意識形態錯誤之一：他的《二十世紀的神話》承認一種種族多元主義，其中只有猶太人被排除在外，這使他失去了元首的青睞，並將自己在運動中的影響力，讓給了希姆萊、波曼，甚至還有Streicher。他冒犯的是不被納入（「德意志人民」）者就是被排除者（大部分人類）的原則。見註87。

102 Simmel (*op. cit.*, p. 492) 列舉了一些祕密犯罪社團，其中成員會自願設立一位指揮者，並從此無批判、無限制地聽從其命令。

103 Ciliga, *op. cit.*, pp. 96–97. 他也描述了在二〇年代，甚至連列寧格勒國家政治保衛總局監獄中的普通囚犯，都在被判處死刑後，如何讓自己「不說任何一句反叛殺害他們的政府的話」，就被處決掉。

104 Ciliga報導了被指控的黨員如何「認為，如果這些處決能夠拯救官僚制獨裁整體，如果它們能夠平息反叛的農民（或是如果它們能誤導他們），那麼他們被犧牲的生命就不算白費」（*op. cit.*, pp. 96–97）。

105 戈培爾對於外交在政治中所扮演的角色的想法頗為典型：「讓外交官不了解政治背景，無疑是最好的做法……在扮演綏靖角色時展現的真誠，有時是他們在政治上的可信賴性的最有力證明。」（*op. cit.*, p. 87）

106 Rudolf Hess 一九三四年在廣播上的講話。*Nazi Conspiracy*, I, 193.

107 Werner Best (*op. cit.*) 解釋道：「至於政府的意志是否設下了『正確』的規定，這已不再是個法律問題，而是一個命運問題。因為實際的誤用，會在歷史面前更確定無疑地，被命運本身藉由不幸、顛覆與毀滅來執行懲罰，而非由國家法院來執行，因為它冒犯的是『生命的法則』。」譯文引自*Nazi Conspiracy*, IV, 490.

108 參見Kravchenko, *op. cit.*, p. 422.「沒有任何經過正確教化的共產黨人會覺得，當在公開場合公佈一系列政策又同時在私下場合說的正好相反的行為，是在『說謊』。」

109 「國家社會主義黨員看不起他們的德國同胞，衝鋒隊員看不起其他國家社會主義黨員，親衛隊隊員則看不起衝鋒隊隊員」（Heiden, *op. cit.*, p. 308）。

110 希姆萊最初從照片來選擇親衛隊候選人。後來則是經由種族委員會，申請人必須親自出席該委員會前，展現自己的種族外貌。參見Himmler on "Organization and Obligation of the SS and the Police," *Nazi Conspiracy*, IV, 616 ff.

111 希姆萊充分意識到，將種族問題從「一個立基於理所當然的反猶主義的消極概念」轉變成「一項組建親衛隊的組織性任務」，這是他「最重要、最持久的成就」（*Der Reichsführer SS und Chef der deutschen Polizei*, "exclusively for use within the police"; undated）。於是，「種族問題第一次被考慮進來，或更好的說法是，第一次成為焦點，並遠遠超越了強調對猶太人的天然仇恨的積極性概念。元首的革命性理念已被溫熱的生命血脈所激發。」（*Der Weg der SS. Der Reichsführer SS.* SS-Hauptamt-Schulungsamt. Dust jacket: "Not for publication," undated, p. 25）

112 一九二九年，希姆萊一被任命為親衛隊首領，就引入了種族篩選原則與婚姻法，並補充說：「親衛隊很清楚地知道這一命令具有重大意義。奚落、嘲笑與誤解都無法影響我們；未來是我們的。」引自 d'Alquen, *op. cit.* 十四年後，他再度在Kharkov的演講中（*Nazi Conspiracy*, IV, 572 ff.），提醒親衛隊領袖們說「我們是真正藉由實際行動來解決血統問題的第一人……說到血統問題，我們當然指的不是反猶主義。反猶主義與除跳蚤行為無異。要擺脫寄生蟲，這不是一個意識形態的問題。它是一個清潔問題……但是對我們而言，血統問題是對我們自身價值的提醒，一個有關什麼是真正將德意志人民維繫在一起的基礎的提醒。」

113 Himmler, *op. cit.*, Nazi Conspiracy, IV, 616 ff.

114 希姆萊在波森的演講，*Nazi Conspiracy*, IV, 558.

第十二章　極權掌權

1 納粹完全意識到，奪取政權會導致專制政體的建立。「然而國家社會主義從來都不是為了陷入專制、再度重啟整

個遊戲，而在對抗自由主義的戰鬥中衝鋒陷陣」（Werner Best, *Die deutsche Polizei*, p. 20）。這裡所表達的警告之意也出現在其他無數地方，它直接反對國家的專制要求。

2 托洛斯基的理論首次宣講於一九〇五年，它當然與所有列寧派的革命策略都沒有什麼差別，在這些人眼中，「俄羅斯本身僅僅是國際革命的第一塊版圖、第一個堡壘：她的利益要服從於超國家的社會主義軍事部署策略。然而在當時，俄羅斯與當權的社會主義的疆界完全是重疊的」（Isaac Deutscher, *Stalin. A Political Biography*, New York and London, 1949, p. 243）。

3 「一九三四年具有重大意義，因為在第七屆黨代會的新黨章，提出『階段性清洗是為了黨的系統性清潔』」（引自A. Avtorkhanov, "Social Differentiation and Contradictions in the Party," *Bulletin of the Institute for the Study of the USSR*, Munich, February, 1956.）—在俄羅斯革命的最初幾年，黨的清洗尚有別於他們後來扭曲成的維持永久不穩定狀態的工具。最初的一批清洗是由地方監控委員會在一個公開的論壇上進行的，黨員與非黨員都可以自由進入該論壇。它們被規劃成一個對抗黨內腐敗官僚的民主監控機構，並「扮演替代真正選舉的角色」（Deutscher, *op. cit.*, pp. 233-34）。—關於大清洗的傑出而簡短的調查，可參見Avotorkhanov近期的文章，其中同樣駁斥了基洛夫謀殺案導致新政策的傳說。普遍清洗早在基洛夫被殺之前就已經開始了，後者不過是個「為此添加額外動機的方便藉口」。就圍繞基洛夫謀殺案的諸多「不可解釋、神祕莫測」的情形來看，人們猜測這只是史達林自己精心策劃、執行的「方便藉口」。參見赫魯雪夫的「有關史達林的講話」，New York *Times*, June 5, 1956.

4 Deutscher (*op. cit.*, p. 282) 將對托洛斯基「永久革命」論的最初攻擊，以及史達林的反制說法「一國社會主義」，

都描繪為一種政治部署。在一九二四年，史達林「的直接意圖就是使托洛斯基喪失聲譽……三巨頭在搜尋托洛斯基過往時，發現他在一九〇五年提出的『永久革命論』……正是在這一攻擊過程中，史達林提出他有關『一國社會主義』的想法。」

5 在一九三四年六月對羅姆集團進行清算之前，曾有過短暫的一段穩定化時期。在該年年初，柏林政治警察頭子Rudolf Diets還可以報告說，已不再有衝鋒隊的非法（「革命」）逮捕，而先前的這類逮捕也正在被調查（*Nazi Conspiracy*. U. S. Government. Washington, 1946, V, 205.）。在一九三四年四月，帝國內政部部長Wilhelm Frick，作為一名老納粹黨員，做出了一個命令，基於「穩定國內形勢」的考慮（*ibid.*, III, 555），要限制「保護性拘留」的存在（參見*Das Archiv*, April, 1934, p. 31.）然而這一命令從未公佈（*Nazi Conspiracy*, VII, 1099; II, 259）。在一九三三年，普魯士警方已為希特勒提供了一份有關衝鋒隊違紀行為的特殊報告，並建議對其中指定的衝鋒隊領袖進行起訴。希特勒處理這一情勢的方式，就是不經合法程序地殺害這些衝鋒隊領袖，並將所有曾反對衝鋒隊的警方官員革職（參見the sworn affidavit of Rudolf Diels, *ibid.*, V, 224.）。通過這種方式，他就保護自己完全免於所有的合法化與穩定化。在熱情為「國家社會主義理念」服務的眾多法官當中，只有極少數人掌握真正的關鍵所在。在這個群體中，首先有Theodor Maunz，他的論著*Gestalt and Recht der Polizei* (Hamburg, 1943)，甚至被類似於Paul Werner這樣屬於親衛隊的元首衛隊高層的人所贊同援引。

6 Robert Ley, *Der Weg zur Ordensburg* (undated, about 1936).「為黨的元首衛隊提供的特別版，非供自由販售」。

7 Heinrich Himmler, “Die Schutzstaffel,” in *Grundlagen, Aufbau unit Wirtschajtsordnung des nationalsozialistischen*

Staates, Nr. 7b. 這種對種族揀選原則的不斷激進化，可以在納粹政策的所有表述中看到。於是，首先被消滅的是完全的猶太人，接著則是擁有一半猶太血統與四分之一猶太血統的人；或者，首先是精神病患，接著是不可治癒者，最後不可治癒者的所有家人。「從未固定不前的揀選」也不會在親衛隊自身上停止。一九四三年五月十九日發出的一項元首命令，就命令所有因家庭、婚姻、朋友關係而與外國人有所牽連者，一律要從國家、黨、國防軍及經濟部門中排除；這影響到了一千兩百名親衛隊領袖（參見Hoover Library Archives, Himmler File, Folder 330）。

8 在蘇聯，「對社會主義者與無政府主義者的鎮壓，會與國家平定的程度成正比例增長」（Anton Ciliga, *The Russian Enigma*, London, 1940, p. 244），這已是人們的常識。Deutscher (*op. cit.*, p. 218) 認為在勝利的時刻，「革命的自由主義精神」之所以消失的原因，可以在農民態度的變化中找到：他們「越是確信地主與白軍的權力已經衰敗，也就越是決心」轉而反對布爾什維克。從一九三〇年後恐怖所帶來的各種面向來看，這種解釋顯得格外薄弱。它也未能考慮到完全型態的恐怖在二〇年代尚未釋放，其釋放是在三〇年代，當時農民階級中的反對派已不再在局勢中扮演積極因素。赫魯雪夫（*op. cit.*）也指出，「極端的鎮壓手段並不是在與托洛斯基份子與布哈林份子的鬥爭中，用來針對反對派」，「對他們的鎮壓措施」是在他們早已被擊潰之後才開始實施的。納粹體制所帶來的恐怖則在戰爭期間臻於頂峰，而當時德意志民族實際上已被「團結起來」。其準備工作可追溯到一九三六年，當時所有有組織的內部抵抗都已經消失，而希姆萊則建議擴大集中營。一九四三年，希姆萊在哈爾科夫對親衛隊領袖們所作的演講中，就典型地反映出這種罔顧是否存在抵抗的鎮壓精神：「我們只有一個任務，

就是毫無憐憫地進行種族鬥爭……我們永遠不會讓致命且恐怖的聲望這一傑出武器衰退，它在哈爾科夫的戰鬥中是優先於我們的，我們要不斷為其賦予新的意義。」（*Nazi Conspiracy*, IV, 572 ff.）

9 參見Theodor Maunz, *op. cit.*, pp. 5 and 49. 納粹自己頒布的法律與規章由W. Hoche以*Die Gesetzgebung des Kabinetts Hitler* (Berlin, 1933 ff.) 的標題定期出版，關於納粹是多麼鮮少考慮到自己頒布的這些法規，人們可以從他們的一位憲法法官的隨口評論中得知。他感到，儘管缺少全面的新法規，但仍然發生了「全面的改革」（參見Ernst R. Huber, "Die deutsche Polizei," in *Zeitschriftfür die gesamte Staatswissenschaft*, Band 101, 1940/1, p. 273 ff.）。

10 Maunz, *op. cit.*, p. 49. 據我所知，在納粹作者中Maunz是唯一曾提到這樣形勢並有效地予以強調的人。只有通過五卷本的*Verfügungen, Anordnungen, Bekanntgaben*（戰爭期間在Martin Bormann的指示下由黨辦公室收集、印行的），人們才有可能洞察實際統治德國人的這種祕密法案。根據前言，該系列「完全用於黨內工作，而且被視為機密文件」。與Hoche所收集的希特勒內閣的法案相比，這顯然罕見的五卷本不過是個表殼，其中有四卷收於Hoover Library。

11 這正是元首在一九三三年對法官們發出的「警告」，引自by Hans Frank, *Nationalsozialistische Leitsätze für ein neues deutsches Strafrecht*, Zweiter Teil, 1936, p. 8.

12 Deutscher, *op. cit.*, p. 381. 在一九一八年與一九二四年，曾有過建立憲政的早期嘗試。一九四四年的憲法改革則讓一些蘇維埃共和國能夠擁有自己的對外代表與軍隊，這乃是為了確保蘇聯在聯合國獲得額外名額的一種戰略部署。

13 參見Deutcher, *op. cit.*, p. 375. 如果仔細閱讀史達林涉及憲法問題的演講（他在一九三六年十一月二十五日的第八屆蘇維埃大會上做的報告），就會很明顯地看到它從來都無意變得明確。史達林明確表示：「這就是在特定歷史時刻裡我們的憲法框架。從而新的憲法草案代表著所有我們已走過的道路，代表著所有的既有成就」。換言之，憲法被追訴到它被宣布的時刻，並且僅僅具有歷史旨趣。這不僅僅是一種任意詮釋，這一點已經得到了莫洛托夫的證明，他在有關憲法的演講中觸及史達林主題，並強調整件事的臨時性質：「我們實現的僅僅是社會主義第一個也是較低的階段。甚至連共產主義的這個最初階段，這個社會主義，都尚未完全；我們僅僅建立起了它的骨架。」（參見*Die Verfassung des Sozialistischen Staates der Arbeiter und Bauern*, Editions Prométhée, Strasbourg, 1937, pp. 42 and 84）

14 「於是德國的憲法生活就由徹底的不定形構成，與義大利相反」（Franz Neumann, *Behemoth*, 1942, Appendix, p. 521）。

15 引自Boris Souvarine, *Stalin: A Critical Survey of Bolshevism*, New York 1939, p. 695.

16 Stephen H. Roberts, *The House that Hitler Built*, London, 1939, p. 72.

17 Justice Robert H. Jackson在紐倫堡審判的公開演說中，一貫將他對納粹德國政治結構的描述，建立在「實質與表面這兩個政府在德國的並存上。德國共和國的形式維持了一段時間，它是外在的、表面的政府。但是國家的真正權威機構是外在於且高於法律的，而且還掌握在納粹黨的領導層手中」（*Nazi Conspiracy*, I, 125）。也可參加Robert (*op. cit.*, p. 101) 在黨與影子國家之間做的區分：「希特勒顯然傾向於增加機構的多重化」。納粹德國的研

究者們似乎同意，國家僅僅具有表面的權威。唯一的例外可參見Ernst Fraenkel, *The Dual State*,New York and London, 1941，他主張「常規國家機構與特權國家機構」共存在時常發生的衝突之中，就如同「德意志帝國中相互競爭而非互補的兩個部分」。根據Fraenkel的說法，納粹仍維持了常規國家機構，以便保護資本主義秩序與私人財產，並且後者仍在所有經濟事務中擁有完全的權威，而黨的特權國家機構則在所有政治問題中進行最高統治。

18 「對於國家政權中國家社會主義無法用自己來佔據的職位，他們就在自己的黨組織創立對應的『影子機構』，通過這種方式來設立國家中的第二個國家……」(Konrad Heiden, *Der Fuehrer: Hitler's Rise to Power*, Boston, 1944, p. 616)

19 O. C. Giles (*The Gestapo*, Oxford Pamphlets on World Affairs, No. 36, 1940) 描繪了黨與國家部門時常發生重疊的情形。

20 內政部長Frick的一則備忘錄就頗具代表性，他憎恨親衛隊首領希姆萊能夠擁有最高權力這一事實。參見*Nazi Conspiracy*, III, 547.在這方面，同樣值得注意的是羅森伯格對與一九四二年與希特勒的一場討論的記錄：羅森伯格在戰前從未擁有國家職位，卻隸屬於希特勒身邊的親密小圈子。後來他成為了東方佔領區的帝國大臣，就時常遭遇到其他全權大使（主要是親衛隊的人）無視他的「直接行動」，因為他如今隸屬於表面的國家機構。參見*ibid.*, IV, 65 ff。同樣的情形也發生在波蘭總督Hans Frank身上。只有在兩個案例中，獲得部長級職位並不意味著權力與聲望的任何損失：作為宣傳部長的戈培爾，作為內政部長的希姆萊。在希姆萊這方面，我們擁有一份據

信是從一九三五年開始記錄的備忘錄，它描繪了納粹在協調黨與國家關係時的系統性片面想法。這一備忘錄明顯出自希特勒的直系侍從人員，並且由元首的私人內閣與蓋世太保之間的通信構成；其中包含了對於讓希姆萊成為國家內政部部長的警告，因為在此情況下，他就「不再能夠成為警察首腦」，而且「將會與黨疏離」。我們在此同樣發現了協調黨與國家關係的技術原則：「黨高層人員必須不隸屬於國家高層」（這份沒有署明日期與姓名的備忘錄，被冠以*Die geheime Staatspolizei*的標題，如今人們可以在Hoover圖書館的檔案中找到它，檔名為P. Wiedemann）。

21 參見"Brief Report on Activities of Rosenberg's Foreign Affairs Bureau of the Party from 1933 to 1943," *ibid.*, III, 27 ff.

22 基於一九四二年八月十二日的一項元首命令。參見*Verfügungen, Anordnungen, Bekanntgaben, op. cit.*, Nr. A 54/42.

23 「在名義政府背後的是實質政府」，Victor Kravchenko (*I Chose Freedom: The Personal Life of a Soviet Official*, New York, 1946, p. 111) 將其視為「祕密警察系統」。

24 參見Arthur Rosenberg, *A History of Bolshevism*, London, 1934. 第六章：「在俄羅斯實際上有相互平行的兩套政治體系：蘇維埃影子政府與布爾什維克的實質政府。」

25 Deutscher (*op. cit.*, pp. 255-256) 如此總結史達林在第二十屆黨代會上針對他擔任總書記第一年期間人事部門工作所做的報告：「一年前，地區工會領袖中只有百分之二十七是黨員。現在其中已有百分之五十七是共產黨人。在合營企業管理層中的共產黨員百分比則從五提升到了五十；而在武裝部隊的指揮部人員中，百分比則從百分之十六提升到百分之二十四。同樣的情況發生在其他所有被史達林描述為連結黨與人民的『傳輸帶』的機構當

中。」

26 Arthur Rosenberg, *op. cit., loc. cit.*

27 Maunz, *op. cit.*, p. 12.

28 作為法官兼上級突擊隊大隊領袖，R. Hoehn教授將此表述在如下言詞中：「而且還存在另一件外國人不得不習慣、但德國人也同樣如此的事情：亦即祕密國家警察的任務……已經被一群出自運動內部的人所接手，並且會持續扎根於其中。國家警察這一概念實際上不允許發生這種情況一事，只能在這裡順便一提。」（*Grundfragen der deutschen Polizei*, Report on the Constitutive Session of the Committee on Police Law of the Academy for German Law, October II, 1936. Hamburg, 1937, with contributions by Frank, Himmler and Hoehn）

29 例如，Hans Frank就在*Recht und Verwaltung*(1939)，也再度在一九四一年的*Technik des Staates*中，試圖劃定各自的責任並反制這種「權威的無序」。他表達的觀點是，「法律保障者」並非「自由主義政府系統的專利」，行政部門應該像以往被帝國法律管制那樣繼續被管制，如今則是被國家社會主義黨的黨綱所驅動、引導。正是因為希特勒想要不惜一切代價阻止這樣的新法律秩序，所以他從未知曉納粹黨黨綱為何。對於黨內提出類似建議的人，他都會以輕蔑的態度將他們形容為「永遠捆綁在過去」，以及「未能跨過自己的影子」的人（Felix Kersten, *Totenkopf und Treue*, Hamburg）。

30 「三十二個大區並不對應行政區或軍事區，甚至也不對應於衝鋒隊的二十一個區，或是親衛隊的十個區，乃至希特勒青年團的二十三個區……正因為毫無道理可言，所以這樣的不一致才格外引人注目。」（Roberts, *op.*

cit., p. 98）

31 巴黎猶太檔案中心，紐倫堡檔案PS3063。該檔案是最高黨法庭對於「涉及一九三八年十一月九日的反猶遊行的各種事件與黨法庭進程」的報告。在警方與總代理機構的調查基礎上，最高法庭做出裁決：「所有黨領袖都必定是將帝國宣傳部的書面指示理解為，黨不希望對外顯示為遊行煽動者，但實際上卻會予以組織並貫徹到底……對指揮梯隊的再審查已顯示出……在戰前的鬥爭中鍛煉出來的活躍國家社會主義黨員，都將黨不會希望以組織者的身份出現的行動，就不會以明確到每一個細節的方式來命令這一點，視為理所當然。因此他已慣於理解一項命令會有比其字面意思更多的意涵，這正如基於黨的利益，命令發出者會……不說出所有事情，而是僅僅暗示他想要通過該命令而獲得的東西，這種做法已成為例行公事……於是，比如有這樣一項命令，要為黨的將領 vom Rath 的死亡而受責，不僅僅是猶太青年格林斯潘而是所有猶太人，要帶手槍來……每個衝鋒隊隊員就都應該知道他必須做什麼；因此眾多下層領袖就要將命令理解為猶太血統必須因黨將領 vom Rath 的血債而被掃除……」尤其富有意味的是該報告的結尾，最高黨法庭非常公開地反對這些方法：「至於基於紀律考量，意圖模糊且被給予其接收者會辨認出命令內容並採取相應行動的命令，是否必定不能訴諸過往，則是另一個問題」。在此再次出現了一些用希特勒的話來說，就是「未能跨過自己的影子」並堅持合法程序的人，因為他們不理解，最高法律並非元首的命令，而是元首的**意志**。在此，菁英組織的頭腦與黨代理人的頭腦之間的差別格外清楚。

32 Best (*op. cit.*) 這樣看：「只要警察執行領導層的意志，他們就是在法律之內行動；如果領導層的意志被違法了，那麼做出冒犯行為的就不是警方，而是警察中的一員而已。」

33 參見註31。

34 在一九三三年，國會縱火案之後，「衝鋒隊領袖就比大區長官更有權力了。他們也拒絕服從戈林。」參見Rudolf Diels所提供的宣誓口供，見於*Nazi Conspiracy*, V, 224；Diels是戈林手下的政治警察頭子。

35 衝鋒隊顯然厭惡在納粹集團中喪失權位，而且絕望地試圖維持門面。在他們的雜誌（*Der SA-Mann, Das Archiv*等等）中，許多地方或顯或隱地暗示與親衛隊的這種潛在競爭。更有趣的是，希特勒在衝鋒隊早已喪失權力的一九三六年，仍然在一場演說中向他們擔保：「你們所有的身份都是通過我；而我的一切也全然是通過你們而獲得的。」參見Ernst Bayer, *Die SA*, Berlin, 1938. 譯文引自*Nazi Conspiracy*, IV, 782.

36 對照羅森伯格在一九四一年六月的演說：「我相信我們的政治任務將包括，把這些民族組織在某些特定類型的政治體當中……並讓他們得以對抗莫斯科。」而「為管理東部佔領區而做的未署明日期的備忘錄」則寫道：「在蘇聯戰敗瓦解之後，東部領土將不會留存任何政治體……也不會為當地民眾保留任何公民資格。」（*Trial of the Major War Criminals*, Nuremberg, 1947, XXVI, p. 616 and 604, respectively）

37 *Hitlers Tischgespräche*, Bonn, 1951, p. 213. 通常希特勒指的是那些對毫無悔意地殺害所有被形容為「人類廢料」的人持保留態度的黨高層人員（參見p. 248 ff. and passim）。

38 有關黨組織的各種重疊情形，可參見*Rang-und Organisationsliste der NSDAP*, Stuttgart, 1947, and *Nazi Conspiracy*, I, 178；其中區分了四個主要範疇：一、Gliederungen der NSDAP, 在掌權前就存在；二、Angeschlossene Verbände der NSDAP, 囊括了那些被統一協調的社團；三、Betreute Organisationen der NSDAP；四、Weitere nationalsozialistische

Organisationen. 幾乎在每一個範疇中，人們都可以發現一個不同的學生、婦女、教師或工人組織。

39 先由Todt後由Albert Speer領導的巨大公共工作組織，是希特勒在所有黨機構外創立的。這一組織或是用於對抗黨的權威、乃至警察組織的權威。值得注意的是，Speer竟能夠冒險向希特勒（在一九四二年的一場會議中）指出，在希姆萊的體制下不可能有組織上的產出，甚至要求奴工與集中營的司法權。參見*Nazi Conspiracy*, I, 916-917.

40 這類無關緊要、無足輕重的社團，比如ＮＳＫＫ就在一九三三年忽然被提升到菁英組織的地位，跟衝鋒隊、親衛隊同樣享有獨立黨機構的特權地位。在這一階位提升之後並沒有發生什麼事情；回頭來看，它看起來像是對衝鋒隊與親衛隊的一個威脅。

41 F. Beck and W. Godin, *Russian Purge and the Extraction of Confession*, 1951, p. 153.

42 *Ibid.*, p. 159 ff. 根據其他報導，還存在蘇聯警察機構搖擺不定的多重性的不同例子，主要是關於內務人民委員部的地方、區域分部的，後者相互獨立地運作，而且在地方、區域的黨代理人中也有它們的對應組織。本質上來說，我們對於俄羅斯狀況的了解，比之納粹德國的狀況，顯然是相當有限，尤其是涉及到組織細節的部分。

43 根據他一位前僱員的證詞（*Nazi Conspiracy*, VI, 461），「將同一項任務交託給兩個不同的人，這正是希姆萊的特點。」

44 在先前提到的地方（參見註29），Hans Frank顯示出在某些節點上，他想要穩定運動，而他在波蘭總督任上的眾多抱怨則證實了他完全對納粹有意反效益主義的趨勢缺乏理解。他無法理解臣服的人民不是被壓榨而是被消

滅。在希特勒眼中，羅森伯格在種族上是不可信賴的，因為他有意在新征服的東部領土上建立衛星國，而未能理解希特勒的人口政策旨在減少這些地方的人口。

45 區分出「眾多小領主」，進而形成「一個法律之外以元首為頂端的權力金字塔」的觀念，出自Robert H. Jackson。參見chapter xii of *Nazi Conspiracy*, II, 1 ff。為了避免建立這樣的威權式國家，希特勒早在一九三四年就發布了如下黨命令：「『我的元首』的致敬形式要僅僅保留給元首一人。我在此禁止納粹黨所有下層領袖允許自己被稱為『我的國家領袖』，諸如此類，無論是口頭還是書面的形式，皆不例外。此外，稱呼方式必須要是Pg.……或Gauleiter等等。」參見*Verfügungen, Anordnungen, Bekanntgaben, op. cit.*, decree of August 20, 1934.

46 參見the *Organisationsbuch der NSDAP.*

47 參見Chart 14 in Vol. VIII of *Nazi Conspiracy.*

48 在黨內以及菁英組織內，所有的宣誓都是以希特勒的人格為擔保。

49 希姆萊在此方向上走出的第一步發生在一九四四年秋，當時他自主發出命令，要拆除集中營的毒氣裝置、停止大屠殺。這是他與西方強權達成和平協議的方式。很令人感興趣的是，希特勒顯然從未被告知這些準備；似乎沒人膽敢告訴他，他最重要的戰爭目標之一已經被放棄。參見Léon Poliakov, *Brévaire de Haine*, 1951, p. 232.

50 有關史達林死後發生的各種事件，參見Harrison E. Salisbury, *American in Russia*, New York, 1955.

51 參見對納粹警察結構的出色分析，*Nazi Conspiracy*, I J, 250 ff., esp. p. 256.

52 *bid.*, p. 252.

53 Franz Neumann (*op. cit.*, pp. 521 ff.) 懷疑「德國是否能夠被稱作一個國家。它簡直就像是個幫派，永遠要強迫去同意領袖」。Konrad Heiden有關納粹德國的著作就以集團統治理論為特點。—至於希特勒身邊的集團組織，Trevor-Roper出版的*The Bormann Letters*尤其具有啟發性。在對醫生們進行的審判中（美國對抗Karl Brandt等，一九四七年五月十三日），Victor Brack證實早在一九三三年，對希特勒的命令毫不懷疑的Bormann就開始組織一個高於國家與黨的團體。

54 對照筆者討論德國罪責問題的文章："Organized Guilt", in *Jewish Frontier*, January, 1945.

55 一九三九年十一月二十三日的一篇演講，引自*Trial of Major War Criminals*, Vol. 26, p. 332. 這種宣稱不僅僅是一種隨機表達的歇斯底里式錯亂，這一點很明顯地反映在一九四四年三月希姆萊在波森的市長級會議上的演說中（速記副本可以在Hoover圖書館希姆萊檔案Folder 332中找到）。該言說指出：「我們能夠將什麼樣的價值置於歷史性地位？我們自身人民的價值……其次，我幾乎要說，甚至更偉大的價值就是我們元首希特勒獨一無二的人格……兩千年來，他是日耳曼種族所迎來的第一位偉大領袖……」

56 參見希特勒對這一問題的陳述，*Hitlers Tischgespräche*, pp. 253 f. and 222 f.：新的元首必須由一位「元老」選出；選舉元首的指導原則必須是，在進行期間對於任何參選者的討論都要停止。在三個小時內，國防軍、黨以及所有行政官員都必須向新元首宣誓效忠。「他並沒有想過在國家最高元首的這種選舉中，並不總是會出現傑出的元首人選」。但是這並沒有什麼危險，「只要籠罩一切的統治機器良好運作」。

57 由希姆萊自己構想出來的一條親衛隊指導原則就是：「沒有任何任務是為自身之故而存在的」。參見Gunter

d'Alquen, *Die SS. Geschichte, Aufgabe und Organisation der Schutzstaffeln der NSDAP*, 1939, in Schriften der Hochschule fur Politik.

58 參見David J. Dallin and Boris I. Nicolaevsky, *Forced Labor in Russia*, 1947：他們也報導說，在戰爭期間當戰爭動員製造出尖銳的人力問題時，勞動營在一年內的死亡率是百分之四十。一般來說，他們勞動營中的工人產量低於自由勞工產量的百分之五十。

59 Thomas Reveille (*The Spoil of Europe*, 1941) 估計德國在戰爭的第一年就足以耗盡從一九三三年到一九三九年所做的全部戰備資金。

60 William Ebenstein, *The Nazi State*, p. 257.

61 *Ibid.*, p. 270.

62 這可以被這一事實支持，亦即殺掉所有不可治癒病患的命令恰是在戰爭爆發的那一天發布的，而甚至更能予以支持的是希特勒在戰爭期間的聲明，由戈培爾所引述（*The Goebbels Diaries*, ed. Louis P. Lochner, 1948）：「戰爭使我們有可能解決正常情況下不可能解決的一整系列的問題」，而且無論戰爭結果如何，「猶太人都無疑會是失敗者」（p. 314）。

63 國防軍當然一再試圖向各個黨機構解釋戰爭行為的危險，其中也包括發出全然罔顧所有軍事、民生、經濟必要性的命令（比如可參見Poliakov, *op. cit.*, p. 321）。但是甚至許多納粹高層官員也在理解這種忽視客觀經濟、軍事因素的行為時有所困難。他們必須被一再告知「在處理猶太人問題時，應當在根本上不做經濟方面的考慮」

（*Nazi Conspiracy*, VI, 402），但是抱怨說波蘭大型建築項目的中斷「將不會發生，如果在裡面幹活的成千上萬猶太人沒有被驅逐的話。後來的命令則是猶太人必須從軍事項目中驅離。我希望這項命令很快會被取消，因為到時候情況會變得更糟」。波蘭總督Hans Frank的這種希望沒能被滿足，正如他後來期待在對待波蘭人與烏克蘭人的態度上採取更表面軍事化的政策，也同樣如此。他的抱怨是令人感興趣的（參見他的日記，*Nazi Conspiracy*, IV, 902 ff.），因為他完全被納粹戰爭期間的反效益面向嚇到了。「一旦我們贏得戰爭，贏得我關心的一切，那麼波蘭人、烏克蘭人以及所有周邊人民就都可以被剁成肉醬……」

64 原本只有親衛隊中的特殊單位（敢死隊）受僱於集中營。後來取而代之的是武裝親衛隊。從一九四四年開始，常規武裝單位也會受僱，但通常會整併在武裝親衛隊當中（參見諾因加默集中營前親衛隊官員的供詞，*Nazi Conspiracy*, VII, 211）。至於國防軍如何讓集中營感受到他們活躍的存在，則可參見Odd Nansen的集中營日記中描寫，*Day After Day*, London, 1949。不行的是，它顯示出這些常規軍事部隊至少跟親衛隊一樣殘暴。

65 Deutscher, *op. cit.*, p. 326. 這一引用是由份量的，因為它來自史達林最寬大的非共產黨傳記作者。

66 納粹尤其熱衷於考慮千年大計。希姆萊宣稱，親衛隊隊員只對「在數十、數百年內有重要意義的意識形態問題」感興趣，而且他們「服務於兩千年一遇之大事因緣」這句話，也以輕微的變動重複貫穿在由SS-Hauptamt-Schulungsamt發行的整個灌輸教材中（*Wesen und Aufgabe der SS und der Polizei*, p. 160）。至於布爾什維克的版本，最好的參考文獻就是史達林早在一九二八年莫斯科的黨代表大會上構想的共產國際規劃。尤其令人感興趣的是，將蘇聯評價為「世界運動的基石、國際革命的中心以及世界歷史中最偉大的因素。在蘇聯，世界無產階

級第一次獲得了一個國家……」（引自W. H. Chamberlin, *Blueprint for World Conquest*, 1946，其中將第三國際的規劃逐字重印了出來）。

67 官方格言的這種轉變，可參看*Organisationsbuch der NSDAP*, p. 7.

68 參見Heiden, *op. cit.*, p. 722. 一九三七年十一月二十三日，希特勒在松透芬騎士堡面對未來政治領袖時的演說中指出：「發揮世界征服者作用的唯有種族…而絕不會荒謬地由小部落、小國家或小王朝來起作用。然而種族，至少在自覺意義上的種族，仍是我們必須去成為的。」（參見*Hitlers Tischgespräche*, p. 445）。—一九四一年八月九日的一項命令與此完全協調，絕非偶然，希特勒禁止再使用「德意志種族」這一詞彙，因為這會導向「為了純粹的民族原則而犧牲種族觀念的狀況，也會導致我們整個種族政策的概念性重要前提條件的破壞」（*Verfügungen, Anordnungen, Bekanntgaben*）。很顯然，就進步的「天擇」以及消滅德國民眾中的不可治癒人口，這些正被規劃於未來的措施來說，德意志種族的概念只會構成阻礙。

69 結果希姆萊「很快就在各個國家組建了德意志親衛隊」，並告訴他們：「我們不期待你們基於機會主義而成為德國人。但是我們的確期待你們讓自己的國族觀念服從於更偉大的種族—歷史理念，服從於德意志帝國。」（Heiden, *op. cit.*）它的未來任務將會是「大量孕育出」一個「種族超級階層」，讓它可以在二十或三十年內「向整個歐洲展現其領導階級」（一九四三年波森，希姆萊在親衛隊主要將領會議上的演說，*Nazi Conspiracy*, IV, 558 ff.）。

70 Himmler, *ibid.*, p. 572.

71 Deutscher(op. cit.)描述史達林「對於所有他自我標舉為代言人的地方，所潛藏的心理狀態都極為敏感」（p. 292）。「托洛斯基的理論的名字本身，所謂『永久革命』，聽起來就像是對疲憊的一代人的不祥警告……史達林直接訴諸的是早已佔據許多布爾什維克黨人的冒險與不確定性之恐怖」（p. 291）。

72 於是一旦希特勒開始消滅猶太人，也就是在一九四一年十二月之後，他就不憚於使用「體面猶太人」這種著名陳詞濫調，*Tischgespräche*, p. 346.

73 因此希特勒在一九三七年十一月在對總參謀部成員（Blomberg, Fritsh, Raeder）與高層文官（Neurath, Göring）講話時，能夠公然表明，他需要人口減少的空間，並拒絕了征服異民族的觀念。他的聽眾中顯然沒有任何一個人實現了自動產生滅絕這些民族之政策的指示。

74 這始於一九三四年七月的一項命令，該命令使親衛隊在納粹黨內部提升到獨立組織的地位，而其完結點則是一九三八年八月的一項最高機密命令，該命令宣布敢死隊與突擊隊作為親衛隊特殊組織，既不屬於軍隊也不屬於警察；敢死隊必須「肩負某些具有政治性質的特殊任務」，而突擊隊則是「完全由我掌控的常備武裝單位」（*Nazi Conspiracy*, III, 459）。分別在一九三九年十月與一九四〇年四月頒布的兩項後續命令，則在所有親衛隊成員的普遍事務上建立特殊管轄權（*ibid.*, II, 184）。自此之後，所有由親衛隊灌輸教化機構發行的小冊子，就都會帶有「僅用於警方內部」、「非供公開出版」、「僅供各領袖及據信受過意識形態教育者使用」這樣的標誌。將卷帙浩翰的祕密文獻收集起來變成一份參考書目，是值得一做的事情，其中包括大量在納粹時期印行的法案措施。有趣的是，在這類文獻中從來沒有衝鋒隊的專門手冊，這很有可能是證明衝鋒隊在一九三四年後就不再是

菁英組織的最決定性證據。

75 對照Franz Borkenau, "Die neue Komintern," in *Der Monat*, Berlin, 1949, Heft 4.

76 相關例子太過明顯且不勝枚舉。然而我們不應簡單地將這種策略辨認為誠信與真誠的嚴重缺乏，固然這是希特勒與史達林的所有傳記作者都會標舉的突出特徵。

77 參見對外事務部在一九三九年一月向所有境外德國權威機構發出的通告函，*Nazi Conspiracy*, VI, 87 ff.

78 在一九四〇年，納粹政府發布命令，包括從針對帝國的嚴重叛國到「針對國家或納粹黨領導者的蓄意煽動言論」的冒犯行為，都應當在所有德國佔領地區被溯及既往地予以懲罰，無論犯者是德國人還是這些國家的當地人皆不例外。參見Giles, *op. cit.* 關於納粹的"Siedlungspolitik"在波蘭與烏克蘭造成的災難性後果，可參見*Trial, op. cit.*, Vols. XXVI and XXIX.

79 這一說法源自Kravchenkov (*op. cit.*, p. 303)，他在描述一九三六年到一九三八年的大清洗之後的俄國情形時評論道：「要是一個外國征服者接管了蘇聯生活的國家機關……那麼它所帶來的改變也不會更徹底或更殘忍。」

80 希特勒在戰爭期間希望頒布一項國家健康法案：「在經過國家的X射線檢查後，元首會得到一份病患清單，尤其是那些肺病患者與心臟病患者。在新帝國健康法的基礎上……這些家庭將不在有辦法繼續出現在公共場所，也不再被允許生兒育女。這些家庭的未來遭遇將取決於元首的進一步指令。」我們不需要太多想像力，就可能猜想這些進一步指令會是什麼。不再被允許「繼續出現在公共場所」的人數將在德國人口中構成可觀比例（*Nazi Conspiracy*,VI, 175）。

81 俄國在四年戰爭期間的死亡總人數估計為一千兩百萬到兩千一百萬。史達林史達林單單在烏克蘭就一年消滅了八百萬人（據估計）。參見*Communism in Action*. U. S. *Government*. Washington, 1946, House Document No. 754, pp. 140-141. 不同於納粹體制保留了格外精確的受害人數統計數據，在俄羅斯體制下被殺害的數以百萬計的人，則缺乏可靠數據。儘管如此，由Souvarine (*op. cit.*, p. 669) 引述的下屬評估仍具有一定份量，因為它源自Water Krivitsky，後者有直接從GPU檔案中獲取資訊的渠道。根據這些數據，在蘇聯一九三七年的人口普查中，統計學家原本預期會達到一億七千一百萬人，但實際上則只有一億四千五百萬人。這指出有兩千六百萬的人口流失，而這一數據還並未將前述人口損失包括在內。

82 Deutscher, *op. cit.*, p. 256.

83 B. Souvarine (*op. cit.*, p. 605) 引述了史達林在一九三七年恐怖高點上所說的話：「你們必須理解到，在世界上所有脆弱不安的資產中，最脆弱、最具決定性的就是幹部們。」所有的報告都顯示出，在蘇聯祕密警察必須被視為黨真正的菁英組織。這種警察的典型特徵就是，自二〇年代初以來，內務人民委員部的代理人們就「不再基於自願原則來進行招募」，而是從黨的隊伍中選拔。此外，「內務人民委員部不能被當作一種可選擇的職業」（參見Beck and Godin, *op. cit.*, p. 160）。

84 引自Heiden, *op. cit.*, p. 311.

85 根據對最後會議的報導。希特勒在獲悉親衛隊不再能夠信任之後決定自殺。參見H. R. Trevor-Roper, *The Last Days of Hitler*, 1947, pp. 116 ff.

86 希特勒頻繁評論國家與黨的關係，並且總是強調首要的不是國家，而是種族，是「團結的人民共同體」（參見前引演說，作為附錄重印於）。在他一九三五年紐倫堡黨會議的演說中，希特勒對這一理論做出了最簡明的表述：「指揮我們的不是國家，反而是我們指揮著國家。」在實踐上不證自明的是，只有在各個黨機構維持獨立於各個國家機構之外的獨立地位時，這樣的指揮權力才有可能。

86a Otto Gauweiler (*Rechtseinrichtungen and Rechtsaufgaben der Bewegung*, 1939) 明確指出，希姆萊作為帝國元首—親衛隊及德國警察首腦的特殊地位，仰賴於一項事實，亦即警察行政機構已達成「黨國真正一體」的程度，這是其他任何地方的政府都從未嘗試過的。

87 在俄國二〇年代的農民叛亂中，據說Voroshilov拒絕了紅軍的援助；這導致了一個專門用於征討叛亂的GPU特別分部的成立。參見Ciliga, *op. cit.*, p. 95.

88 在一九三五年，蓋世太保的境外特務獲得了兩千萬馬克，而國防軍的正規情報機構則不得不靠八百萬的預算過活。參見Pierre Dehillotte, Gestapo, Paris, 1940, p. II.

89 參見*Nazi Conspiracy*, IV, 616 ff.

90 參見註62。

91 Maurice Laporte (*Histoire de VOkhrana*, Paris, 1935) 正確地將這種挑撥方法稱作祕密警察的「奠基石」（p. 19）。在蘇聯，挑撥遠非祕密警察的祕密武器，而是已被使用為廣受宣傳的體制評測公眾輿論脾性的公開方法。民眾不情願讓自己階段性地被邀請去對恐怖體制中的「自由派」間隔進行批評或反饋，這顯示出類似的姿態已被理解

為大規模使用的挑撥手法。挑撥已不折不扣地成為了公眾輿論調查的極權版本。

92 在此方面令人感興趣的狀況是，德國的納粹行政人員試圖在國家已達成納粹化的基礎上，縮減蓋世太保的權能與人員，因此恰恰在此時刻想要擴張情報機構的希姆萊，就不得不擴大來自「內部敵人」的危險。參見*Nazi Conspiracy*, II, 259; V, 205; 111, 547.

93 參見Gallier-Boissière, *Mysteries of the French Secret Police*, 1938, p. 234.

94 一八八〇年Okhrana的創立預告俄羅斯即將進入一個充滿無法超越的革命活動階段，這似乎畢竟並非偶然。為了證明它的用處，它不得不偶爾組織一下殺人犯們，而其代理人也「服務於自身所譴責的理念……如果一個小冊子是由警方代理人所刊行，或者如果對某部長命令的執行是由Azev組織，那麼結果也會相同」（M. Laporte, *op. cit.*, p. 25）。此外更重要的任務執行似乎是警方的工作—Stolypin and von Plehve。對於革命傳統起決定性作用的，乃是在平靜的時代警方代理人就必須「攪起新的危機、激發革命份子的熱情」（*ibid.*, p. 71）。也可參見Bertram D. Wolfe, *Three Who Made A Revolution: Lenin, Trotsky, Stalin*, 1948；他稱這種現象為「警治社會主義」。

95 後來成為波蘭總督的Hans Frank，在「為國家帶來危險」的人與「與國家敵對」的人之間做出了一個典型的區分。前者意謂一種獨立於意志與行為的客觀品質；納粹政治警察關注的不僅僅是與國家敵對的行為，更是「所有無論意圖如何在影響上都會威脅國家的企圖」。參見*Deutsches Verwaltungsrecht*, pp. 420-430. 譯文引自*Nazi Conspiracy*, IV, 881 ff. 用Maunz (*op. cit.*, p. 44) 的話來說，就是：「藉由消滅危險人物，安全措施就意味著抵禦威脅國家共同體的危險狀況，無論這些人犯下了何等罪行。關鍵在於抵禦客觀危險。」

96 R. Hoehn這位納粹法官兼親衛隊成員，在Reinhard Heydrich（他在統治捷克斯洛伐克之前就是希姆萊最密切的協力者之一）的佈告上說：他不僅僅將他的敵人「視為眾多個體，而是視之為危害國家的傾向持有者，因此能夠超越民族共同體的範圍之外」。In *Deutsche Allgemeine Zeitung* of June 6, 1942; quoted from E. Kohn-Bramstedt, *Dictatorship and Political Police*, London, 1945.

97 早在一九四一年，在希特勒總部的一場內部人員會議上，就有人提出要對波蘭人民施行那些用來準備將猶太人送入滅絕營的規定：若有德國血統則改變姓名；對發生性關係的德國人與波蘭人處以死刑（Rassenschande）；在德國佩戴P標誌的義務，類似於猶太人佩戴黃色星星的義務。參見*Nazi Conspiracy*, VIII, 237 ff.；以及Hans Frank的日記，*Trial, op. cit.*, XXIX, 683。當納粹結束了對猶太人的滅絕工作後，波蘭人自然很快就會開始擔心什麼事情會發生在他們頭上（*Nazi Conspiracy*, IV, 916）。關於希特勒針對德國人民的計畫，參見註80。

98 Beck and Codin (*op. cit.*, p. 87) 提到在蘇聯會招致逮捕的「客觀特徵」；其中也包括了內務人民委員部的成員資格（p. 153）。人們最容易在祕密警察的前成員身上，獲得逮捕與招供的客觀必要性的切入點。用一位前內務人民委員部代理人的話來說：「我的上司非常了解我及我的工作，如果黨與內務人民委員部現在要我對這些事情進行招供，那麼他們必定有很好的理由這樣做。我作為一個忠誠蘇聯公民的義務就是面對招供的要求絕不有所保留」（*ibid.*, p. 231）。

99 在法國眾所周知的情境是，部長們生活在對警方祕密「卷宗」的持久恐懼中。至於帝俄的情況，參見Laporte, *op. cit.*, pp. 22-23：「最終保衛部獲得了遠遠凌駕於正規權威機構之上的權力……保衛部只會將他們選定的人呈

報給沙皇。」

100 「不同於作為國中之國的保衛部，國家政治保衛總局是蘇聯政府的一個部門；它的活動更缺少獨立性」（Roger N. Baldwin, "Political Police," in *Encyclopedia of Social Sciences*）。

101 要了解典型的嫌疑犯概念，人們可以參考下面這個由C. Pobyedonostzev敘述的故事，*L'Autocratie Russe: Mémoires politiques, correspondence officiele et documents inédits . . . 1881-1894*, Paris, 1927：保衛部的Cherevin將軍被要求介入，以免讓一位女士打輸官司，因為反對黨僱用了一名猶太律師。將軍回答：「當天晚上我就命令逮捕了這個被詛咒的猶太人，並將他當作所謂的政治嫌疑犯來居留……畢竟，我怎能以同樣的方式來對待我的朋友與一個骯髒的猶太人呢？這個猶太人或許今天是清白的，但是他在昨天、在明天都是有罪的。」

102 在莫斯科審判中的指控「都是建立在……粗暴到可笑的對可能會有的發展方向的扭曲預測之上。（史達林）的推論很有可能是依循如下思路來推展的：他們會想要在一場危機中推翻我——我應當因他們有這種企圖而指控他們……政府的變動會削弱俄羅斯的戰鬥能力；如果他們成功，就會被迫與希特勒簽訂休戰協議，或許甚至還要在領土問題上有所讓步……我應當指控他們已與德國締結了陰險同盟，並且還要割讓蘇聯領土。」這是I. Deutscher對莫斯科審判的傑出解釋，*op. cit.*, p. 377.

我們可以在Hans Frank (*op. cit.*) 那裡找到納粹版犯罪可能的極佳範例：「人們從來都無法列出『危害國家』之圖謀的完整目錄，因為無法預見在未來某個時刻會威脅到領導層與人民的會是什麼。」（譯文引自*Nazi Conspiracy*, IV, 881.）

103 祕密警察的犯罪方法當然並非法國傳統的專利。比如在奧地利，瑪麗亞・特蕾莎統治下的令人畏懼的政治警察，就是由Kaunitz通過所謂「童貞委員會」的骨幹們組織起來的，而這些骨幹向來以訛詐為生。參見Moritz Bermann, *Maria Theresia and Kaiser Joseph II*, Vienna-Leipzig, 1881. 這一引述來自Robert Pick。

104 龐大警察組織靠奴工勞動的利潤來支付，此事殆無可疑；令人訝異的是，它似乎甚至未能完全負擔警方的預算；Kravchenko (*op. cit.*) 提到，內務人民委員部還對已定罪但仍繼續自由生活、工作的人徵收某種特別稅。

105 參見Fritz Thyssen, *I Paid Hitler*. London, 1941.

106 參見*Nazi Conspiracy*, I, 916-917. 親衛隊的經濟活動統一在一個致力於經濟與行政事務的中央辦公室進行。親衛隊對國庫與國內稅收宣稱，它的財政資產就是作為「用於特定宗旨的黨的資產」（letter of May 5, 1943, quoted from M. Wolfson, *Uebersicht der Gliederung verhrecherischer Nazi-Organisationen. Omgus*, December, 1947）。

107 參見Kohn-Bramstedt, *op. cit.*, p. 112. 如果我們考慮到這種基金籌措通常是由地方親衛隊單位在他們所派駐的當地所組織的，那麼訛詐的動機就再清楚不過了。參見*Der Weg der SS*, issued by the *SS-Hauptamt-Schulungsamt* (undated), p. 14.

108 *Ibid.*, p. 124. 在這方面，為了集中營的維持與親衛隊的個人需求，仍是做出了某些妥協。參見Wolfson (*op. cit.*)，其中有親衛隊經濟行政辦公室首腦Oswald Pohl於一九四一年九月，為了價格管控問題而寫給帝國委員會的信。似乎所有這些集中營的經濟活動，都是在戰爭期間因為尖銳勞動力短缺壓力而發展起來的。

109 希姆萊一九四三年十月在波森的演講，*International Military Trials*, Nuremberg, 1945-46, Vol. 29, p. 146.

110　「Bek Bulat（一位蘇聯前教授的筆名）有辦法研究北高加索內務人民委員部的檔案。根據這些檔案來看，很明顯，在一九三七年六月，也就是大清洗達到高峰的時候，政府指示當地的內務人民委員部逮捕一定比例的民眾……從一個省份到另一個省份，其百分比變化不均，在最不忠誠的地區達到了百分之五。整個蘇聯人口的平均百分比則是百分之三。」David J. Dallin 報導，The New Leader, January 8, 1949. Beck and Godin (*op. cit.*, p. 239) 得出了稍有分歧但聽起來頗為合理的假設，根據其說法「逮捕是這樣規劃的：內務人民委員部的檔案實際上囊括了全部人口，每一個人都被分在某一類別當中。於是每一個鄉鎮的統計數據都可以顯示出其中生活著多少前白軍、反對黨成員等等。所有從囚徒的招供中收集、彙整的涉罪材料，也會編入這些檔案，每個人的卡片上都標識出他被認定的危險程度；這取決於他的檔案中嫌疑與涉罪材料的累加計算。正如統計學家定期向高層機構匯報的，由於擁有每種類別的確切人數，因此隨時都有可能安排一場清洗。」

111　Baldwin, *op. cit.*

112　俄國祕密警察骨幹受史達林「個人調遣」的程度，就如親衛隊突擊部隊之於希特勒。即便在戰時被徵召去與軍隊一同服務，但前述兩者都生活在自己特殊的管轄權之下。致力於將親衛隊與其他民眾隔開的特殊「婚姻法」，就是希姆萊在接手重組親衛隊之際頒布的最早也最基本的規定。甚至在希姆萊的婚姻法之前，親衛隊在一九二七年就被官方命令之事「絕不要參與黨員會議中的討論」（*Der Weg der SS, op. cit.*）。內部人民委員部也被報導有同樣的行為，他們謹慎自持，而且向來不跟黨官僚體系的其他部門來往。

113　警方特務 Malinovsky 的輝煌事業就非常典型，他最終成為布爾什維克在國會的代表。參見 Bertram D. Wolfe, *op.*

cit., chapter xxxi.

114 引自Avtorkhanov, *op. cit.*

115 *The Dark Side of the Moon*, New York, 1947.

116 參見Laporte, *op. cit.*, p. 39.

117 Beck and Godin, *op. cit.*, pp. 234 and 127.

118 參見*Nazi Conspiracy*, VII, 84 ff.

119 *The Dark Side of the Moon*.

120 「在親衛隊裡，幾乎沒有什麼不是祕密。最大的祕密就是集中營中的實際狀況。如果沒有得到特別准許，甚至連蓋世太保成員都不准進入集中營。」（Eugen Kogon, *Der SS-Staat*, Munich, 1946, p. 297）

121 Beck and Godin (*op. cit.*, p. 169)報導了被逮捕的內務人民委員部官員「最關心的就是絕不能洩露任何委員部祕密」。

122 由*Dark Side of the Moon*報導的如下對話頗為典型：「對於一個獲准離開波蘭境內的人來說，接下來的問題總會是：『那麼你要偵查的是誰？』一個人問道：『但是你也有國外訪客。你猜他們會都是間諜嗎？』回答是：『你怎麼想的？你想像我們會幼稚到完全沒有意識到這一點嗎？』」

123 David Rousset, *The Other Kingdom*, New York, 1947.

124 納粹完全意識到在他們的事業周圍環繞著一道由無法置信構成的保護牆。一份寫給羅森伯格的有關一九四三年

屠殺五千名猶太人的祕密報告明確指出：「只需要想像一下，這些偶發事件會被另一邊知道，並被他們充分利用。最有可能的是，這些宣傳完全不會有什麼效果，因為聽到、讀到它的人完全不準備相信它。」（*Nazi Conspiracy*, I, 1001）

125 希特勒在*Tischgespräche*中數次提到，他「（努力奮鬥）的目標是讓每一個人都知道他是為本物種的保存而生而死」（p. 349）。也可參見p. 347：「一隻蒼蠅產下數百萬個卵，這些卵全都被消滅了。但是蒼蠅們繼續繁衍生存著。」

126 對納粹集中營的最佳報導有：David Rousset, *Les Jours de Notre Mort*, Paris, 1947; Eugen Kogon, *op. cit.*; Bruno Bettelheim, "On Dachau and Buchenwald" (from May, 1938, to April, 1939), in *Nazi Conspiracy*, VII, 824 ff. 至於蘇聯集中營，則可參見由波蘭倖存者報導的傑出文集，以*The Dark Side of the Moon*之名出版；也參見David J. Dallin, *op. cit.*，雖然他的報導有時不那麼可信，因為它們來自那些草擬宣告與之事的「傑出」份子。

127 *The Dark Side of the Moon*；該書導言也強調這種特別的溝通匱乏：「他們記錄但不溝通交流。」

128 尤其參見Bruno Bettelheim, *op. cit.* 「我彷彿已開始相信，這些恐怖而屈辱的經驗大概不是發生在作為主體的『我』身上，而是發生在作為一個客體的『我』身上。這一經驗得到了其他囚犯的證實……我彷彿看著事情發生，而我只是模模糊糊地參與其中……這不可能是真的，這樣的事情根本沒有發生……囚犯們不得不說服自己說，這是真的，是真實發生過的事情，而不僅僅是夢魘。他們卻從未完全成功過。」也可參見Rousset, *op. cit.*, p. 213.「那些沒有用自己的雙眼見證過的人是無法相信它的。你自己在來到這裡之前，有把那些關於毒氣室的流

言當回事嗎？」「沒有。」「你看到了嗎？好吧，他們都像你一樣。他們中許多人在巴黎、倫敦、紐約甚至比克瑙，就在焚化廠外面……表示著懷疑，就在他們被送入焚化爐的五分鐘前……」

129 第一個理解這件事的人是*Univers Concentrationnaire* (1947) 中的 Rousset。

130 Rousset, *op. cit.*, p. 587.

131 參見 Georges Bataille in *Critique*, January, 1948, p. 72.

132 Rousset的書中包含許多這些關於人類「本性」的「洞見」，它們主要建立在一種觀察之上，這就是沒過多久，囚犯們的心智狀態就跟集中營守衛很難區分了。

133 為免誤解，或許還需要做一些補充說明：隨著氫彈的發明，整個戰爭問題已經歷了另一場決定性的轉變。當然，有關此問題的討論已超出了本書的主題。

134 這發生在接近一九四二年年底的德國，當時希姆萊正式通知所有集中營指揮官「要不惜一切代價降低死亡率」。實情是，在十三萬六千名新來者當中，有七萬人已經在途中死亡，或是一抵達就馬上死去。參見 *Nazi Conspiracy*, IV, Annex II. 後來來自蘇聯集中營的匿名報導確認了，在一九四九年（也就是史達林仍活著的時候）之後，先前曾達到百分之六十的囚犯死亡率，已系統性地降低，這主要是因為蘇聯普遍而嚴重的勞動力短缺。這種生存條件上的改善不應與史達林死後的體制危機混同，後者很典型地首先在集中營裡被感受到。參照 Wilhelm Starlinger, *Grenzen der Sowjetmacht*, Würzburg, 1955.

135 參見 Kogon, *op. cit.*, p. 58：「在集中營，很大一部分工作是無用的，它們不是完全多餘的，就是因悲慘的規劃而

不得不重複做上兩三次。」也可參見Bettelheim, op. cit., pp. 831-32：「新來的囚犯尤其會被強迫去做無意義的任務……他們會感到被貶低……甚至寧願去做更困難的工作，只要能產出有用的東西……」甚至整本書都建立在俄國集中營的目的是提供廉價勞動力這一主張的Dallin，也被迫承認營中勞動的無效率，*op. cit.*, p. 105. 如果晚近有關大規模赦免、廢除集中營的報導屬實，那麼主張俄國集中營系統乃是一種旨在提供廉價勞動的經濟措施的說法，將會被明確推翻。因為如果集中營服務於重要經濟意圖，那麼體制當然就不應該快速清除它們，而不顧及對整個經濟系統造成的重大後果。

136 除了運往滅絕營的數百萬人外，納粹還持續嘗試著新的殖民計畫：為了殖民而將德國人從德國或佔領區運往東方。這當然會對軍事行動與經濟剝削造成嚴重阻礙。圍繞這些主題的無數討論，以及納粹在東方佔領區的平民階層與親衛隊階層之間的持續矛盾，尤其可參見Vol. XXIX of *Trial of the Major War Criminals*, Nuremberg, 1947.

137 Bettelheim (*op. cit.*) 指出，集中營守衛對於這種不現實的氛圍，抱持與囚犯本身類似的態度。

138 我們需要意識到的問題是，所有集中營的照片只要展示的是最後階段（也就是盟軍即將抵達之際）的集中營，就都頗具誤導性。德國本土並沒有死亡集中營，而且在最後階段，所有的滅絕裝備也都已經被拆除了。在另一方面，最引起盟軍憤慨也為影片賦予獨特恐怖特質的東西，也就是人類骷髏的景象，卻完全不是德國集中營的典型現象；滅絕是通過毒氣來進行系統性操作的，而非通過飢餓來實現。集中營中的這種狀況乃是最後幾個月間的戰事結果：希姆萊已下令撤除東方的所有滅絕營，結果導致德國集中營嚴重過載，而他也無法確保德國的糧食供應。

139 Rousset (*op. cit., passim*) 強調集中營的生活不過是被拖延的垂死過程。

140 Maunz (*op. cit.*, p. 50) 主張，罪犯在正式服刑期間不應該被送入集中營。

141 在一九二五年到一九二六年間，俄國的監獄空間就已是如此短缺，只有百分之三十六的法院判決可以在其中執行。參見Dallin, *op. cit.*, p. 158 ff.

142 「蓋世太保與親衛隊總是為混合集中營各類侵犯的行為，賦予重大意義。沒有任何集中營會只有單一類別的囚犯」（Kogon, *op. cit.*, p. 19）。在俄國，一開始就已經習慣將政治犯與罪犯混在一起。在蘇維埃政權的最初十年中，左翼政治團體享有某些特權；唯有「二〇年代末之後」，隨著體制的極權特性的充分發展，「政治犯的待遇才變得比普通罪犯還不如」（Dallin, *op. cit.*, p. 177 ff.）。

143 Rousset的書高估了德國共產黨人的影響力，他們在戰爭期間支配力布亨瓦德集中營的內部管理。

144 比如可參見Buber-Neumann太太（德國共產黨員Heinz Neumann的前妻）的見證，她是蘇聯集中營與德國集中營的倖存者：「俄國人從來沒有顯現過納粹的那種虐待狂跡象……我們的俄國看守們是正派人而非虐待狂，但是他們忠誠地履行著非人系統的要求。」（*Under Two Dictators*）

145 Bruno Bettelheim ("Behavior in Extreme Situations," in *Journal of Abnormal and Social Psychology*, Vol. XXXVIII, No. 4, 1943) 描繪了與那些沒有做過任何事的人相比，罪犯與政治犯們擁有什麼樣的自尊。前者「最難以承受最初打擊」，也是最早崩潰的。Bettelheim由此譴責他們的中產階級出身。

146 Rousset, *op. cit.*, p. 71.

147 關於法國集中營的狀況，參見Arthur Koestler, *Scum of the Earth*, 1941.

148 Kogon, *op. cit.*, p. 6.

149 參見*Nazi Conspiracy*, IV. 800 ff.

150 Beck and Godin (*op. cit.*) 明確指出「反對派僅僅構成了（俄國）囚犯中相對少數的一部分」(p. 87)，而且在「一個人的入獄與罪行」之間不存在什麼關聯（p. 95）。

151 在 "On Dachau and Buchenwald" 中，Bruno Bettelheim討論大部分囚犯「與蓋世太保的價值和平相處」時強調，「這不是宣傳的結果……蓋世太保堅持認為，這將會防止他們表達自己的情感。」（pp. 834-835）希姆萊明確取消了集中營內的任何宣傳。「教育內容只包含紀律，而不包含任何具意識形態基礎的教導」。"On Organization and Obligation of the SS and the Police," in *National-politischer Lehrgang tier Wehrmacht*, 1937. Quoted from *Nazi Conspiracy*, IV, 616 ff.

152 Rousset, *op. cit.*, p. 464.

153 參見Sergei Malakhov的報導， Dallin, *op. cit.*, pp. 20 ff.

154 參見Albert Camus in *Twice A Year*, 1947.

155 Rousset (*op. cit.*) 的書中包含了對於囚犯們這種困境的大量討論。

156 Bettelheim (*op. cit.*) 描繪了守衛與囚犯同樣變得「適應於」營中生活並懼怕重返外部世界的過程。因此當Rousset堅持主張真相是「受害者與加害者同樣可恥時，他說的是正確的；集中營的教訓就是兄弟情誼實屬卑微。」（p.

588）

157 Bettelheim (*op. cit.*) 描繪了「新囚犯關心的主要事情似乎是維持人格的完整」，而老囚犯們關心的問題則是「如何在集中營內盡可能地活下去」。

158 Rousset (*op. cit.*, p. 390) 報導說，有一位親衛隊隊員對一位教授長篇大論道：「你曾經是一名教授。好吧，但你現在不是教授了。你再也不是大咖了。你現在不過是個小侏儒。小到不能再小。而如今我則是個大人物。」

159 Kogon (*op. cit.*, p. 6) 提到一種可能性，就是集中營將會被保留為親衛隊的訓練、實驗基地。他也為由衝鋒隊管理的早期集中營與後來由親衛隊管理的集中營之間的差別，提供了很好的報導。「早期集中營的囚犯都不會超過一千人……他們的生活難以形容。在那些年頭倖存下來的少數囚犯都同意，很少有什麼施虐倒錯的行為不是由衝鋒隊隊員們做出的。但是它們全都是個體獸性的行為，仍不存在充分組織起來並囊括大多數人的冰冷系統。這是親衛隊的成就。」（p. 7）這一機械化新系統抹除了人類所可能擁有的一切責任感。例如，當下達了每日殺死數百名俄國囚犯的命令時，屠殺就會通過從一個孔洞進行射擊來完成，完全不需要看到受害者（參見Ernest Feder, "Essai sur la Psychologie de la Terreur," in *Syntheses*, Brussels, 1946.）。另一方面，倒錯行為也會人為地在其他正常人身上出現。Rousset報導了一位親衛隊守衛的如下陳述：「通常我會持續毆打到我射精。我在布雷斯勞有一個妻子、三個孩子。我曾經十分正常。」（p. 273）

希特勒時代的檔案中包含了無數鑑定書，證明被委以執行希特勒滅絕工程的都是一般普通人。在Leon Poliakov的「反猶主義的武器」一文中可以找到一份很好的整理，出版於UNESCO in *The Third Reich*, London, 1955。用於

這些意圖的大部分人都不是志願者，而是為了這些特別任務而從普通警察部門調過來的。但是甚至連受過訓練的親衛隊隊員都發現這種職責比前線戰鬥更糟。在親衛隊大規模處決的報導中，一名目擊者高度評價這支部隊如此富有「理想主義」，以至於能夠「不需要依靠藥物就承受整個滅絕過程」。人們想要在「滅絕」過程中消除所有個人動機與情感，從而將殘忍維持在最小值；這種想法反映在如下事實當中，一群被委以操作毒氣設施的醫生與工程師所做出的改善工作，不僅提高死亡工廠生產力，而且還減短、較少了死亡的痛苦。

160 這一點在Rousset的著作中頗為凸顯。「集中應生活的社會條件已將大量囚犯（包括德國人與被遣返者，無論其原先的社會地位與教育程度如何），都轉變成了一群墮落的烏合之眾，完全屈服於動物本能的原始反射行為」（p. 183）。

161 集中營裡令人震驚的低自殺率就屬於此脈絡之下。在逮捕與遣送之前發生的自殺要遠比在集中營本身當中更多，各種用來阻止畢竟仍屬自發行為的自殺的嘗試，當然可以部分解釋這一現象。就布亨瓦德集中營的統計材料來看（*Nazi Conspiracy*, IV, 800 ff.），很顯然可歸咎於自殺的死亡案例不超過百分之一點五，而且常常每年只有兩例自殺案件，而在同一年裡死亡總人數則達到了三千五百一十六人。來自俄國集中營的報導提到了同樣的現象。可參照Starlinger, *op. cit.*, p. 57.

162 Rousset, *op. cit.*, p. 525.

第十三章　意識形態與恐怖：一種新的政體

1 恩格斯在馬克思葬禮的演講上說道：「正如達爾文發現了有機生命的發展法則，馬克思也發現了人類歷史的發展法則」。同樣的評論也見於恩格斯在一八九〇年為《共產主義宣言》寫的導言，而在他為 *Ursprung der Familie* 所寫的導言中，他再度將「達爾文的演化論」與「馬克思的剩餘價值論」並舉。

2 馬克思的勞動概念主張勞動是，「一種永恆自然主導之必然性，沒有它就沒有人與自然之間的新陳代謝循環，也就沒有生命」，有關這一概念參見 *Capital*, Vol. I, Part I, ch. 1 and 5. 所引段落處在第一章第二節。

3 史達林在一九二四年一月二十八日的演講；引自 Lenin, *Selected Works*, Vol. I, p. 33, Moscow, 1947. 值得注意的有趣事情是，史達林的「邏輯」是赫魯雪夫在二十屆黨代表大會上那轟動一時的講話中，少數受到稱讚的特質之一。

4 “Ein solcher (sc. einsamer) Mensch folgert immer eins aus dem andern und denkt alles zum Argsten.” In Erbauliche Schriften, “Warum die Einsamkeit zu fliehen?”

5 *De Civitate Dei*, Book 12, chapter 20.

國家圖書館出版品預行編目資料

極權主義的起源 / 漢娜‧鄂蘭(Hannah Arendt) 著；李雨鍾譯
初版. -- 臺北市：商周出版：英屬蓋曼群島商家庭傳媒股
城邦分公司發行, 民111.11
面： 公分
譯自：The Origins of Totalitarianism
ISBN 978-626-318-424-4（平裝）
1. CST: 極權政治　2. CST: 帝國主義
571.76

111014552

極權主義的起源（第三部：極權主義）（三冊不分售）

原 著 書 名 /	The Origins of Totalitarianism
作 者 /	漢娜‧鄂蘭（Hannah Arendt）
譯 者 /	李雨鍾
企 畫 選 書 /	梁燕樵
責 任 編 輯 /	梁燕樵

版 權 /	黃淑敏、林易萱
行 銷 業 務 /	周佑潔、周丹蘋、賴正祐
總 經 理 /	彭之琬
事業群總經理 /	黃淑貞
發 行 人 /	何飛鵬
法 律 顧 問 /	元禾法律事務所　王子文律師
出 版 /	商周出版

臺北市中山區民生東路二段141號9樓
電話：(02) 2500-7008 傳真：(02) 2500-7759
E-mail：bwp.service@cite.com.tw

發　　　　　行 / 英屬蓋曼群島商家庭傳媒股份有限公司城邦分公司
臺北市中山區民生東路二段141號2樓
書虫客服務專線：(02) 2500-7718‧(02) 2500-7719
24小時傳真服務：(02) 2500-1990‧(02) 2500-1991
服務時間：週一至週五09:30-12:00‧13:30-17:00
郵撥帳號：19863813　戶名：書虫股份有限公司
E-mail：service@readingclub.com.tw
歡迎光臨城邦讀書花園 網址：www.cite.com.tw

香港發行所 / 城邦（香港）出版集團有限公司
香港灣仔駱克道193號東超商業中心1樓
電話：(852) 2508-6231　傳真：(852) 2578-9337
E-mail：hkcite@biznetvigator.com

馬新發行所 / 城邦(馬新)出版集團 Cité (M) Sdn. Bhd.
41, Jalan Radin Anum, Bandar Baru Sri Petaling,
57000 Kuala Lumpur, Malaysia
電話：(603) 9057-8822　傳真：(603) 9057-6622
E-mail：cite@cite.com.my

封 面 設 計 /	萬勝安
排 版 /	新鑫電腦排版工作室
印 刷 /	韋懋印刷事業有限公司
經 銷 商 /	聯合發行股份有限公司

電話：(02) 2917-8022　傳真：(02) 2911-0053
地址：新北市231新店區寶橋路235巷6弄6號2樓

■2022年（民111）11月初版1刷
定價 1200元（三冊不分售）

Printed in Taiwan

城邦讀書花園
www.cite.com.tw